新 법학입문

新 법학입문

오호철 지음

한국학술정보㈜

서문

　대학에 입학하여 법학개론을 접했던 기억 속에 처음이라는 설렘보다는 어렵다는 기억이 먼저였습니다. 대학 강단에 서서 법학이라는 학문을 처음 접하는 초학자들을 대상으로 하는 법학입문(개론) 강의 또한 강의를 할 때마다 어려움을 느낍니다. 물론 수강자로서 느끼는 어려움과 강의자로서 느끼는 어려움은 다르겠지요. 아니, 어쩌면 강의자로서 느끼는 어려움이 수강자보다 더할지도 모릅니다. 이제야 학부 시절 원로교수님께서 "법학개론과 같은 입문은 나와 같은 연륜이 있는 사람이 가르쳐야 한다"고 하셨는데, 이제야 그 의미를 이해하기 시작했습니다.

　강단에 서면서부터는 고민이 하나 더 늘었습니다. 늘 초학자들에게 법학입문(개론)은 어디서부터 어떻게 설명하고 가르쳐야 할 것인가의 고민입니다. 이런 고민은 시간강사 시절부터 시작되었고, 매번 고민만 하다가 한 학기가 끝나게 되곤 하였습니다. 그래서 시간강사 시절부터 강의하면서 틈틈이 자료를 수집하였고, 주제별로 강의안을 만들기 시작했습니다. 그러던 것이 어느덧 한 권의 책이 되어 나오게 되었습니다. 글을 쓰면서 나름대로 '초학자들을 위한 이해하기 쉬운 책'이라는 명제를 잊지 않기 위해 노력을 다했지만, 여기저기 부족한 점이 보입니다. 역시 초발심의 상태를 유지한다는 것이 얼마나 어려운 일인지를 다시금 깨닫게 해줍니다. 그러나 부족한 부분은 후일 끊임 없는 연구를 통해 보충할 것을 다짐합니다.

　마지막으로 이 책이 나오기까지 수고해 주신 한국학술정보(주) 사장님과 직원들에게 감사드리며, 교정을 도와준 제자 이가희 학생과 김진만 학생에게도 감사드립니다. 그리고 가족에게 무한한 사랑과 감사를 드립니다.

깊어가는 가을날 연구실에서

오호철

CONTENTS

서문 / 4
들어가기 전에 법조문 형식 알아두기 / 8

제1장 법이란 무엇인가? • 13
1. 법(法)과 법학(法學) / 15
2. 법의 어원(語源) / 18
3. 법의 개념(槪念) / 19
4. 법칙(法則)과 규범(規範) / 26
5. 사회규범에 있어서 강제(强制) / 37
6. 법의 목적 / 41

제2장 법과 법학(法學)의 역사(歷史) • 47
1. 원시법(原始法)과 법의 발전(發展) / 49
2. 고대(古代)·중세(中世)의 법(法)과 법학(法學) / 51
3. 근대(近代) 대륙법(大陸法)의 발전(發展) / 59
4. 영미법(英美法)과 그 발전(發展) / 72

제3장 법(法)의 형식(形式) • 79
1. 성문법(成文法) / 82
2. 성문법(成文法)의 상호관계(相互關係) / 96
3. 불문법(不文法) / 99

제4장 법의 분류(分類) • 115
1. 실정법(實定法)과 자연법(自然法) / 118
2. 국내법(國內法)과 국제법(國際法) / 119
3. 공법(公法)과 사법(私法) 및 사회법(社會法) / 123
4. 실체법(實體法)과 절차법(節次法) / 130
5. 성문법(成文法)과 불문법(不文法) / 132
6. 고유법(固有法)과 계수법(繼受法) / 133
7. 일반법(一般法)과 특별법(特別法) / 134
8. 강행법(强行法)과 임의법(任意法) / 137

제5장 법의 효력(效力) • 141
1. 법의 효력이란 / 143

2. 실질적(實質的) 효력(效力) / 144
3. 형식적(形式的) 효력(效力) / 150

제6장 법의 해석(解釋) · 161

1. 법 해석의 필요성(必要性) / 163
2. 법해석(法解釋)의 변천(變遷) / 164
3. 법해석(法解釋)의 방법(方法) / 167
4. 유추와 준용 / 175
5. 해석(解釋)의 객관성(客觀性)의 보장(保障) / 178

제7장 법의 적용(適用) · 181

1. 법적용의 의미 / 183
2. 법적용의 3단 논법 / 184
3. 사실인정(事實認定)의 의의(意義) / 185
4. 사실인정(事實認定)의 방법(方法) / 186
5. 사실의 추정과 의제 / 189
6. 법규범(法規範)의 발견(發見)과 흠결(欠缺) / 191

제8장 법률관계(法律關係) · 195

1. 법률관계란 / 197
2. 법률관계(法律關係)와 구별되는 호의관계(好意關係) / 198
3. 권리(權利) / 200
4. 의무(義務) / 245

제9장 사법적(司法的) 구제(救濟) · 251

1. 사법적(司法的) 구제(救濟)의 의의(意義) / 253
2. 재판기관(裁判機關)의 종류(種類)와 조직(組織) / 255
3. 심급제도 / 268
4. 재판(裁判)의 종류(種類) / 269

부 록 / 315

색 인 / 361

참고문헌 / 369

들어가기 전에 법조문 형식 알아두기

그동안 우리나라의 법조문은 법령의 수요자에 대한 고려 없이 복잡한 내용을 한 문장으로 써서 이해하기 어려울 뿐만 아니라 한 번에 읽기도 어려운 문장을 많이 써왔다. 일반인들이 법령을 읽고 쉽게 이해하기 어려웠기 때문에 법조문을 읽고 이해하는 것은 법을 배운 사람들의 전유물처럼 여겨졌던 것도 사실이었다. 그러나 최근 가능하면 일반인들이 법령을 쉽게 이해할 수 있도록 용어와 표현뿐만 아니라 법 문장을 간결하고 명확하게 하려는 움직임이 나타나고 있다.[1]

어떻게 보면 법학을 처음 접하는 초심자들에 있어 법조문의 형식이 어떻게 되어 있는지를 이해하는 것이 법학을 시작하는 첫걸음이라 생각된다. 따라서 이하에서는 법조문의 형식을 살펴보는 것으로 한다.

1. 조(條), 항(項), 호(號)

조(條)는 법률을 구성하는 원칙적 단위이다. 항(項)은 어떤 사항을 규율함에 있어서 하나의 문장으로 하기 어렵거나 또는 경우를 나누어 규정할 필요가 있는 사정이 있는 때에 사용되는 입법형식이며, 호(號)는 일정한 사항을 열거하는 등의 필요가 있는 때에 사용하는 입

---

[1] 법제처 홈페이지(http://www.moleg.go.kr/lawinfo/easylaw/data) 알기 쉬운 법령 만들기 참조.

법형식이다. 예를 들면 상가건물임대차보호법 제4조의 규정을 보면 다음과 같이 규정되어 있다.

제4조(등록사항 등의 열람·제공) ① 건물의 임대차에 이해관계가 있는 자는 건물의 소재지 관할 세무서장에게 다음 각 호의 사항의 열람 또는 제공을 요청할 수 있다. 이때 관할 세무서장은 정당한 사유 없이 이를 거부할 수 없다.
1. 임대인·임차인의 성명, 주소, 주민등록번호(임대인·임차인이 법인이거나 법인 아닌 단체인 경우에는 법인명 또는 단체명, 대표자, 법인등록번호, 본점·사업장 소재지)
2. 건물의 소재지, 임대차 목적물 및 면적
3. 사업자등록 신청일
4. 사업자등록 신청일 당시의 보증금 및 차임, 임대차기간
5. 임대차계약서상의 확정일자를 받은 날
6. 임대차계약이 변경되거나 갱신된 경우에는 변경·갱신된 날짜, 보증금 및 차임, 임대차기간, 새로운 확정일자를 받은 날
7. 그 밖에 대통령령으로 정하는 사항
② 제1항에 따른 자료의 열람 및 제공과 관련하여 필요한 사항은 대통령령으로 정한다.

여기서 조(條)는 제4조를 의미하며, 항(項)은 원문자 ①·②로 표시된 것이다. 그리고 호(號)는 1·2·3·4·5·6·7로 표시된 것이다. 따라서 상가건물임대차보호법 제4조 제1항 제3호라고 할 때 규정은 "사업자등록 신청일"을 지칭하게 되며, 상가건물임대차보호법 제4조 제2항은 "제1항에 따른 자료의 열람 및 제공과 관련하여 필요한 사항은 대통령령으로 정한다"를 말한다.

2. 조(條)의 2

일반적으로 법률을 개정하면서 새로운 조문을 만들 경우 두 가지 방법에 의한 입법기술이 있다. 첫 번째는 새로운 조문을 구조문 사이에 삽입하면서 새로운 조문의 번호를 일렬적으로 쓰게 되어 구조문

(旧條文)의 조문의 번호가 밀리는 방법이다. 이 경우 새로운 조문 뒤의 조문은 번호가 모두 밀리게 되어 실무상 큰 불편을 초래할 수밖에 없다.[2] 따라서 두 번째 방법으로 이러한 불편을 방지하기 위한 입법기술로서 제○조의 2, 제○조의 3 등으로 규정하는 것이다. 예를 들면, 주택임대차보호법을 1983년 12월 30일 법률 제3682호 제정할 당시 모두 12개의 조문과 부칙으로 이루어졌다. 그러나 1989년 12월 30일 주택임대차보호법을 개정하면서 "보증금의 회수"라고 하는 새로운 조문을 신설하면서 제3조의 2에 규정하게 된다.

제3조의2(보증금의 회수) ① 제3조 제1항의 대항요건과 임대차계약증서상의 확정일자를 갖춘 임차인은 민사소송법 및 경매법에 의한 경매 또는 국세징수법에 의한 공매 시 임차주택(대지를 포함한다)의 환가대금에서 후순위권리자 기타 채권자보다 우선하여 보증금을 변제받을 권리가 있다. 다만, 임차인이 당해 주택의 양수인에게 대항할 수 있는 경우에는 임대차가 종료된 후가 아니면 보증금의 우선변제를 청구하지 못한다.

만약 제3조의 2의 번호를 사용하지 않고 제4조로 하였다면, 이하의 조문은 모두 변경되었을 것이다.

3. 본문(本文)과 단서(但書)

하나의 조문에서 일정한 사항을 규율하고 그에 이어서 반대의 경우에 대하여 따로 규정하는 입법형식이다. 전자를 본문이라고 하고 후자를 단서라고 한다. 예를 들면, 주택임대차보호법 제4조는 다음과 같이 규정되어 있다.

---

2) 예를 들면 제10조와 제11조 사이에 새로운 조문을 삽입하는 경우 제11조는 제12조가 되어야 하는데, 이렇게 되면 제12조 이하의 나머지 조문번호 모두가 밀리게 되어 불편하다.

제4조(임대차기간 등) ① 기간을 정하지 아니하거나 2년 미만으로 정한 임대차는 그 기간을 2년으로 본다. 다만, 임차인은 2년 미만으로 정한 기간이 유효함을 주장할 수 있다.
② 임대차기간이 끝난 경우에도 임차인이 보증금을 반환받을 때까지는 임대차관계가 존속되는 것으로 본다.

여기서 제4조 제1항의 "기간을 정하지 아니하거나 2년 미만으로 정한 임대차는 그 기간을 2년으로 본다"고 규정되어 있는 부분이 본문에 해당하고, "다만, 임차인은 2년 미만으로 정한 기간이 유효함을 주장할 수 있다"고 규정된 부분이 단서에 해당한다.

4. 제1문, 제2문[3]

하나의 조문이 2개 이상의 문장으로 되어 있으나 이들 문장이 본문과 단서의 관계에 있지 않은 경우의 규범내용을 가리킬 때 사용하는 용어이다. 이에 대해 예를 들면 다음과 같다.

제2조(적용 범위) 이 법은 주거용 건물의 전부 또는 일부의 임대차에 관하여 적용한다. 그 임차주택의 일부가 주거 외의 목적으로 사용되는 경우에도 또한 같다.

주택임대차보호법 제2조에서 보면 하나의 문장으로 이루어지지 않고 2개의 문장으로 이루어져 있음을 알 수 있다. 이 경우 "이 법은 주거용 건물의 일부 또는 일부의 임대차에 관하여 적용한다"라는 규정이 제1문에 해당되고, "그 임차주택의 일부가 주거 외의 목적으로 사용되는 경우에도 또한 같다"고 규정된 것이 제2문에 해당된다.

---

3) 경우에 따라 제1문·제2문의 용어 대신 전문·후문 내지 전단·후단이라는 용어를 사용하기도 한다.

5. 전○조(前○條)

　조문에서 앞의 몇 개의 조문을 가리킬 때 그 조문을 모두 나열하는 경우도 있지만, 몇 개의 조문이 연속되는 경우, 예를 들면, 다음과 같다.

민법 제7조(동의와 허락의 취소) 법정대리인은 미성년자가 아직 법률행위를 하기 전에는 前2條의 동의와 허락을 취소할 수 있다.

　여기서 前2條란 민법 제5조와 제6조를 지칭하는 것이다.

제1장 법이란 무엇인가?

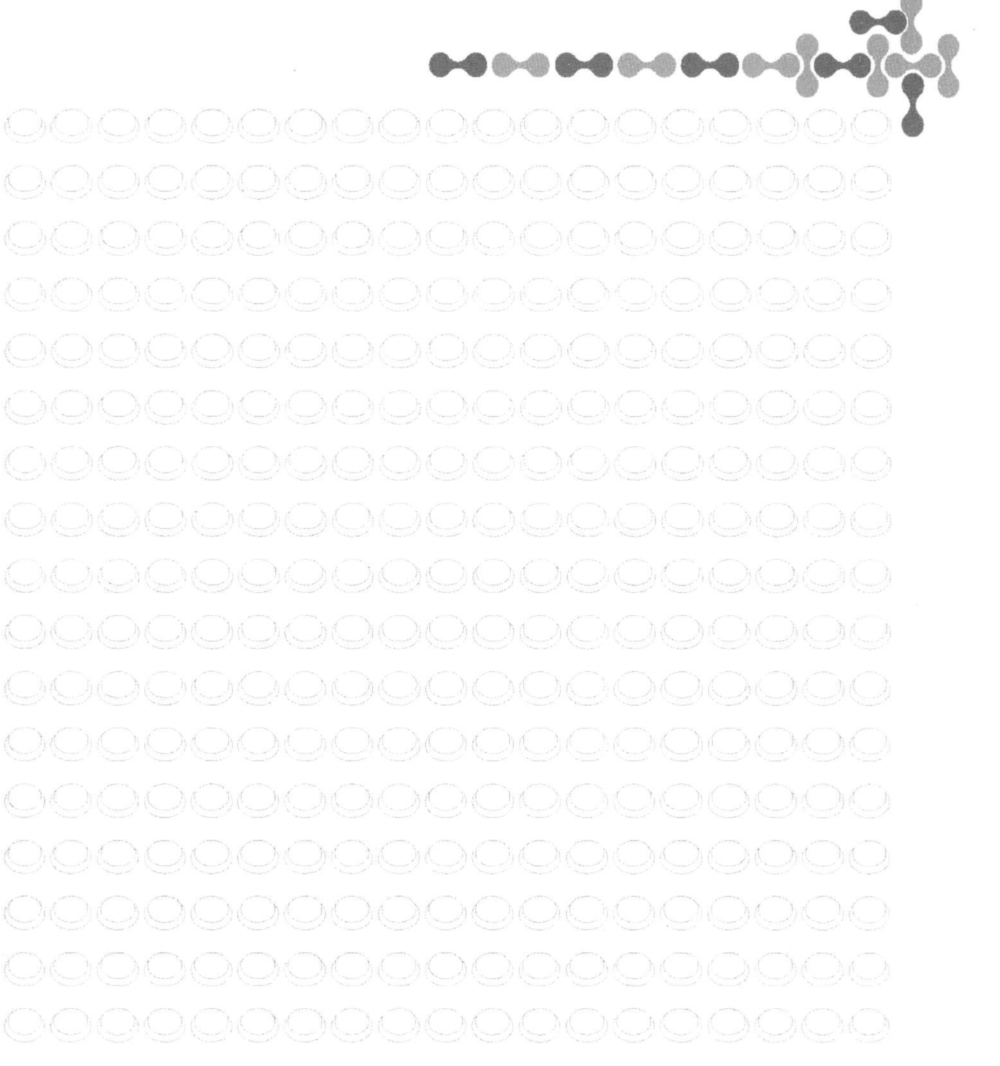

1. 법(法)⁴⁾과 법학(法學)

법학(Rechtswissenschaft)이란 법에 관한 학문 일반을 의미한다. 법학을 넓은 의미의 법학과 좁은 의미의 법학으로 나누어 볼 수 있는데, 좁은 의미의 법학은 헌법(憲法)·행정법(行政法)·민법(民法)·형법(刑法)·상법(商法)·민사소송법(民事訴訟法)·형사소송법(刑事訴訟法)·노동법(勞動法)·국제법(國際法) 등 실정법(實定法)을 객관적으로 해석하여 체계적인 원리를 인식하는 학문을 말한다. 그리고 넓은 의미의 법학은 법해석학(法解釋學) 외에 법철학(法哲學)·법사회학(法社會學)·법사학(法史學)·비교법학(比較法學)을 포함한다. 즉 법학은 법을 체계적으로 파악하고, 법의 의의를 이해하고, 법이 부담하고 있는 역할, 법이 제기하는 여러 가지의 문제를 고찰하는 학문이다. 법학에 있어 '법이란 무엇인가'라고 하는 질문에 대한 답은 반드시 용이한 것은 아니다. 법학을 처음 배우는 사람에게 '법이란 무엇인가'를 일반적·추상적·관념적으로 설명하는 것만으로는 실로 '법이란 무엇인가'를 구

---

4) 법이라는 단어는 라틴어 'Jus', 독일어의 'Recht', 프랑스어의 'droit' 등으로 이들은 모두 '옳은 것', 즉 정의를 뜻하며, 영어는 'Law'로 사용되고 있다.

체적으로 파악하는 것이 가능하지 않다.5) 사실 '법이란 무엇인가'라고 하는 문제는 법학의 최초의 문제이자, 최후의 문제인 것으로 그 완전한 정의를 내리기는 곤란한 문제이며, 영원히 해결할 수 없는 문제일지도 모른다.6)

일상적으로 우리들은 법이 아주 가까이에 있다는 것을 인식하지 못하고 생활하고 있다. '법이란 무엇인가'라고 하는 인식도 없이 매일 매일을 보내고 있다. 그러나 우리의 생활 주위에는 실로 다양한 법이 존재하고 있으며, 다양한 목적을 위해 각각의 기능을 하고 있다. 예를 들어, 학교 서점에서 책을 한 권 구입하는 행위, 학교 식당에서 식사를 하는 행위, 횡단보도를 건너는 행위, 자판기에서 커피를 한 잔 꺼내 마시는 행위 등 모든 행위가 법률에 의하여 규율을 받고 있다. 그러므로 인간은 태어나면서 죽을 때까지 법과 관계없이 살아가는 것은 불가능하다. 따라서 아리스토텔레스(Aristoteles)는 "인간은 사회적 동물(social animal)이다"라고 말한 것과 같이 인간이 개인으로서 존재하지만, 그 개인이 유일적(唯一的)으로 존재하고 있는 것이 아니라, 끊임없이 타인과의 관계하에 존재하고 있는 것이다. 이러한 타인과의 관계 속에서 발생하게 되는 분쟁은 '법'이라고 하는 제도로써 해결되는 경우가 많다. 일반적으로 '법'이라고 하는 용어는 다의적(多義的)이고, 다종(多種)·다양(多樣)하다. 우리들이 현재 살고 있는 시간과 공간에 의하여 제한되는 다양한 법이 존재한다. 예를 들면, 우리나라 국내의 법, 다른 나라들의 법 그리고 2개국 이상의 국가 간의 법이 충돌하

---

5) 石川 明, 法學入門30講, 酒井書店, 2001, 11面.
6) 법이란 무엇인가에 대해 칸트(Immanuel Kant)는 "법학자들은 아직까지도 법에 관한 그들의 개념에 대한 정의를 찾고 있다"고 말할 정도로 이 명제는 쉽지 않음을 말하고 있다.

는 경우 어느 쪽의 법에 준거(準據)해야 하는가를 규율하는 법도 있다.

법학을 어떻게 배워나가야 하는가에 대해 종래부터 주로 현재의 효력을 갖고 있는 실정법의 의미·내용을 명확하게 하는 법해석이 주류를 이루어 왔다. 이 외에도 법을 사회현상으로서 파악하고 과학적으로 분석, 고찰하는 법사회학(법률실학), 법학의 성과를 근거한 법정책학(입법론연구)도 있다. 또한 기초법학으로서는 법의 본질과 법의 효력의 근거를 탐구하는 법철학(法理學), 법을 역사적으로 고찰하는 법사학(법제사연구), 법제도를 각국에 있어서 독자성, 유사성의 시점으로부터 검토하는 비교법학(외국법연구) 등이 있다. 현대에서는 법학을 연구하는 것에는 인접하는 다른 학문 영역(정치학, 경제학, 사회학, 문화인류학, 심리학, 의학 등)과의 소위 학제적(學際的)[7] 연구도 그 중요성이 강조되고 있다.[8]

이처럼 '법이란 무엇인가'를 파악하는 데 법의 개념을 이해하는 정도로는 충분하지 않다. 따라서 법 전반에 걸쳐서 다양한 각도로부터 고찰을 하는 것은 물론 논리적 필연성과 동시에 지적되는 모순을 포함하여 유기적, 복합적으로 파악하지 않으면 안 된다. 따라서 '법이란 무엇인가'를 이해하기 위해서 가장 좋은 것은 법학 전반을 광범위하게 체계적으로 배운 후에 다시 고찰하는 것이 가장 좋다고 생각된다.

그렇지만 본 장에서 '법이란 무엇인가'를 고찰함에 있어 굳이 왜 법의 개념을 설명하는가는 예를 들어 초행길인 A라고 하는 지점에 도착해야 하는데, A지점에 가기 위해서는 여러 가지의 경로가 있다

---

7) 학제(學際, interdisciplinary)란 예를 들어, 교통문제를 해결하기 위해서는 법률뿐만 아니라 행정학, 사회학 등 여러 면에서 검토를 통해 연구하는 것으로 여러 학문의 협력을 필요로 하는 학문 영역 및 협업관계를 말한다.

8) 石川 明, 法學入門30講, 12面.

고 하자. 초행길인 A지점에 도착하기 위해서는 일반인들은 어떻게 가야 빨리 그리고 쉽게 갈 수 있는가를 사전에 조사를 할 것이다. 아무런 조사도 없이 초행길을 가기는 쉽지 않을 것이다. 물론 A지점에 가기 위해 A지점에 도착할 수 있는 모든 길을 가보는 것도 하나의 방법이지만, 약도 내지는 안내서를 구입하여 가는 것이 가장 빠른 길일 것이다. 이 법학입문서는 법학연구라 하는 A지점에 가기 위해 필요한 안내서이다. 따라서 법의 개념을 파악하여 두는 것은 법학이라고 하는 A지점에 도착하기 위한 윤곽을 그리는 것이다.

2. 법의 어원(語源)

법의 개념을 밝히기 전에 한자 법(法)이라는 글자의 어원을 살펴보고, 법이라는 글자의 어원을 통해 법이 가지고 있는 이념과 특질을 생각해본다. 오늘날 우리가 사용하고 있는 법이라고 하는 한자의 법(法)은 약자이고 중국 상고시대의 법이라고 하는 글자를 법(灋)이라고 사용하였다. 이는 '물 수(氵)'와 '해태 치(廌)' 그리고 '갈 거(去)'가 합쳐진 모습으로 이를 분석하면 다음과 같다.

첫 번째, '물 수(氵=水)'는 "물과 같이 고른" 것을 상징한다. 즉 법의 공평성을 상징하는 것이다. 옛날부터 물은 만인의 평등(平等)을 나타내는 상징적인 것이었다.

두 번째, '해태 치(廌)'이다. 해태라는 말은 전설에 나오는 신수를 말한다. 중국의 고사에 보면 재판을 할 경우 해태를 재판석 앞에 두면, 해태는 반드시 죄지은 자에게로 가서 뿔로 떠받는다고 한다. 또한 해태는 불을 삼키는 동물로서 불붙은 분쟁을 가라앉힌다는 의미도 가지고 있어 정의(正義)를 상징한다.

세 번째, '갈 거(去)'는 빼앗다는 의미로서 악을 제거한다는 것을 의미한다. 이는 징벌적인 강제성(强制性)을 의미한다.

이와 같이 법이라는 글자의 어원을 종합하면, 법이란 형평(공평), 정의, 강제성을 그 이념과 특질로 하는 사회규범이라는 것을 알 수 있다.

3. 법의 개념(概念)

1) 법은 사회규범(社會規範)의 하나다

앞에서도 언급하였지만, 소크라테스는 "인간은 사회적 동물이다"라고 말한다. 즉, 인간은 결코 혼자서는 생활할 수 없고, 다수의 사람들과 공동생활(共同生活)을 하고 있다는 말이다. 원래 사람은 사회에서 태어나 사회에서 상호대립·경쟁·협력하면서 삶을 영위하다가, 사회에서 생을 마친다.[9] 결국 사람은 서로 결합하여 집단을 이루며 살아가는데 이 집단을 사회(社會)라고 부르고, 사람은 다른 사람들과 다양한 집단(공동체)을 형성하며 생활하고 있다. 이러한 집단적 공동생활을 사회생활(社會生活)이라고 한다.[10] 단지 두 사람의 관계도 그

---

[9] 인간은 사회 속에서 삶을 영위한다는 점에서 독일의 법학자 기르케(Otto Friedrich Gierke)는 "사람이 사람인 까닭은 사람과 사람과의 결합에 있다"고 하였고, 영국의 역사법학파의 대가인 비노그라도프(Paul Gavilovitch Vinogradoff)는 "사람의 사회적 교섭은 자연 스스로가 명하는 것이다"고 하였으며, 하이데거(Martin Heidegger)는 "사람의 존재는 개인과의 공존에 있다"고 하였다.

[10] 원영철, 『법과 생활』, 삼영사, 2000, 32면에서 인간만이 집단생활을 하는 것이 아니라고 하면서 인간이 아닌 다른 동물의 집단생활은 대부분 본능적 충동에 따라 이루어지는 군집생활임에 반해 인간의 집단생

것은 일종의 사회적 관계이다. 가족은 가장 작은 사회적 단위이고, 가족의 출발점에 있는 부부 두 사람의 관계는 현대사회와 현대국가의 질서 하에서의 기본이라고 생각되고 있다.[11] 예를 들어, 어느 한 사람이 무인도에 혼자 살고 있다고 한다면, 그 사람은 자신 마음대로 생활하는 것도 허용된다. 하지만 두 사람 이상이 공동생활을 한다면, 상호 일정한 규칙을 둘 필요성이 생긴다. 그 규칙과 제약은 묵시적으로 형성되는 경우도 있지만, 서면에 의해 규정되고 있는 경우도 있다.[12]

우리들은 현재 다양한 사회적 관계를 가지면서 생활하고 있다. 예를 들면, 가정·학교·직장·지역사회·취미나 스포츠센터·정치나 종교 그 외의 단체에 속하여 있음과 동시에 국가나 지방자치체의 일원이다. 또 국제사회를 구성하는 한 사람이다. 어떠한 집단(사회)에서도 어떤 법칙이나 질서·규칙이 필요하다. 왜냐하면, 질서가 없다면 집단생활은 혼란스러워질 것이고, 사람마다 서로 충돌하거나 실력행사를 하여 서로 다투게 될 것이고, 수습이 어렵게 될 것이기 때문이다. 즉, 홉스(Thomas Hobbes)가 말한 "만인(萬人)의 만인(萬人)에 대한 투쟁상태(鬪爭狀態)"가 되어 약육강식(弱肉强食)만이 지배하는 세계와 다를 바가 없게 될 것이다.

그러나 인간은 일정한 이상과 목표를 세우고, 그것을 실현하기 위해 노력하고 있다. 이러한 이상과 목표에 가까워지기 위해서 서로 일

활은 이성에 의한 판단력, 목적의식 및 사회규범에 따라 이루어지는 사회생활인 것이며, 이러한 점이 인간이 동물과 비교되는 두드러진 특징이라 한다.

11) 石川 明, 法學入門30講, 13面.

12) 원영철, 『법과 생활』, 33면에서 왜 인간은 집단적 공동생활을 영위하는가에 대해 공동생활은 자급자족의 생활형태가 아니고 분업생활의 형태인데, 이러한 생활형태에서의 구성원은 각자가 최대한 재능을 발휘할 수 있으므로 능률성과 상호보완성을 갖게 됨으로써 인간의 생활을 향상시킬 수 있기 때문이라고 한다.

정의 질서를 정하고, 존중하고, 스스로의 행동을 억제하려고 한다. 인간은 사회생활을 하고, 그 사회생활을 유지·발전시키기 위해서는 일정한 질서가 필요하며, 그 질서는 일정한 규범에 의해 유지·발전된다. 따라서 비노그라도프(Paul Gavilovitch Vinogradoff)가 "바둑이나 테니스와 같은 경기를 위하여 사회적으로 결합한 때에도 일정한 규칙에 따라야 하는데, 하물며 국가사회에서는 더 말할 나위가 없다"고 설명하는 바와 같이 국내사회든, 국제사회든 질서유지를 위해서는 일정한 규칙이 필요하다. 만약 사회에 일정의 법칙과 질서·규칙이 없다고 한다면, 양보없이 서로 자기 주장만 하거나 따른, 마음 내키는 대로 행동하거나, 자기 욕심만을 채우기 위해 폭력을 행사한다든지, 타인을 적대시하고, 분쟁을 야기하는 등 사람들의 생활에 혼란이 극대 달할 짓이다. 예를 들면, 권투와 같은 스포츠에서 규칙이 없다면 권투는 더 이상의 스포츠가 아닌 다툼과 폭력이 될 것이다. 또 학교의 동아리나 그룹활동에서도 조직, 목적, 활동, 운영 등에 있어서의 규약이 존재한다. 구성원이 많게 되면 될수록 질서와 규칙을 정비할 필요성이 높아지게 된다. 복잡하고 다방면에 걸치는 규약에 따라 집단(공동체)의 행동이 기능하는 것이다.

집단(공동체)과 사회를 조직화하고, 그 질서를 유지하고, 무엇인가의 사회적 목표와 가치를 실현하기 위해 사람들은 사회생활상 지켜야 하는 규칙을 정하는 것이다. 이 규칙이 사회규범이다. 그리고 법은 이와 같은 사회규범의 하나이다.

2) 법 이외의 사회규범(社會規範)

앞에서도 서술하였지만, 법은 당연히 사회규범의 하나이다. 그러나 사회생활상 인간이 지켜야 하는 규범은 법만이 존재하는 것은 아니다. 법 이외에도 각각의 집단(공동체)과 사회에서는 각각의 규범이 있다. 예를 들면, 종교상의 교의(敎義)와 계율(戒律) 등은 신앙자가 구성하는 집단과 사회의 규범이다. 도덕과 윤리도 사람들의 생활 중에서 중요한 규범이라고 말할 필요도 없다. 사람들이 장기간에 걸쳐 만들어 온 일정의 생활양식 속에서 자연발생적으로 형성된 사회관습(社會慣習), 규칙(規則), 행동(行動), 의례(儀禮) 등이 발생한다. 이것들도 사회규범의 하나이다.

또 다양한 집단(공동체)에는 그 조직, 목적 등에 관한 다양한 규약(規約)이 존재한다. 동아리와 동아리활동의 규약, 학교의 교칙(校則), 대학의 학칙(學則), 사회의 정관(定款) 등이 그 예이고, 이들도 사회규범의 하나이다. 두 사람이 서로 교차한 약속도 두 사람을 구속하는 규칙(계약)이고, 이것도 사회규범이다. 따라서 '사회 있는 곳에 법 있고'라고 하는 때 이 '법'은 사회규범 전반을 의미하는 것이다.

3) 법과 유사(類似)한 용어(用語)

(1) 법률(法律)

엄격한 의미에서 법과 법률은 서로 그 뜻이 다르다. 법과 법규범[13]

---

13) 규범이란 인간이 사회생활을 하는 데 있어서 구속되고 그에 따르도록 기준이 되는(준거 · 準據) 일정한 행동양식을 말한다.

은 법률 그 자체가 하나의 규범이므로 양자는 같은 뜻이라 하겠다. 그러나 법은 넓은 의미에서는 법일반(法一般, Law in general)을 말한다. 따라서 법률뿐만 아니라 법규범 전체, 즉 명령, 규칙 등을 총칭한다. 법률은 엄격한 의미에서 입법기관인 국회의 의결을 거쳐 대통령이 공포한 것만을 말한다.

(2) 법규(法規)

법규는 법규범의 의미로 쓰이는 수가 있으나, 직접 국민의 권리·의무에 관한 사항을 규정한 법을 말한다. 따라서 일반적으로 제정법(制定法)[14]을 가리키는 경우가 많다.

(3) 법질서(法秩序)

우리들의 생활규범을 법이라고 하지만 이 법을 국가가 성문법(成文法)의 모습으로 제정한 것도 보통법이라 한다. 또 개개의 법을 체계적 전체로서 본 경우에 특히 법질서라 한다. 즉, 법질서란 개개의 법규범 그 자체를 의미하는 것이 아니라 개개의 법규범이 통일적으로 하나의 질서체계를 이루고 있는 상태를 말한다.

(4) 법령(法令)

법령은 법률과 명령을 말한다. 경우에 따라서는 성문법 전체를 의미하는 것으로 사용되기도 한다.

---

14) 국가적인 입법기관에서 일정한 절차를 거쳐 만들어진 법을 제정법이라고 한다. 따라서 일반적으로 성문법은 모두 제정법이다.

4) 법의 구조(構造)

　　모든 국가사회의 법질서는 각각 그 논리적 성격을 달리하는 행위규범(行爲規範)·재판규범(裁判規範)·조직규범(組織規範)으로　구성되어 있다. 예를 들어, 형법 제250조는 살인죄에 대하여 규정을 두고 있는데, "사람을 살해하지 말라"고 하는 것은 행위규범이고, "사람을 살해한 자는 사형·무기 또는 5년 이상의 징역에 처한다"고 하는 것은 재판규범이다. 그리고 살인범을 체포하여 수사하고 재판하여 형을 확정하고 집행하기 위해서는 법원조직법, 정부조직법 등의 조직규범이 필요하다.

(1) 행위규범(行爲規範)

　　행위규범이란 인간행위의 준칙(準則)[15]으로서, 일정한 작위(作爲)[16] 또는 부작위(不作爲)[17]를 명하는 규범이다. 예를 들면, 민법 제390조는 채무불이행에 대하여 규정을 두고 있는데, 본 규정에 의하면 "채무는 내용에 좇아 이행을 하여야 한다"고 명령하고 있거나, 형법 제250조에서 "사람을 살해하지 말라"고 금지하고 있다. 행위규범에 관한 한 법규범은 도덕규범이나 그 밖의 규범과 다를 바가 없다. 그러나 도덕규범은 강제력이 없을 뿐이다.

---

15) 준칙이란 사람의 판단의 기초가 되는 기준을 말한다.

16) 작위란 사전적 의미 그대로 어떠한 행위나 행동을 하는 것 또는 해야만 하는 행위를 가리켜 작위라 하고, 그러한 의무가 있는 것을 작위의무라 한다. 예를 들어 갑이라고 하는 가수가 대학축제에서 노래를 부르기로 한 경우에는 갑은 대학축제 때 노래를 불러야 하는 작위의무가 발생하는 것이다.

17) 부작위란 어떠한 행동이나 행위를 하지 않는 것 또는 해서는 안 되는 행위를 말하고, 이러한 의무를 부작위의무라 한다. 예를 들면, 갑이라고 하는 가수가 A라고 하는 방송국에 출연하여 노래를 부르지 않을 것을 조건으로 B라고 하는 방송국과 계약을 한 경우, 갑은 A라고 하는 방송국에 출연하여 노래를 부르지 않으면 되는 부작위의무가 발생하게 된다.

그리고 여기서 말하는 행위(行爲)는 사람의 의사(意思)에 의한 신체(身體)의 외부적 동정(動靜)을 말한다. 그러므로 예를 들어, 잠잘 때의 동작과 같이 전혀 의사에 의하지 아니하고 한 행위나 의사가 있더라도 외부적 신체적 동정이 없는 것은 법의 대상이 되지 않는다.

(2) 재판규범(裁判規範)

재판규범은 인간이 행위규범을 위반한 경우에 일정한 제재(制裁) 또는 불이익(不利益)을 가할 것을 규정한 규범으로서 강제규정 또는 강제규범이라고도 한다. 일반적으로 법규범은 단순한 행위규범에 그치지 않고 재판규범을 위반한다는 점에서 다른 사회규범과 차이가 발생한다. 예를 들면, 도덕규범 기타 사회규범은 "사람을 살해하지 말라"고 하는 단순한 행위규범만으로 성립되지만, 법규범은 형법 제329조에서 "물건을 훔치지 말라"고 하는 행위규범과 "타인의 재물을 절취한 자는 6년 이하의 징역 또는 1천만 원 이하의 벌금에 처한다"고 하는 재판규범으로 성립되어 있다. 따라서 법규범은 일반적으로 행위규범을 전제로 하고, 이것을 위반한 경우에 일정한 재판을 가하는 형식으로 존재한다.

(3) 조직규범(組織規範)

조직규범은 법규범의 제정(制定), 적용(適用), 집행(執行)을 담당하는 기관, 즉 국회(國會), 법원(法院), 정부(政府) 등의 조직과 권한(權限)에 관하여 정한 규범이다. 조직규범은 국민 일반의 사회생활을 규율하는 것이 아니므로 행위규범과 구별되며, 또 위반행위에 대하여 직접 강제효과를 귀속시키는 것이 아니므로 재판규범(강제규범)과도 구별된다.[18] 법은 그 강제력의 원천이 국가조직에 있으며, 법이 행위규범과 재판규범으로서의 그의 임무를 다하기 위해서는 조직규범에 의하여 법규범의 제정, 적용, 집행을 담당하는 각 기관의 책임(責任)과 권한의 한계를 분명하게 하여야 한다. 이것을 실현하는 것이 바로 삼권분립(三權分立)[19]을 의미하는 것이다. 국가의 가장 기본적인 조직규범은 물론 헌법(憲法)이지만, 헌법의 일반적인 규정을 위임(委任)받아서 다시 국가기관의 조직과 권한을 정한 국회법(國會法), 공무원법(公務員法), 정부조직법(政府組織法), 법원조직법(法院組織法) 등이 이 범주에 속한다.

4. 법칙(法則)과 규범(規範)[20]

1) 법칙과 규범의 차이

법은 법칙의 일종이라 할 수 있다. 그러나 법칙이란 말은 통상 두 가지 의미를 가지고 있다. 하나는 자연계(自然界)의 질서(秩序), 인과관계(因果關係)의 자연적 법칙이다. 다른 하나는 인간이 지켜야 하는 질서로서 정립된 규범적 법칙이다. 이 두 가지를 구별하기 위해 전자를 단순히 '법칙(法則)'이라 부르고, 후자를 '규범(規範)'이라고 칭한

---

18) 양수산 · 초완진, 『법학통론』, 세창출판사, 2006, 19면.

19) 삼권분립이란 입법권(立法權) · 사법권(司法權) · 행정권(行政權)으로 나누어 서로 견제하는 것을 말한다. 따라서 입법권을 가지 입법부는 고유권한으로 법을 제정하는 것이고, 사법부는 법을 적용하는 것이며, 행정부는 법을 집행하는 기관이다.

20) 규범(規範)이란 인간의 공동체 생활에 질서를 유지하기 위하여 따르지 않으면 안 되는 의사와 행위의 절차 내지 규칙을 규범이라고 한다.

다. 사회규범과 자연법칙(自然法則)은 일정의 규칙(規則)이라고 하는 형태로 인식되지만, 그 내용에 있어서는 커다란 차이가 있다.21)

칸트(Immanuel Kant)는 자연과 사회의 이원론적 세계관에 입각하여 존재(存在)와 당위(當爲)라고 하는 두 개의 범주에 의하여 자연법칙과 사회규범의 특수성을 구별하고 있다. 자연법칙은 자연계에 있어서 실제로 작용하고 있는 것이고, 일정의 원인(原因)이 있으면 반드시 일정의 결과(結果)가 생기는 것이다. 이러한 자연법칙은 인간의 의지로 되지 않고 존재하는 필연적인 질서이고, 인간에게는 법칙을 선택할 여지가 없고, 또 인간의 의지로 법칙을 마음대로 할 수 없다. 예를 들면, 단순한 물은 1기압하에서 섭씨 100도에서 끓고, 섭씨 0도에서 냉동된다고 하는 것이다. 따라서 자연법칙은 존재(存在)·필연(必然)의 법칙을 말한다.

반면에 사회규범은 인간이 사회질서와 사회존속 등 합리적인 목적을 달성하기 위하여 준수해야 하는 것이다. 즉, 인간이 공동생활에 있어서 지켜야 하는 질서(규칙)로서 스스로 정립되는 것이다. 적어도 인간은 일정의 이상과 목표를 갖고 가능한 한 그것에 가까워지려고 한다. 그 때문에 상호 일정의 질서를 존중하고, 스스로의 행동을 의지에 의해 통제하려고 한다. 규범의 내용은 이와 같은 '금지(禁止)' 혹은 '명령(命令)'이라 하는 '당위(當爲)'를 내용으로 한다. 따라서 사회규범은 당위의 법칙이라고 한다. 어떠한 규범을 정립하는가 하는 점에서 인간에게는 선택의 여지가 있다. 그럼에도 불구하고 인간이 만든 질서(규칙)이기 때문에 인간이 이것을 파괴하는 것도 가능하다. 그뿐만

---

21) 山川一陽 · 船山泰範 · 淸水幸雄 · 赤坂正浩 · 中村 惠, 法學入門, 弘文堂, 2002, 17面(이하 山川一陽 外 4人 共著로 표시함).

아니라 규범은 파괴되는 것을 전제로 만들어진 것이라 해도 과언이
아니다. 그런 이유로 파괴 없이 지켜져야 하는 규칙(일종의 강제력)이
필요하게 된다.

2) 법규범(法規範)과 다른 사회규범(社會規範)

규범은 인간사회의 문화에 따라 생성되어 발전하는 인위적 법칙
(人爲的 法則)이며 문화현상이다. 인류문화가 생성하기 전에는 규범도
존재하지 않은 원시상태였다. 그들은 홉스(Hobbes)가 말한 바와 같이
"만인(萬人)에 대한 만인(萬人)의 투쟁(鬪爭)"이었다. 따라서 그들은 육
체적·본능적 욕망이 인간행위의 원동력이 되어 금수와 다름없는 생
활을 하였다. 그러나 점점 문화가 발달함에 따라 국가(國家)라고 하는
것이 인류사회에 생기게 되고 사회를 통치하는 권력자가 국가와 사
회를 이끌어 나가기 위해 새로운 종류의 규범을 인위적으로 만들게
되었다. 그러나 사회는 법만으로는 유지될 수 없기 때문에 그 보조수
단으로서 도덕(道德)이나 종교(宗敎) 및 관습(慣習) 등이 나타나게 되
었다. 즉, 사회규범은 법 이외에 종교와 도덕·윤리상의 규범이 있다.
결국 법규범과 법 이외의 사회규범의 내용은 중복되는 면도 있다. 그
구체적인 예를 몇 가지 들어 보면 다음과 같다.

　① '사람을 살해(殺害)하지 말라' 또는 '사람의 생명(生命)은 존중(尊
　　重)해야 한다'고 하는 것은 종교, 도덕·윤리(倫理)에 있어 당연
　　시되는 규범이다. 이것은 형법에 있어서도 관철되고 있다. "사
　　람을 살해한 자는 사형(死刑) 무기(無期) 또는 5년 이상의 징역
　　(懲役)에 처한다(형법 제250조)"라고 하는 문언에 의하여 살인을

행한 자에게는 이와 같은 중한 형벌을 과하는 것으로서 사람을 살해해서는 안 된다고 설명하고 있다.

② 누군가 절도(窃盜)를 한다고 하는 것은 종교와 도덕상의 규범과 형법 제329조의 절도죄(窃盜罪)와의 관련에도 있게 된다. 타인의 물건(物件)을 절도해서는 안 된다고 규정하고 있는 것이다.

③ 대다수의 종교는 혼인(婚姻)을 신성시하고, 일부일처(一夫一妻)의 혼인질서를 기본윤리로 하고 있다. 또 부부는 서로 정절하지 않으면 안 된다고 하는 것도 도덕·윤리상의 규범이다. 이것과 똑같은 내용이 법규범으로 존재하고 있다. 민법 제810조에서 중혼금지(重婚禁止)의 엄격한 일부일처제를 규정하고 있다. 부부간의 정조의무(貞操義務) 위반(違反)에 있어서는 민법 제840조 제1호에서 이혼원인(離婚原因)의 하나로 규정하고 있는 점에도 도덕과 법의 내용의 중복이 보인다.

④ '내 이웃을 사랑하라' 인간은 서로 도우며 살아가지 않으면 안 된다고 하는 당위의 요청이 종교와 도덕·윤리상의 규범의 내용으로 되고 있다. 부조(扶助)[22]의 의무에 관하여 법은 가족 간에 서로 지켜야 하는 것으로 규정하고 있다. 부부간의 동거(同居)·협력(協力)·부조(扶助)의 의무(민법 제826조), 미성년자(未成年者)[23]에 대한 친권자(親權者)의 부양의무(扶養義務)(민법 제913조)는 가장 강력한 가족 간의 부양의무이다. 이 외에 민법 제974조에 의해 직계혈족(直系血族)[24] 및 그 배우자(配偶者) 간,

---

22) 부조란 남을 거들어서 도와주는 것을 말한다.

23) 일반적으로 미성년자란 민법상의 미성년자를 말한다. 현행 우리 민법상 미성년자는 민법 제4조에서 20세 미만의 자를 말한다. 그러나 주의해야 할 것은 형법상의 형사미성년자는 14세 미만으로 형법에서의 책임능력이 없는 것으로 간주되는 사람을 말한다.

기타 생계를 같이하는 친족 간의 부조의 의무에 있어서는 법적 의무라고 하기보다는 도덕적 의무의 색채가 강하다.

⑤ 서로 한 번 취한 약속(約束)은 지켜지지 않으면 안 된다고 하는 규범 내용은 도덕·윤리상 존재하는 것과 동시에 법률상 계약(契約)은 지켜지지 않으면 안 된다고 하는 규범과의 중복이다. 당사자가 각자의 합리적 판단에 의하여 체결(締結)된 계약인 이상 그 계약은 당사자(當事者)가 구속(拘束)하는 것이다(민법 제390조 이하 참조). 유효하게 성립된 계약으로부터 발생하는 권리의무는 신의(信義)에 따라서 성실(成實)하게 이행(履行)되어야 하고, 이행되지 않으면 안 된다(민법 제2조 제1항).

3) 법은 도덕(道德)의 최소한(最小限)

법은 인간사회의 지켜야 하는 질서로서 정립되고, 사회생활상의 질서(秩序)를 유지하는 것과 동시에 무엇인가의 사회적 목적의 달성 혹은 사회적 가치 실현을 위해 만들어진 것도 있다. 그런 이유로 법을 확실하게 지키는 것은 사회존립의 불가결의 기초적 요건이다. 법이 모든 사람에게 지키라고 요구하는 규범(規範)이라고 하는 것은 당연하다. 그러나 법규범의 내용이 매우 엄격한 당위(當爲)의 요구로 된다면, 아마도 일반인들에게는 수용될 수 없을 것이다. 예를 들면, 타인에게 대하여 "너의 오른쪽 뺨을 때리면 왼쪽 뺨도 내놓아라"라고

---

24) 직계혈족이란 직계의 관계에 있는 존속(尊屬)과 비속(卑屬)의 혈족을 말한다. 여기서 존속이란 부모 또는 그와 같은 항렬 이상에 속하는 친족을 말하며, 비속이란 아들 이하의 항렬에 속하는 친족을 통틀어 이르는 말이다.

가르치고, 관용과 자기희생을 강조하여도 대부분의 사람들은 그것에 따르는 것은 무리하다고 할 것이다. 법이 규율의 대상으로서 예정하고 있는 것은 특별하게 뛰어난 엄격, 청렴한 인격자는 아니고, 보통의 인간 내지 평균적 인간이다.

자기 스스로의 의지와 이성에 자기의 행동을 억제할 수 있는 자(보통인·일반인)라면 누구라도 지키는 정도의 도덕(道德)·윤리(倫理)를 요구하고 있다. 다시 말하자면, 이것만은 지키지 않으면 안 된다고 하는 당위, 즉 '최소한(最小限)의 도덕(道德)'을 법규범의 내용으로 취하여 법을 정립한다. 따라서 종교와 도덕·윤리상의 규범에 있어서와 같은 고도의 요구는 아니다. 그러므로 '법은 도덕의 최소한을 나타낸다'고 말하는 것이다.

4) 법과 도덕

도덕의 어원(語原)은 그리스어인 에토시(ethos), 라틴어인 모레스(mores), 독일어인 지테(sitte)로서 이들은 모두 관습(慣習)을 의미하였고, 도덕의 기초가 되었다. 그러나 사회규모가 점차 확대되고 경제생활이 다양하고 복잡해지면서 관습으로부터 법과 도덕이 분화하여 나오게 되었다. 따라서 법과 도덕은 모두 인간의 행위규범으로서 그 근원이나 원천에 있어 상호 밀접한 관련이 있다. 다만 모든 법이 도덕과 밀접한 관계에 있는 것만은 아니다. 도덕이나 윤리와 관계없는 내용을 갖는 법도 존재하는 것에 주의하여 둘 필요가 있다. 행정조직(行政組織)에 관한 법규와 계획의 기준을 정한 법규 이외 도로교통법규(道路交通法規)와 경제활동을 규제하는 법, 조세법(租稅法)의 일부 등이 그 전형적인 예이다.

그러나 법과 도덕은 예를 들면, '사람을 살해하지 말라' 혹은 '타인의 물건을 훔치지 말라' 등과 같이 법이 요구하는 동시에 도덕에서도 요구되는 것으로 법과 도덕은 밀접한 관계를 가지고 있을 뿐만 아니라 내용적인 측면에서도 중복이 되고, 효력적인 측면에서도 상호 보완관계에 있는 밀접한 관계에 있다. 이렇게 서로 밀접한 관계를 가지고 있는 법과 도덕에 관하여 예링(Rudolf von Jhering)은 "법철학에 있어서 케이프 혼(Kap Hord der Rechtsphilosophie)"이라고 하면서 양자를 구별하기 매우 어렵다고 지적하였다. 이러한 지적에도 불구하고 우리가 법과 도덕을 구별하려고 하는 것은 법의 개념을 더욱 명확히 파악하기 위한 과정이 되기 때문이다.25)

(1) 법과 도덕의 구별(區別)

① 법의 외면성(外面性)과 도덕의 내면성(內面性)

법과 도덕의 구별 중 가장 오래된 견해이다. 법은 외면에 나타난 행위를 규제하는 규범인 데 반해, 도덕은 외부적인 행위에 대한 준칙일 때도 있지만 내면적·정신적인 면도 규제하는 규범이라는 점에서 양자는 구별된다. 예를 들어, 갑이 을을 언젠가는 한 대 주먹으로 칠 것이라고 마음을 먹고 있다면, 법은 외부에 나타난 행동에 대해서만 문제가 되지만, 도덕은 그러한 마음만으로도 잘못이 있다고 판단하게 된다. 이 설의 대표적인 학자가 슈타믈러(Rodolf Stammler)나 라드브

---

25) 모든 법학자들이 법과 도덕을 구별하려고 한 것은 아니다. 자연법론자들은 법과 도덕의 구별을 부인한다. 즉, 자연법에 적합하지 않은 실정법은 악법이며, 악법은 법이 아니라고 한다. 결국 법을 자연법으로만 이해하여 법과 도덕과의 구별을 부인한다(구병삭, 『신법학원론』, 박영사, 1999, 21면 참조).

루흐(Gustav Radbruch)가 있다. 슈타믈러는 설혹 내심(內心)에 국가에 대한 위험사상(危險思想)을 품는다 하더라도 그를 실행하지 아니하면 처벌(處罰)하지 아니한다고 하였다.

그러나 이와 같은 법은 외면성이고, 도덕은 내면성이라고 하는 구별은 절대적인 것은 아니다. 예를 들면, 우리 형법에 있어서 고의(故意)에 의한 범죄(犯罪)와 과실(過失)에 의한 범죄에 대해 처벌을 달리하고 있다. 즉, 고의에 의해 저질러진 범죄를 더 중하게 처벌하고 있으며, 과실에 의한 범죄는 법률의 규정에 의한 경우에만 처벌하고 있다. 또한 민법상 선의(善意)와 악의(惡意)에 대해서도 규정을 두고 있다. 민법상 선의란 어떠한 사실을 모르고 있었던 경우이고 악의란 어떠한 사실을 알고 있었던 경우를 말한다.26) 이렇게 법도 행위자의 내면적 동기(動機)에도 중점을 두고 있다. 그리고 도덕도 내면적 의사뿐만 아니라 외면적 의사를 중시하기도 한다. 예를 들면, 타인의 물건을 훔치는 행위를 하였을 때에는 도덕에 반하는 것이므로 도덕은 단지 내면적 의사만을 규율한다고 할 수 없다.

② 법의 타율성(他律性)과 도덕의 자율성(自律性)

칸트(Immanuel Kant)는 법은 외부적인 힘을 요인으로 하는 타율성을 본질로 하고 도덕은 양심(良心)에 기초를 둔 자율성을 본질로 한다는 견해이다. 예를 들면, 도로교통법상 오토바이 운전자는 헬멧을 착용하지 않으면 벌금(罰金)을 부과하게 된다. 따라서 오토바이 운전자

---

26) 민법상 선의인지 악의인지에 따라 법률상의 효과가 상이한 경우가 많다. 예를 들면, 민법 제29조는 실종선고의 취소에 있어 이를 원인으로 재산을 취득한 자가 선의인 경우(실종자가 살아 있었다고 하는 사실을 모르고 있는 경우) 이익이 현존하는 한도에서 반환할 의무가 생기고, 악의인 경우(실종자가 살아 있다고 알고 있는 경우)에는 받은 이익에 이자를 붙여서 반환하도록 하고 있다.

들은 헬멧을 쓰고 싶지 않더라도 외부에서 강요하기 때문에 지키게 된다. 이러한 의미에서 법은 타율성이 있다고 한다. 반면에 도덕은 예를 들면, 버스에서 노약자에게 자리를 양보하는 경우와 같이 이러한 외부적 강요가 아닌 스스로의 자율에 의하여 실천하는 것이다.

그러나 법과 도덕을 구별하는 이 기준도 절대적인 구분이 아니다. 왜냐하면 법도 제재를 의식하지 아니하고 자율적으로 준수되는 경우가 있고, 도덕도 사회적 비난이 두려워서 타율적으로 준수하는 경우도 있기 때문이다.

③ 법의 양면성(兩面性)과 도덕의 일면성(一面性)

법은 국가와 국민, 권리와 의무, 채권과 채무 등과 같이 대립되는 양면성을 가지고, 도덕은 의무만을 요구하는 일면성을 가지고 있다고 하는 견해이다. 예를 들면, 법은 갑이 을에게 돈을 100만 원을 빌려 주었다고 할 때, 갑은 채권이라고 하는 권리가 발생하게 되고, 을에게는 채무라고 하는 의무가 발생하게 되는 양면성을 가진다. 도덕은 예를 들어, '어른들을 보면 인사를 잘해야 한다'고 할 때 타인에게 인사를 하라고 요구할 수는 없는 일면성을 가진다.

그러나 이 기준도 법과 도덕을 구별하는 절대적 기준이 되지 않는다. 예를 들면, 민법상 친권(親權)이나 병역의 의무와 같이 법에도 권리는 없고, 의무만이 존재하는 경우도 있다. 반면에 도덕의 경우 예를 들면, 카우프만(Arthur Kaufmann)의 견해와 같이 곤궁에 처한 자의 부조청구권(扶助請求權)과 같은 도덕적 권리도 있을 수 있다.[27] 따라서

---

27) 김동석, 『법과 현대생활』, 일조각, 1999, 26면.

도덕도 사회에서 지켜야 할 규범이기에 사회 일반이라는 대상이 준수하여야 할 의무성이 있기 때문에 성립되는 것이다.[28]

④ 법의 강제성(强制性)과 도덕의 비강제성(非强制性)

법은 국가나 기타 조직의 강제기구를 동원하여 자기의 명령을 실현시킬 수 있는 데 반하여 도덕은 이러한 강제를 갖지 않거나 가질 수 없다. 따라서 법은 강제가 있으나 도덕에는 강제가 없다는 견해이다. 법은 예를 들면, 갑이 을의 물건을 훔친 경우 형법 제329조(절도죄)에 의하여 국가권력에 의하여 형벌(刑罰)을 과하게 되는 강제가 가해진다. 반면에 도덕은 '노인을 공경하라'고 하는데 노인을 공경하지 못한 경우 도덕적 비난이 가해질 뿐 노인을 공경하지 못했기 때문에 강제를 할 수는 없다. 예링(Rudolfe Jhering)은 법을 "한 국가 내에서 효력(效力)을 갖고 있는 강제규범(强制規範)의 총체(總體)"라고 설명하고, 법은 국가가 법의 유일한 원천이기 때문에 '국가강제(國家强制)'를 배후에 갖고 있어야 한다고 하였다. 이 구별이 오늘날에 있어서 유력한 견해이다.

(2) 법과 도덕의 관계

앞에서 살펴본 법과 도덕의 관계는 어디에 중점을 두느냐에 따라 구별이 가능하지만, 절대적인 구별은 될 수 없다. 즉, 법과 도덕은 행위규범으로서 사회에 기능하고 있다는 것을 전제로서 존재하기 때문에 상호 밀접한 관계를 가지고 있다. 이러한 법과 도덕의 밀접한 관

---

28) 김대규, 『신법학원론』, 신양사, 1996, 13면.

계를 설명하면 다음과 같다.

첫 번째로 법과 도덕은 상호 중복되는 영역이 많다. 예를 들면, 살인(殺人)이나 절도(竊盜), 사기(詐欺) 등과 같은 범죄(犯罪)는 형법에 의하여 처벌을 받는 동시에 도덕적으로도 용인(容忍)될 수 없는 반윤리적인 행위이다. 또 민법상 신의성실(信義誠實)29)나 공서양속(公序良俗)30) 등은 도덕적 의무를 그대로 법의 내용으로 규정한 것이다.

두 번째로 법과 도덕은 상호전화(相互轉化)되는 경우가 많다. 원래 도덕과는 거리가 먼 기술적 법규가 오랫동안 준수(遵守)되어 생활화된 결과, 사회생활상의 도덕으로 바뀌는 경우이다. 예를 들면, 자동차의 우측통행과 같은 법규는 도덕과는 전혀 무관한 임의적 결정이었으나 오랜 시간 동안 사회생활 속에서 뿌리를 내리게 되어 이를 지키지 않으면 도덕적으로 비난을 받게 되는 교통도덕으로 전화(轉化)된 것이다. 이를 라드브루흐(Gustav Radbruch)는 "도덕의 왕국으로 법의 귀화(歸化)"라고 한다.

세 번째로 법과 도덕은 효력 면에서 상호부조(相互扶助)를 한다. 법은 사회규범인 도덕규범 중에서 특히 사회질서의 유지를 위해 반드시 필요하다고 인정되는 것에 대해 강제력으로 그 실효성을 부여한다. 즉, 법은 강제력을 가지고 도덕의 효력을 뒷받침한다. 그러나 강제력의 발동만으로 실효성이 보장되는 것은 아니다. 예를 들면, 갑과 을은 매우 친한 친구 사이였기 때문에 갑은 을에게 100만 원을 빌려주면서 차용증(借用證)조차도 받지 않았다. 후에 갑이 을에게 돈을 갚

---

29) 민법상 신의성실은 제2조 제1항에서 "권리의 행사와 의무의 이행은 신의에 좇아 성실히 하여야 한다"라고 규정하고 있다.

30) 민법상 공서양속은 제103조에서 "선량한 풍속, 기타 사회질서에 위반한 사항을 내용으로 하는 법률행위는 무효로 한다"고 규정하고 있다.

으라고 하였으나 을은 언제 돈을 빌렸느냐며 돈을 빌려 간 사실을 부인하고 있다. 갑은 아무런 증거가 없기 때문에 법에 호소를 하더라도 구제(救濟)받지 못할 것이다. 결국 위와 같은 경우 법이 무력해지고 말기 때문에 '약속은 반드시 지켜져야 한다'는 도덕적 원칙을 지키는 준법의식(遵法意識)이 기초가 되어야 법의 실효성(實效性)을 가지게 되는 것이다. 따라서 법과 도덕은 규범의 효력(效力)이라고 하는 점에서 상호부조하여 사회생활의 질서를 유지하고, 사회적 가치의 실현에 봉사한다고 하는 공통의 사명을 가진다.

5. 사회규범에 있어서 강제(强制)

사회생활상 인간이 지켜야 하는 질서로서 정립된 규범은 파괴되는 것을 전제로 만들어졌다고 하여도 사람들은 준수하지 않으면 만든 의미가 없게 되어 버린다. 사람들은 사회규범에 대하여 위반(違反)의 가능성을 갖기 때문에 사람들이 그것을 따를 수 있게 하기 위해서 무엇인가의 강제력을 규범으로 가져올 필요성이 생긴다. 사회규범에 배반한다면 반드시 무엇인가의 반작용(反作用)과 불이익(不利益)을 받는다고 하면 사람들은 규범을 따를 수밖에 없을 것이다. 이것이 사회규범의 강제력(强制力)이고, 일종의 제재(制裁)이다.

1) 법에 있어서 강제

법과 다른 사회규범을 본질적으로 구별하는 것은 그 강제의 수단의 차이(差異)이다. '법이란 무엇인가?' 그것은 국가라고 하는 정치 사회에 있어서 행해지는 규범이고, 국가의 정치적 권력작용(權力作用)을 배경으로 강제되는 사회규범을 말한다. 이 국가권력에 의하여 실현이 보장되는 것에 법과 법 이외의 사회규범(종교, 도덕, 윤리, 사회관습 등)과의 차이가 존재하는 것이다. 법에 있어서 강제는 국가권력에 의한 제재, 국가적 강제, 물리적 강제이다. 법 이외의 사회규범은 국가권력에 의하여 강제되는 것은 아니다.

법에 있어서 강제는 정확하게 획일적으로 공평(公平)·신속(迅速)하게 되지 않으면 안 된다. 현재의 단계에서는 국가라고 하는 정치 사회가 이와 같은 요청에 응해 강력한 힘을 갖고 있다. 따라서 국가는 법이 가진 강제력의 실현에 가장 적합한 사회라고 말할 수 있다.

2) 법이 갖는 강제력의 구체적인 표현

법의 강제력의 구체적인 표현은 형벌(刑罰)이다. 형사법에 위반된 경우 형벌이 과해진다. 이것은 가장 명확한 것이지만, 형벌 그것이 강제력은 아니고, 형사법상의 규범에 위반한다면 형벌을 과하게 된다고 하는 심리적(心理的) 압박(壓迫)이라고 하는 것으로 물론 강제력의 본질이 있다고 이해된다.[31]

형벌에는 주형(主刑)과 부가형(附加刑)이 있다. 피의자(被疑者), 형사피고인(刑事被告人)의 인권보장(人權保障)을 원칙으로 하는 근대법치국가에 있어서 죄형법정주의(罪刑法定主義)가 확립되고, 성문의 형법

---

31) 石川 明, 法學入門30講, 18面.

에 의하여 범죄(犯罪)와 형벌(刑罰)이 명확하게 규정되고 있다. 형벌은 주형(主刑)으로서 사형(死刑), 징역형(懲役刑), 금고형(禁錮刑), 벌금형(벌금형), 구류(拘留), 과료(科料)가 정해져 있다. 징역형과 금고형에는 무기(無期)와 유기(有期)가 있다. 부가형(附加刑)은 몰수(沒收)이다.[32]

법이 갖는 강제력은 민사법상도 존재한다. 민사법에 위반된 경우 법의 목적과 취지에 의하여 대응이 다르다. 민사법을 위반하는 경우 단순히 법에 규정된 효과가 생기지 않기 때문에 법에 의해 보호를 받을 수 없다고 하는 형태의 불이익을 받는 형태의 강제도 있다. 예를 들면, 혼인신고(婚姻申告)는 부부의 신분관계(身分關係)를 창설하기 위해 요구되는 방식이다. 따라서 신고서(申告書)를 제출하지 않는 한 혼인의 효과, 특히 호적과 밀접한 관련을 갖는 효과가 발생하지 않게 된다. 그리고 상속에 있어 혼인신고를 하지 않은 배우자는 상속인이 되지 않는 것이 그 전형적인 예이다.[33] 그 외 교통사고 등의 불법행위(不法行爲)[34]에 의해 타인의 권리를 위법하게 침해(侵害)한 자는 피해자(被害者)에게 대해 손해배상책임(損害賠償責任)을 진다고 하는 형태도 있다.

---

32) 현행형법은 형벌이라 하지 않고 형(刑)이라는 용어를 쓰고 있다. 형벌에는 박탈되는 법익의 종류에 따라 생명형·신체형·자유형·명예형·재산형 등으로 구별되는데, 한국 형법은 생명형인 사형, 자유형인 징역·금고·구류, 재산형인 벌금·과료·몰수, 명예형인 자격상실·자격정지의 9가지를 인정하고 있다. 그중 몰수 이외의 형은 독립하여 선고할 수 있는 주형(主刑)이며, 몰수는 다른 형벌에 부가하여서만 선고할 수 있는 부가형이다(형법 41조).

33) 우리나라는 부부로서 효력이 발생하려면 혼인을 신고하여야 하는 법률혼주의를 채택하고 있기 때문이다. 따라서 혼인신고를 하지 않는 경우를 사실혼관계의 부부라고 한다.

34) 민법상 불법행위란 제750조에서 "고의 또는 과실로 인한 위법행위로 타인에게 손해를 가한 자는 그 손해를 배상할 책임이 있다"고 규정하고 있다. 예를 들어 갑이 주차장에서 주차를 하다가 을의 자동차를 파손시켜 10만 원의 손해가 발생된 경우에 갑은 을에게 불법행위가 있다. 즉, 갑은 고의 또는 과실로 인한 위법행위로(갑이 주차장에서 주차를 하던 중 주의를 다하였다면 을의 자동차를 파손시키지 않았을 수 있었기 때문에 과실이 있다고 보인다) 타인에게 손해(을의 자동차가 파손되어 10만 원의 손해가 발생)가 발생되었기 때문에 갑의 행위와 손해 사이에 인과관계가 있다고 보임으로 불법행위는 성립하게 된다.

또한 권리의무(權利義務)의 실현에 있어서 채무자(債務者)가 임의로 이행을 하지 않은 경우에는 국가권력에 의해 강제이행이 되기도 한다. 예를 들면, 금전의 지급과 물건의 인도에 있어 채무자가 이행을 하지 않는 경우는 직접강제[35]가 된다. 그 비용은 의무자(채무자)로부터 징수한다.

3) 다른 사회규범에 있어서 강제

사회규범으로서의 법과 법 이외의 다른 사회규범(종교, 도덕·윤리, 사회규범, 관습 등)과의 차이는 강제력이 있느냐에 의해 구별된다. 그러나 법 이외의 다른 사회규범들에 있어서도 전혀 강제력이 존재하지 않는 것은 아니다. 즉 종교, 도덕·윤리, 사회규범, 관습 등 법 이외의 사회규범에도 무엇인가의 강제가 존재한다. 그러나 그것은 법에 있어서 강제와 같은 국가권력에 의한 것은 아니다. 그들은 규범이 행해지는 각각의 집단(사회)의 구성원인 사람들에 의해 가해지는 심리적(心理的) 강제(强制), 사회적(社會的) 강제(强制)이다. 종교상의 배반에 대하여서는 비난, 파문, 추방 등의 강제가 있다. 도덕, 윤리상의 배반에 있어서 그 배반자에 대하여 인격적 비난이 더해진다. 사회관습과 관습에 배반한 경우에도 지역사회에 속한 사람들로부터 비난을 받는다. 이와 같이 법규범과 다른 사회규범과의 결정적, 본질적 구분은 국가권력에 의한 강제가 되는가 아닌가가 기준으로 된다.

---

35) 행정법상 또는 민사소송법상, 의무불이행자에 대하여 의무자의 신체 또는 재산에 직접 압력을 가하여 의무이행이 있었던 것과 같은 상태를 실현하는 강제집행이다.

6. 법의 목적

　법의 본질이 '법이란 무엇인가'의 질문이었다면, 법의 목적(이념)은 '법은 무엇을 위해 존재하는가'라고 하는 문제이다. 법이란 결코 의미 없이 존재하는 것이 아니라 무엇인가의 목적과 가치를 실현하기 위하여 존재하는 것이다. 사실 법의 본질, 즉 법이란 무엇인가를 명확하게 이해하기 위해서는 법이 실현하고자 하는 목적 내지 가치를 이해할 필요가 있다. 과거로부터 많은 학자들은 법의 목적에 객관적 진실성을 가지는 원리를 찾고자 많은 노력들을 하였다. 플라톤(Platon)과 아리스토텔레스(Aristoteles)는 정의(正義)를 원칙으로 한 도덕생활의 실현이 법의 목적이라고 하였고, 루소(Rousseau)는 개인의 자유와 평등을 확보하고 발달시키는 데 법의 목적이 있다고 하였다. 또한 칸트(Kant)는 도덕적 개인 인격의 확보에 법의 목적이 있다고 하였다. 그리고 라드브루흐(Radburch)는 정의(正義)·합목적성(合目的性)·법적 안정성(法的 安定性)에서 법의 목적을 찾으려고 하였다. 오늘날에 있어 라드브루흐의 법의 목적이 지배적인 견해이다. 따라서 이하에서 라드브루흐의 법의 목적을 살펴본다.

1) 라드브루흐의 법의 목적

(1) 정의(正義)

　동서양에서 사용되는 법이라는 문자의 어원(語源) 및 의미에서 추론되는 법의 목적은 정의의 실현에 있으며, 실제로도 법이 지향하고 있는 것임에 이론의 여지가 없다. 어떻게 보면 정의는 인간과 사회의 이상적 상태로서 인간이 추구해야 할 가치기준이라 할 수 있다. 따라서 법은 정의의 이념을 통하여 사회질서가 유지되고, 법이 법으로서의 가치를 가지며, 정당한 것으로 되기 때문에 법과 정의는 불가분의 관계이다.

그렇다면 정의란 무엇인가? 일반적으로 평등은 정의의 본질이고 보편성은 정의의 형식이라고 한다.36) 로마의 정치철학자인 키케로(Cicero)와 법학자 울피아누스(Ulpianus)는 정의를 각자에게 그의 몫을 주는 것(to give everyone his due)이라고 하였다. 플라톤은 정의의 본질이란 공동생활에서 분수를 지키는 것, 정의란 각 계층 사이의 정당한 관계이며 이를 지킴으로써 이성이 지배하여 각자의 직분을 다하고 하층계급도 이성의 지휘를 따르도록 하는 것이며, 정의야말로 최고의 덕이라고 한다. 심지어 트라시마코스는 강자의 이익을 정의로 보고 정의와 권력을 동일시하기도 한다. 이처럼 학자마다 여러 가지 입장에서 그 해석을 달리하고 있으므로 일의적(一義的)으로 표현하기는 어렵지만, 법과 관련하여 자주 인용되고 있는 아리스토텔레스(Aristoteles)의 正義槪念을 살펴보면 다음과 같다.

① 평균적 정의(절대적·산술적 정의)
사람에 따른 능력이나 사회적 기여 등에 따른 차별화와는 관계없이 각자에 대하여 동등한 대가적 관계로 평등하게 취급하는 것을 말한다. 선거권·국민투표권·피선거권의 경우가 그 대표적 예이다.

---

36) 오호택, 『법학입문』, 동방문화사, 2009, 34면에서 전통적으로 정의와 평등은 비슷한 말로 사용되지만, 완전히 동의어는 아니라고 한다.

② 배분적 정의(기하학적 정의)

사람에 따라 그 능력과 공헌을 고려하여 명예, 재화, 기타 이익을 그에 합당하게 배분해주는 것으로서, 본질적으로 같은 것은 같게 그리고 본질적으로 다른 것은 다르게 취급하는 것을 말한다. 임금지불에 있어서 성과급에 의하는 경우가 그 예라고 할 수 있다. 이는 로마의 키케로(Cicero)와 울피아누스(Ulpianus)가 정의를 각자에게 그의 몫을 주는 것이라고 한 것과 일맥상통한다.

(2) 합목적성(合目的性)

앞에서 살펴본 정의(正義)의 원리는 법이 어떻게 적용되어야 할 것인지의 방향을 제시한다. 즉, "같은 것은 같게", "다른 것은 다르게" 다루라는 지침을 준다. 그러나 정의라는 관념은 형식적이고 추상적 개념에 불과하다. 정의라는 보편적 가치가 아무리 중요하다 하더라도 구체적·개별적인 경우에 내용적으로 무엇이 정당한 것인지를 가르쳐주지 않기 때문에 이것만으로는 하나의 공허한 형식에 지나지 않는다. 따라서 정의의 원리에서 올바른 법의 원칙을 이끌어 내기 위해서는 정의는 다른 원칙에 의해 보충될 필요가 있다. 그것이 바로 합목적성이다. 즉, 합목적성이란 법이 그 가치관에 구체적으로 합치되는 것을 말한다. 라드브루흐(Radburch)는 어떤 법질서가 개인주의, 단체주의(초개인주의), 문화주의(초인격주의)의 세 가지 세계관 중에 그 어느 것의 실현을 목적으로 하는가에 따라 정의의 내용이 결정된다고 본다.

① 개인주의

개인주의를 지향하는 법질서에 있어서는 궁극적 가치의 주체를 개인으로 보고, 단체는 개인의 행복을 위한 수단에 불과하다고 본다. 따라서 개인주의는 개인의 자유를 목적으로 하여 모든 개인은 아무런 차별 없이 똑같이 존중되어야 한다고 한다.

로크(Locke)는 法의 목적은 생명, 자유, 재산 등의 자연권을 보호하는 것이며 법은 자유를 억제하는 것이 아니고 자유를 보전하고 증대하는 데 그 목적이 있다고 하여, 개인주의를 지향한 사상가라 할 수 있다.

② 단체주의(초개인주의)

단체주의는 가치의 주체를 국가에 놓고, 개인의 사적 이익(私的 利益)이 희생되더라도 국가의 공공이익이 우선되어야 한다고 한다.

홉스(Hobbes)는 "선악(善惡)을 구별하는 일반적 기준은 오로지 국가 안에서만 가능하다. 진리가 아니라 권력이 법을 만든다"라고 하고 있는데, 이는 단체주의의 입장을 옹호하는 견해라 할 수 있다.

③ 문화주의(초인격주의)

문화주의는 개인주의와 단체주의의 중간 정도에 위치하는 입장인데, 개인이 단체 속에서 창조하는 문화를 가치의 기준으로 삼는다. 문화주의에 있어서는 배분적 정의에 의한 개인 간의 차별을 인정하지만, 그 차별은 문화업적을 창조하는 데에 어느 정도로 공헌을 하였느냐에 따라 정하여진다고 한다.

이 세 가지의 가치체계는 서로 대립관계에 있으며, 어떤 입장으로 보는 것이 합리적인가는 상대적이기 때문에 각자의 신념과 확신의 문제이다. 이에 대해 라드브루흐(Radburch)는 위의 세 가지 입장 중에서 어느 것을 가치의 척도로 삼고, 법은 어느 것의 실현을 목적으로 해야 하느냐는 결국 주관적인 태도결정의 문제라고 한다.[37]

(3) 법적 안정성

법은 공동생활의 질서인 이상, 의사(意思)의 대립을 넘어서서 단일한 법질서를 이룩하여야 되는데 이에 필요한 법이념이 법적 안정성이다. 법적 안정성이란 인간이 법에 따라 안심하고 생활할 수 있는 상태를 말한다. 즉, 법에 의하여 보호되는 사회생활의 질서와 안정을 말한다. 라드브루흐(Radburch)는 법적 안정성이 유지되기 위해서는 다음과 같은 조건이 필요하다고 한다. ① 법의 내용이 명확해야 한다. ② 법이 함부로 자주 변경되어서는 안 된다. ③ 법의 실행은 실제로 확실히 행해져야 한다. ④ 법은 국민의 의식에 맞아야 한다.

(4) 정의·합목적성·법적 안정성의 세 이념은 어떠한 관계에 있는가?

라드브루흐(Radburch)는 법의 이념으로서 위와 같은 정의, 합목적성, 법적 안정성의 세 가지를 들고, 이 세 가지의 법이념은 시대에 따라 각각 달리 적용된다고 한다. 즉, 자연법 시대에는 정의가, 경찰국가 시대에는 합목적성이, 법실증주의 시대에는 법적 안정성이 강조된

---

37) 최근 새로운 학설로서 영미의 윤리철학이나 정치철학에서 논의되는 자유주의와 공동체주의의 대립이 있다. 자유주의는 개인의 자유의 자율성을 중시하는 이념적 가치로서 개인의 권리와 이익을 옹호하는 가치관이다. 공동체주의는 개인의 가치가 공동체에 의존하고 있으며, 개인의 자유보다는 공동체의 보존이나 공동체의 삶을 더 강조하는 가치관이다. 자유주의나 공동체주의의 가치관은 어느 하나가 사회를 압도하고 있기보다는 오히려 각 영역에서 개별적으로 정착하고 발전하고 있다.

다고 한다.

그러나 이러한 세 가지의 이념은 상호보완관계이면서도 상호모순
관계에 있다. 즉, 법적 안정성은 사회질서의 유지를 위해 법의 내용이
비록 악법(惡法)이라 정의나 합목적성에 부합하지 않더라도 강제성을
요구하게 되므로 법적 안정성과 정의·합목적성의 사이에 모순과 갈
등이 생길 수 있다. 또한 정의만을 강조하거나 합목적성만을 강조하
게 되면, 각자 자신의 믿는 정의에 따라 행동하기 때문에 법의 혼란
을 야기하게 되어 법적 안정성을 해치게 된다. 이에 대해 라드브루흐
(Radburch)는 법질서가 존재한다고 하는 것은 법질서의 정의성이나
합목적성보다 중요하며, 따라서 정의나 합목적성은 법의 제2과제이
지만 법적 안정성, 즉 질서·평화는 제1의 과제이라고 평가하였다.

그러나 개인적 견해로서는 정의·합목적성·법적 안정성의 세 이
념이 상호모순관계에 있지만, 서로 협조하고 조화가 되어야 한다. 따
라서 하나의 이념에 중점을 두어 다른 법의 이념이 무시되기보다는
각 법의 이념 간의 균형과 조화를 맞추는 것이 가장 이상적인 상태라
할 수 있다.

제2장 법과 법학(法學)의 역사(歷史)

1. 원시법(原始法)과 법의 발전(發展)

1) 원시법의 특색(特色)

우리나라에 있어 근대적 의미의 법률제도는 대륙법의 영향 내지 계수라고 하는 것에 의해 확립되었고, 그 이후에 발전을 하여 온 것이다. 이러한 의미에서 그 근저(根底)는 대륙법 내지 구미제국의 법과 법학이라 할 것이고, 대륙법 내지 구미제국의 법과 법학이라는 의미에서 그 원천(源泉) 및 역사(歷史)를 어느 정도 알아 두는 것이 우리나라 법률제도(法律制度)를 쉽게 이해하게 될 것이다.

법이라는 것이 인정되기 위해서는 그것이 존재하는 사회 자체가 일정의 정치적(政治的)으로 조직화(組織化)된 사회로 되는 것이 필요하지만, 법이라는 것의 존재 그 자체는 반드시 국가라고 하는 것과 같은 확립된 국가기구(國家機構)를 전제로 하는 것은 아니다. 국가형성 이전에 있어서 원시사회(原始社會)라든가 부족사회(部族社會)에 있어서도 법이라는 존재가 부정되는 것은 아니다. 즉, 원시적 사회에 있어서는 특별한 사회적 규범이 분화·발전하지 못하고 있었기 때문에 당시의 사회를 지배한 사회규범은 일종의 종교(宗敎)나 관습(慣習)에 가까운 사회적 습속(習俗)으로 존재하였다. 이 사회적 습속은 다른 사회규범(법·도덕 등) 등으로 미분화(未分化)된 상태에서 혼합된 규범이었다. 이와 같은 법을 '原始法'이라 칭할 수 있다.[38]

이와 같은 원시법의 특색을 대략적으로 살펴보면, ① 우선 통일적인 입법기관(立法機關)이라 하는 것이 없기 때문에 이와 같은 법이라고 하는 것은 필연적으로 '관습법(慣習法)'이라 하는 것으로 된다. ② 법에 위반한 경우에 있어서도 소위 사법기관(司法機關)이라 하는 것이 형성되어 있지 않기 때문에 이와 같은 분쟁해결(紛爭解決)은 부족의 장로(長老)가 제사(祭司)의 판단과 조정 등에 맡겨지게 된다. 혹은 그 외에도 결투라든가 속죄금(贖罪金)의 지급이나 신판(神判) 등의 방법에 의하여 해결이 이루어진다. ③ 법에 위반한 행위에 의해 피해를 받은 경우 적정한 수사기관(搜査機關) 등에 의존하는 것이 가능하지 않기 때문에 소위 자력구제(自力救濟)의 수단에 해결을 하는 경향이 있다.

2) 사회의 조직화(組織化)에 동반하는 법의 변천(變遷)

앞에서 일명 원시법(原始法)이라 하는 것의 특색을 대략적으로 살펴보았다. 즉, 원시사회는 탈리오(同害報復, Lex talionis)라고 하는 '눈에는 눈(an eye for an eye), 이에는 이(a tooth for a tooth)'라고 하는 동해보복이 대표적인데, 이러한 것이 원시사회의 정의관념(正義觀念)의 소박한 표현이었다. 그러나 이러한 원시사회가 만약 사회에 진전 내

---

38) 山川一陽 外 4人 共著, 法學入門, 59面.

지 조직화라 하는 것으로 진행된다면 권력단체(權力單體)에 법이 귀속하게 되고, 법규범은 이와 같은 권력단체와 결부되어 다음과 같은 경향을 나타나게 된다. ① 관습법의 제정법화라고 하는 것이 생기고, 종래는 관습이라고 하는 애매한 것에 의존하고 있던 법의 내용이 명확화하게 되는 경향이 나타나게 되는 것이다. ② 자력구제가 금지되고, 권력단체에 의하여 소위 법의 집행(執行)이라 하는 것이 이루어진다. 결국 법에 의한 강제권한(强制權限)은 정치권력단체가 독점하는 것으로 된다. ③ 법에 위반됨에 따라 발생하는 분쟁(紛爭)에 있어서는 원칙적으로 정치권력단체가 영위(營爲)하는 재판기관(裁判機關)에 의해 해결하게 된다.

2. 고대(古代) · 중세(中世)의 법(法)과 법학(法學)

1) 로마법

19세기 법학자인 루돌프 예링(Rudolfe Jhering)은 그의 저서 『로마법의 정신(精神)』의 말머리에서 다음과 같은 유명한 말을 남겼다. 즉, "로마는 세 번 세계를 정복하였다. 처음은 무력(武力)에 의하여, 다음으로는 종교(宗敎)에 의하여 그리고 마지막은 법(法에) 의하여"라고 하는 것이다. 로마의 무력에 의한 지배, 종교에 의한 지배는 반드시 영속적인 것이라 말할 수 없지만, 로마법에 의한 지배만은 영속(永續)하고, 금일에까지 이른다고 하는 것을 지적하고 있다.[39)

고대 로마법에 있어서 기원전 449년경에 제정된 12표법(Lextabularum)

이 존재하고 있었다. 이 12표법(12表法)은 이제까지의 로마에 있어서 관습이라는 것을 정리하여 수록한 것이지만, 사법규정(私法規定)에 치중한 유례없는 고대법전으로서 성문법사상 그 의의가 크다.40) 12표법은 평민의 세력이 증대함에 따라 귀족에 대하여 법전을 편찬할 것을 요구하여 이를 시장에 공시한 것이라 한다. 그 내용을 분류하면 제1·2·3표는 소송절차법(訴訟節次法)이 규정되어 있으며 소(訴)의 종류로서는 선언에 의한 부금재판(賦金裁判), 물건의 압류(押留), 채무자의 체포(逮捕), 중재재판(仲裁裁判)으로 되어 있었다고 한다. 또한 소송방식은 형식주의(形式主義) 및 구두주의(口頭主義)를 취하였으며, 예심과정(豫審過程)과 공판과정(公判過程)으로 나뉘어 있었다고 한다. 제4·5표는 가장권(家長權), 후견(後見), 보좌(保佐), 상속(相續) 및 유언(遺言)으로 나뉘어 있었다고 한다. 제6·7표는 물권법 및 채권법, 제8표는 불법행위법 및 형법, 제9·10표는 공법과 신법, 제11·12표는 추가규정으로 되어 있다.41)

그런데 로마는 공화제 말기경부터 제정(帝政) 초기에 걸쳐 단순히 하나의 도시국가에 머물지 않고, 소위 세계국가로 발전하게 되었다. 따라서 소위 외국인과의 접촉 내지 법률관계도 더 넓게 발생하게 되었다. 그래서 법도 로마시민에게만 적용되는 시민법(市民法, ius civile)42)과 이외에 외국인과의 거래에 있어서 적용되는 만민법(萬民法, ius

---

39) 최종고, 『서양법제사』, 박영사, 2003, 15면에서 철학과 예술은 그리스에서 꽃피었지만, 법은 로마인에 의하여 최초로 체계화·학문화되었다고 한다. 물론 로마 이전에도 여러 민족들이 만든 법이 있었지만, 법을 조직적으로 구성하고 학문화하여 법을 탄생시킨 것은 로마인이 처음이었고, 로마인들은 현실적인 법적 사고와 법학적 기술을 발휘하여 법적 개념을 형성한 '법의 천재'였다고 한다.

40) 이태재, 『서양법제사』, 진솔, 1990, 60면에서 고법전(古法典) 중에서 가장 먼저 사법규정을 포함한 법전으로서는 기원전 23세기(?)의 함무라비법전과 그리스의 솔론법전 등이 있었으나 가장 충실한 사법규정의 법전으로 알려진 것은 12표법이다.

41) 자세한 사항은 이영근, 「로마의 12표법」, 『법제월보』, 1960/9, 83-90면 참조.

guntium)43)이 창설되었다. 여기서 시민법은 로마영토 내에 있는 주민이라도 로마시민이 아닌 자는 시민법의 적용을 받지 못하였다. 따라서 로마의 영토 확장에 따라 로마시민이 아닌 피정복자, 즉 외인에게 적용될 법으로 만민법이 발달하게 되었다. 만민법과 시민법은 같은 로마법이면서도 그 적용범위(適用範圍)나 대상(對象)을 달리하였으나, 만민법은 시민법의 엄격성을 둔화시키고 형식주의적인 법적용(法適用)의 경향을 완화하는 역할을 수행하였다.44) 또 이 시민법이 새로운 사회정세에 적응하는 것이 가능하지 않게 되었던 때에 이것을 보정(補正)하기 위해서 법무관(法務官)45) 등 정무관(政務官)의 고시(告示)에 의하여 새로운 법이 창설되었다.46) 그것이 소위 명예법(名譽法, ius honorarium)이다. 즉, 법무관은 취임하면서 소송지휘의 권한을 어떻게 할 것인가, 당사자는 어떠한 방법으로 법무관의 승인을 구할 것인가를 고시하여 주지시키는 것이 관례였다. 고시는 법무관의 임기 중에만 효력을 가지지만, 유용하고 적당한 고시는 점차로 후임자에 의하여 당연히 답습되었고, 이리하여 확정된 고시의 규정이 차차 증가함에 따라 고시는 사회의 진운(進運)에 부응하는 '살아 있는 소리'로서

---

42) 시민법은 민회(民會)의 의결을 거쳐 제정된 법률과 로마시민에 특유한 고래의 관습으로 이루어졌는데, 이는 엄격한 형식주의에 의하여 지배되고, 가족법·신분법을 그 내용으로 하였다.

43) 이태재, 『서양법제사』, 67면에서 만민법은 모든 민족에게 적용될 수 있는 자연법이념을 그 기반으로 한 비형식주의적이며 상거래에 편리한 법이라고 한다.

44) 김세신, 『서양법제사』, 법문사, 1986, 53면에서 매매는 시민법상으로는 엄격한 형식을 요구하는 토지나 토지정착물 등의 매매만을 대상으로 하였으나, 이것이 당사자의 합의만으로 성립되고 어떠한 방식도 필요로 하지 아니하는 일반채권적 계약으로 발달시킨 것은 만민법의 원리가 적용되게 된 결과라고 한다.

45) 최종고, 『서양법제사』, 26면에서 법무관은 법정절차에 따라 당사자의 소송자격유무를 심사하고, 당사자로 하여금 쟁점을 결정시키고, 당사자의 합의에 의하여 선출된 심판인의 판단에 따라 그 소송을 해결하는 것을 승인할 것인가 아니할 것인가를 결정하는 등 준비절차를 진행하는 소송지휘자라고 한다.

46) 김세신, 『서양법제사론』, 54면에서 시민법이란 용어는 만민법과 대립되는 용어로 사용되지만, 또 한편으로는 법무관법과도 대립되는 개념의 용어로 사용되는바 이 법무관법을 명예법이라고도 한다. 따라서 명예법은 시민법과 대립되는 용어로도 사용된다고 한다.

새로운 법체계의 하나를 이루게 되었으며, 낡은 시민법에 대항할 수 있었다.47) 따라서 이러한 명예법에 의하여 로마의 법은 유연하게 되고 경직화되는 것을 면하게 되었다. 또한 만민법과 더불어 로마법을 세계법으로 발전시키는 데 크게 공헌하였다.

그런데 로마에 있어 이 시대의 구체적인 재판은 법학자로부터의 의견을 듣고 그 해답을 참고하여 재판 자체가 행해졌다. 특히 뛰어난 법학자에 대하여 황제에 의한 해답권(解答權)48)이 부여되기도 하였다.

로마제국은 3세기 후반에 있어서 동·서로마로 분리하게 되고, 이후는 동로마제국을 중심으로 발전하게 되었다. 그 후 6세기에 들어 유스티니아누스(Iustinianus) 황제는 로마법의 황금시대였던 고전법시대로의 복귀를 희망하였고, 법에 대한 국민의 무식과 테오도시우스법전(Codex Theodosianus)49) 편찬의 영향을 받아 전 제국 내에 일원적으로 시행되는 단일종합법전 편찬의 필요를 느껴 완전한 종합법전을 편찬함으로써 법지식의 보급을 꾀하고자 하였다. 이러한 것으로서 유스티니아누스 황제는 그의 입법사업 가운데서 가장 중요한 ①『학설휘찬(學說彙纂, Digesta)』을 편찬하였다. 『학설휘찬』은 530년 12월의 칙법(勅法)으로 당시의 법무장관 트리보니아누스(Tribonianus)를 위원장으로 하는 15인의 편집위원회를 조직하고, 533년 12월에 그 편찬을 완료하여 공포하였다. 『학설휘찬』은 고전시대의 법학자의 저서들에

---

47) 이태재, 『서양법제사』, 77면에서 명예법은 언제나 시민법에 따른 소송절차에 불과하였지만, 실제에 있어서는 시민법을 보충하고 수정하는 중요한 기능을 가지고 있었다고 한다.

48) 최종고, 『서양법제사』, 28면에서 로마의 법학자들은 결코 이론의 연구에만 몰두하지 않고, 법을 언제나 현실의 구체적 사정에 입각하여 실제에 적용하기 이한 이론을 구성하려고 하였다. 법학자들은 당사자의 법률행위의 실행에 조력하고, 소송행위에 필요한 방식을 작성하고, 구체적 법률문제에 의견과 해답을 부여하는(repondere) 다각적인 활동을 하였다고 한다.

49) 동로마의 테오도시우스 2세와 서로마의 발렌티니아우스 3세가 共撰法典으로 편찬하여 439년에 공포한 법전이다.

서 학설을 발췌하여 원저자의 이름, 저서이름, 권수 등으로 출처를 밝히고, 긴 법문을 다시 분절로 나누었으며, 전문이라고 부르는 부분으로 또 나누었다. 그 내용은 모두 7부로 구성되었다.[50]

② 한편 유스티니아누스 황제는 『학설휘찬』의 편찬을 명하는 칙법 속에서 초학자(初學者)를 위한 간단한 교과서를 만들 의사를 표시하였다. 이에 트리보니아누스, 테오필리우스, 도로데우스 등이 중심이 되어 4권의 교과서를 편찬하였다. 이것이 『법학제요(法學提要, Insitutiones)』이다. ③ 유스티니아누스 황제는 트리보니아누스로 하여금 새로운 법전을 편찬케 하여 534년 11월 16일 칙법으로 공포하였다. 이것이 『신칙법휘찬(新勅法彙纂, Codex repetitae praelectonis)』이다. 내용은 하드리아누스제 때부터 534년까지의 칙법을 포함하며, 주로 3·4세기의 칙법을 수록하였다.[51] ④ 칙법과 학설법의 편찬은 이상의 법전편찬으로 끝났다. 그러나 유스티니아누스 황제의 입법사업은 끊이지 않아 『신칙법휘찬』 이후 535년부터 565년에 유스티니아누스 황제가 사망할 때까지 30년간 158건의 칙법이 편찬·공포되었다. 이것은 『칙법휘찬』 이후의 칙법이란 뜻으로 "신칙법(新勅法, Novellae)"이라고 불렀다.

이 유스티니아누스 황제에 의하여 편찬된 법전에 있어서는 후에 『시민법대전(市民法大全, Corpus Iuris Civils)』 혹은 황제의 이름을 따서 『유스티니아누스법전』이라 부르게 되었고, 이것이 로마법을 대표하는

---

50) 최종고, 『서양법제사』, 42면에서 제1부는 총칙으로 4권으로 되어 있고, 제2부는 재판(7권), 제3부는 물건에 관하여(8권), 제4부는 질권·매매에 관한 소송·이식·금전대차·혼인·후견·증거(8권), 제5부는 유언·유증(9권), 제6부는 특정한 명칭 없이 상속재산·점유·무유언상속·증여·소유권 및 점유의 취득(8권), 제7부는 역시 특정한 명칭 없이 특정한 계약·불법행위·상소에 관한 것(6권)을 담고 있다고 한다.

51) 최종고, 『서양법제사』, 44면에서 『신칙법휘찬』은 12권으로 되어 있는데, 제1권은 교회에 관한 법, 제2~8권은 사법, 제9권은 형법, 제10~12권은 행정법의 내용이다.

것으로 되었다. 이 『시민법대전』의 내용은 주로 사법 영역이 충실하게 있고, 오늘날 사법제도의 기원이 이곳에서 찾게 된다.

이 로마법에 있어서는 엄격한 형식주의(形式主義)라든가 강고한 가부장제(家父長制), 노비에 있어서는 '물건(物件)'으로서 취급하는 등 근대법에 취하기가 어려운 측면을 갖고 있었지만, 법을 종교로부터 해방시키고, 정교하면서도 치밀한 법기술(法技術)을 발전시켰다. 그리고 거래의 자유를 넓게 인정하는 등 소위 개인주의(個人主義)가 채용되었다고 하는 점에서 근대법에 연결시킬 수 있는 다양한 장점을 가지고 있다.52)

2) 로마법과 게르만법

앞에서 설명한 로마법은 서로마제국의 멸망에 의하여 잠시 존재를 망각하게 되었다. 그리고 서유럽 각지에서는 게르만부족의 관습법인 게르만법에 의해 지배되었지만, 그것은 체계적인 것은 아니었다고 할 수 있을 것이다.

3) 로마법의 부활(復活)

그런데 12세기에 이탈리아의 볼로냐(Bologna)에 있어서 볼로냐 대학을 중심으로 로마법의 연구가 부활하게 된다. 이곳에서의 연구는 시민법대전을 연구하고, 이것에 주석을 더한다고 하는 방법을 취하였기

---

52) 伊藤正己 編, 法學(第二版), 有信堂高文社, 1982, 31面 참조.

때문에 소위 주석학파(注釋學派, Glossatores)라 부르게 된다. 즉,『로마대법전』중 특히『학설휘찬』에 대하여 개개의 법문의 주석(註釋)을 통하여 전체의 법체계를 이해하려는 것이다. 그리하여『유스티니아누스법전』의 난해한 어구를 설명하고 관계조문을 종합하며, 개념을 구별하여『유스티니아누스법전』의 의미가 밝혀지게 되었다.53) 그러나 주석학파의 연구방법은 너무 법조문(法條文)의 형식적 주석에 빠지고 논리적 형식주의로 흘렀다. 그러므로 로마법의 실용화(實用化)에도 공헌하지 못하였고, 볼로냐에서는 주석의 방법이 차차 고정·침체하고 이러한 결과는 북이탈리아 일대에 영향을 미쳐 쇠퇴하였다.

로마법 연구는 13세기 반 이후에 있어서는『시민법대전』을 당시 이탈리아 사회에 적용한다고 하는 방향에서 실천적(實踐的)인 목적에 따라 이것에 주석(註釋)을 더한다든지 현실의 실무(實務)에 조언을 하는 형태를 취하게 되었다. 즉, 쇠잔한 주석학파의 뒤를 이어 남프랑스와 북이탈리아에서 주석학파의 이론적 경향을 실용적 목적으로 바꾼데 큰 특징을 가진 주해학파(注解學派, Kommentatores) 또는 조언학파(助言學派, Konsiliatoren) 등으로 부르는 학파가 나타난다. 이 학파에 의해 당시의 이탈리아의 각 도시의 조례(條例)에 있어서는 로마법이 보충적인 법원(法源)으로서 적용되고 있었다. 이 시대에 있어서는 바르톨루스(Bartolus)와 발두스(Baldus) 등의 저명한 학자에게는 로마법의 해석에 있어서의 지배적인 권위가 인정되어 유럽 각지의 귀족자제 등의 유학생이 이들에게 모였고, 로마법을 배우고 그 성과를 자국에도 가져가서 행정과 사법 분야에 활용하게 되었다. 이와 같은 형태

---

53) 김세신,『서양법제사론』, 139면.

로 로마법의 해석(解釋) · 운용(運用)이라 하는 것이 유럽 각지에 있어
서 받아들여지게 되었다.

4) 교회법(敎會法)

교회법은 카논법(Canon)이라 하는데, 그리스도교의 교의(敎義), 교
회조직, 교회의식, 신앙생활 및 교회재판에 관한 모든 법규의 총체를
말한다. 이러한 교회법은 근세 대륙법에 커다란 영향을 미쳤다. 즉,
교회 자체가 일정의 조직을 갖게 됨에 따라 교회 내부의 규범(規範)의
필요성이 발생하였고, 이것이 중세 후반에 됨에 따라 그 수도 증가하
여 조직적(組織的) · 체계적(體系的)으로 된다. 12세기에서 15세기까지
의 교회법사(敎會法史)에서 가장 중요한 발전의 시대라 할 수 있는데,
교회법이 독일에서는 보통법(ius cimmune)으로 적용되었고, 프랑스에
서도 로마법과 함께 봉건시대부터 그 관습법에 침투하기 시작하였
다.54) 이러한 교회법은 대륙법뿐만 아니라 영미법계에도 침투하여
결국 근대법문화의 으뜸 된 지위를 차지하고 그리스도교 법문화권(法
文化圈)을 이루게 하였다.55)

주요한 교회입법으로는 12세기에 있어서 그라티아누스(Gratianus)
에 의하여 행해진 교회법규의 집성이 저명하다. 또 13～14세기에 걸
쳐 몇 개의 법규집이 편찬되었다. 그리고 이들 소위 『교회법대전(敎會
法大全, Corpus Iuris Canonici)』이라 칭한다.

이 교회법에 있어서 교회가 지배하는 혼인(婚姻)의 성부(成否)와 소

---

54) 최종고, 『서양법제사』, 465면.
55) 이태재, 『서양법제사』, 107면.

멸(消滅)의 문제, 동산유언(動産遺言) 등에 관하여 기능하여 왔지만, 그 동안 이 교회법은 소위 세속법(世俗法)에 있어서도 기능하게 되었다. 여기서 교회법학자와 로마법 학자라 협력하여 학문적 이론이 발전하는 경향이 보였었다. 소비대차(消費貸借)56)에 있어서 이자(利子)의 금지(禁止) 등이 인정되고, 로마법에서는 원칙으로 효력을 인정하지 않았던 낙성계약(諾成契約)57)에 효력을 인정하게 되었다. 또 혼인불해소(婚姻不解消)의 원칙 등이 지배하여 왔다. 소위 사정변경(事情變更)의 원칙58)이 인정되었던 것은 이 교회법의 영향이다.

3. 근대(近代) 대륙법(大陸法)의 발전(發展)

1) 로마법의 계수(繼受)

로마법의 계수라 하는 것은 중세 말에서 근세 초기까지 로마법이 포괄적으로 게르만법지역에 보통법으로 수용된 현상을 말한다. 이것은 서양법제사에서 중세와 근세를 구분하는 획기적인 사건이다.59) 이와 같이 생성되어 왔던 로마법은 유럽 각국에 영향을 미쳤던 것이

---

56) 소비대차란 당사자 일방이 금전 기타 대체물의 소유권을 상대방에게 이전할 것을 약정하고, 상대방은 그와 동종·동질·동량의 물건을 반환할 것을 약정하는 계약을 말한다. 즉, 갑이 춘궁기에 쌀을 을에게 한 가마를 빌리고 가을 추수기에 쌀 한 가마를 갚기로 하는 계약을 말한다.

57) 낙성계약이란 당사자의 의사표시의 합치 이외에 물건의 인도(引渡) 기타 급부(給付)를 하여야만 성립하는 요물계약(要物契約)에 대응하는 개념으로 당사자(當事者)의 의사표시(意思表示)의 합치만으로 성립하는 계약을 말한다.

58) 사정변경의 원칙이란 계약체결 당시의 사회사정이 계약체결 후 현저히 변경되면, 계약은 그 구속력을 잃는다는 원칙을 말한다.

59) 최종고, 『서양법제사』, 177면에서 근세는 3R, 즉 르네상스(Renaissance)·종교개혁(Reformation)·로마법계수(Rezeption)로 시작한다는 말이 여기에서 나온 것이라 한다.

고, 이것이 유럽 각국에서 계수하게 되었다. 이 로마법의 영향은 이탈리아에서 가까운 나라는 강하게, 이탈리아에서 멀어짐에 따라 약하게 되었지만, 독일, 프랑스 외 스페인, 포르투갈, 덴마크, 스웨덴 등에게까지 영향을 미쳤다. 그리고 이러한 경위는 로마법의 강한 영향을 받았던 유럽 대륙 전체에 공통하는 '대륙법(大陸法)'을 형성하는 기초가 되었다고 할 수 있고, 그 영향을 대부분 받아들인 영국으로부터 발생한 영미법(英美法)과의 현저한 발전의 대립을 가져왔다.

물론 대륙법에 있어서도 로마법의 영향을 받아들이는 방법은 똑같지는 않고, 프랑스를 중심으로 하는 프랑스법계와 독일을 중심으로 하는 독일법계로 나뉘게 되었다. 양쪽 모두 12세기 이래 유럽 각국은 유학생을 볼로냐 대학을 중심으로 한 이탈리아북부의 대학에 보내게 되었다. 그래서 이곳에서 로마법과 교회법(敎會法)이 교육되고, 이 교육을 받은 유학생은 자국에 귀국하여 행정관(行政官) 혹은 사법관(司法官)이 되어 나라의 중심으로 되어 일하게 되었다. 이와 같이 이탈리아의 대학에서 로마법의 교육을 받았던 사람들에 의하여 자국에 있어서 행정과 사법 등에 있어서의 로마법화가 되었다. 그 결과로서 로마법은 유럽 대륙 각지에 보급되게 되었다. 이와 같이 다른 국민의 민족의 법이라는 것을 승계하고, 자국의 것으로 하는 것을 '법의 계승(Reaeption, Reception)'이라 한다.

이 법의 계승에는 개개의 제도의 계승과 법 전체의 계승이 있다. 이와 같은 의미에 있어서 로마법은 이탈리아법을 제외하고 유럽 대륙 각 나라에 승계되었다고 해도 과언은 아닐 것이다. 로마법의 계승이 두드러진 나라가 독일이고, 독일은 로마법을 보통법으로서 계승하고, 당시의 독일 사회에서 로마법을 적용시키려고 하였다. 그러나 독일에서 계승된 것은 사법에 있어서이고, 공법에 있어서는 거의 계승된 것은 없었다.

2) 법전편찬(法典編纂)으로

로마법의 계수에 뒤이어 17세기는 사상사(思想史)에 있어서 전기를 맞이하게 된다. 이 당시 유럽 대륙에 있어서 지배적인 학설로 자연법사상(自然法思想)이 있다. 이전에는 신(神)이라 하는 존재에 보편적인 법인 자연법(自然法)이라 하는 것의 근거를 구한다고 하는 것이 자연법사상이었지만, 이 시대에 있어서는 자연법이라 하는 것을 신의 계시(啓示)에 대한 신앙 대신에 인간이성의 힘을 무제한으로 신뢰하게 되었다. 이에 따라 법도 인간이성에 기초를 두어야 한다고 생각하게 되어 인간(人間)의 이성(理性)이라 하는 것에서 구하게 되었다. 이것을 근대자연법(近代自然法) 또는 이성법(理性法)이라 한다.60) 특히 당시에 있어서 이 사상은 '자연법의 아버지' 혹은 '국제법의 시조'라고 불리는 네덜란드의 휴고 그로티우스(Hugo Grotius)에서 출발한다. 그는 자연법을 신과 단절시킴으로써 근대적 자연법론의 선구자가 되었다. 이러한 흐로트의 자연법론은 토마스 홉스(Thomas Hobbes), 사무엘 푸펜도르프(Samuel Pufendorf) 등에 의해 체계화되는데, 토마스 홉스의 자연법론은 스콜라적 잔재를 띤 쿡(Edward Coke)의 자연법론의 비판에서 출판한다. 그는 자연법의 본질을 개인의 행복(幸福)과 욕구의 충족

---

60) 최종고, 『법사상사』, 박영사, 1999, 100면에서 근대의 자연법론은 크게 세 가지의 요소를 가지고 있다고 한다. 첫째는 신(神)이 아닌 인간에 대한 관심이요, 둘째는 인간의 이성에 대한 신뢰요, 셋째는 사회계약(社會契約)으로서의 국가에 대한 관심이었다고 한다.

에서 구하였다. 그러나 이러한 자연법의 원칙은 어디까지나 이성의 가르침에 구하여야 한다고 하였다. 사무엘 푸펜도르프는 인간의 본성을 한편으로는 흐로트처럼 사교성에서, 다른 한편에서는 홉스처럼 이기적인 자기보존욕에서 구하였다. 그 때문에 인간의 자연상태는 만인의 만인에 대한 투쟁상태가 아닌 평화의 상태로 보았다. 다만 이 평화상태가 불안정하기 때문에 자연법은 근본원칙으로 "각자는 그 힘에 따라 평화적인 사회관계를 유지하기 위해 노력하지 않으면 안 된다"는 것을 명령하게 된다는 것이다.

이러한 자연법론은 계몽사상(啓蒙思想)과의 관계를 발생시키게 된다. 그래서 이 자연법사상이 계몽사상을 통해 이제까지는 추상적인 존재에 있었던 자연법이라 하는 것이 구체화하게 된다. 이것이 입법화의 방향으로 이끌게 되었지만, 근대자연법의 사상은 종래의 로마와 게르만법에 있어서도 그중의 불합리한 요소에는 반대하고, 합리적인 법체계를 목표로 하게 된다. 자연법학파는 활발하게 법전의 편찬을 제안하였다. 사람들이 법전편찬의 계획을 수행할 용기와 자신을 얻게 된 것은 자연법학파의 덕분이다.61) 이와 같이 근세자연법론의 영향과 계몽사상과의 영향을 받아 18세기 말부터 19세기 초까지 걸쳐 유럽의 각국에 법전편찬이 행해지게 되었다.

3) 각국(各國)에 있어서 법전편찬(法典編纂) 등

17세기 무르익은 자연법론(自然法論)은 18세기에 법전편찬의 운동으로 결실을 맺었다. 그리하여 자연법에서 주장하는 자유(自由)와 평

---

61) 최종고, 『법사상사』, 151면.

등(平等), 사회계약사상(社會契約思想), 법적 안정성(法的 安定性)과 인권(人權)에 관한 사상들이 법전 속에 구현되었다. 이렇게 18세기 내지 18세기 중반에 걸쳐 성립된 프로이센 및 오스트리아의 법전편찬이 있다. 이 양국은 당시의 독일을 대표하는 강국이었지만, 프로이센에 있어서는 프리드리히 빌헬름 2세(Friedrich Wilhelm 2) 사후(死後)인 1794년 프로이센 일반 란트법(Landrecht)으로서 성립되었다. 프로이센 일반 란트법은 무려 1914조에 이르는 방대한 것으로 프리드리히왕국을 위한 기본법률이었다. 어쩌면 로마시대의 『유스티니아누스대법전』 이후 처음으로 이 법전에서 모든 법이 통일적으로 법전화되었다고 볼 수 있다.62) 이 법전은 개인의 법에서 출발하여 가족·신분·조합·국가에 이르는 단체로 발전하고 있다. 사법은 로마의 인스티투치온체계(Institutionensystem)를 따라 인법(人法)·물법(物法)·행위(行爲)로 구성되어 있다. 상법은 "시민계급에 관하여"란 제목 아래 상인의 법으로 취급하고 있다. 형법이 맨 마지막에 규정되고 있다. 이처럼 이 법전에는 사법뿐만 아니라 공법도 포함하고 있다. 그 기본적 사상에는 소위 계몽적 자연법이라 하는 것이 지배하고 있었기 때문에 이 법전은 프로이센의 근대화에 있어서의 많은 공헌을 가져오게 되었다.

오스트리아에 있어서도 18세기 중반경 법전편찬의 동향이 있었고, 우여곡절 끝에 최종적으로는 1811년 레오폴드 2세의 시대에 '오스트리아 일반 민법전'으로서 성립하였다. 동법전에 있어서도 자연법의 영향이 강하게 미쳤다.

---

62) 최종고, 『서양법제사』, 198면.

4) 프랑스 민법전(民法典)의 성립(成立)

프랑스에 있어서는 1789년 프랑스혁명이 있기 전에는 로마법의 영향을 강하게 받았던 일종의 관습법(慣習法)이 지배하고 있었지만, 혁명 후 1804년에 소위『나폴레옹 민법전(民法典)』의 성립을 보게 되었다. 이 법전은 나폴레옹 보나파르트(Napoleon Bonaparte)의 영향을 강하게 받아서 성립하였던 것이고, 민법초안을 검토하는 입법위원회에 있어서도 나폴레옹 자신이 이 토의를 주최하는 것이 수차례 있었다. 이리하여『나폴레옹 민법전』[63]은 1804년 3월 21일 법으로 성립하게 된다. 이것에 계속하여 민사소송법전(1806년), 상법전(1807년),[64] 치죄법전(治罪法典, 1808년 이것은 현재 형사소송법), 형법전(1810년)이 성립하게 된다. 민법전 이하의 4법전(四法典)의 것을 소위『나폴레옹 5법전』이라 칭하게 된다. 이 민법전은 개인주의(個人主義), 자유주의(自由主義)를 기조로 하는 근대적인 것이고, 소유권(所有權)의 절대제(絶代制), 계약의 자유(契約의 自由), 과실책임주의(過失責任主義) 등의 근대 시민법의 기본을 이루는 각 원리가 채용되고, 근대 시민법의 기초를 이루게 된다. 이 민법전은 프랑스 본토는 물론 당시 프랑스의 지배하에 있었던 벨기에, 네덜란드, 이탈리아, 독일 서부 등에 적용된다. 또 그 후에 법전편찬이 행해진 유럽 각국에 있어서도『나폴레옹

---

63) 『나폴레옹 민법전』은 모두 2281조인데 서장(제1~6조, 법률의 공포 및 시행에 관한 일반규정), 제1편(제7~515조 사권의 향유, 신분증서, 혼인, 이혼, 친자, 미성년, 금치산 등), 제2편 재산 및 소유권의 변용(제516~710조 재산의 분류, 소유권, 용익권, 지역권 등), 제3편 소유권 취득의 방법(제711~2281조 상속, 증여, 유언, 계약채무 일반 및 각종 계약, 사무관리, 불법행위, 부부재산제, 선취득권, 저당권, 시효취득 등)으로 이루어져 있다.

64) 민법전과 같이 신중한 편찬절차가 취해지지 못하고 상행위주의와 상인주의의 혼합이 보인다. 이 법의 특징은 주식회사에 관한 세계 최초의 일반규정을 설치하고, 또 파산 및 상사재판제도의 규정을 포함하여 근대적 상법전으로서 여러 국가의 입법의 모범이 되었다.

민법』은 모범으로 되는 것이 많았는데, 네덜란드(1838년), 이탈리아 (1865년), 포르투갈(1865년), 스페인(1889년) 등을 예를 들 수 있다. 그리고 이 경향은 단순히 유럽 각국에 그치는 것이 아니라 스페인과 포르투갈의 식민지에 있어서 중남미 제국에도 영향을 미쳤고, 북미에 있어서도 합중국의 루이지애나(Louisiana) 주와 캐나다의 퀘벡(Quebec) 등에 나폴레옹 법전이 계수되었다.65)

이『나폴레옹 민법전』은 1804년의 성립단계에 있어서는『프랑스인의 민법전(Code civil des Francais)』으로서 교부되었지만, 후에 나폴레옹에 의하여『나폴레옹 법전』이라 개칭되었다(1807년). 그러나 이 명칭은 나폴레옹의 실각에 의하여 폐지되고, 재차『프랑스인의 민법전』으로 되었다(1852년). 그러나 이것이 재차 나폴레옹 3세에 의하여『나폴레옹 법전』으로 되돌려지게 되었다(1852년). 이와 같이 변천을 거듭하여 제3공화제의 성립 이래에 있어서는 관행으로『민법전(Code civil)』이라 부르고 있다.66)

5) 독일(獨逸) 민법전(民法典)의 성립(成立)

프랑스 민법전과 함께 영향력이 큰 것이 독일 민법전이라 할 수 있을 것이다. 특히 우리나라에 있어서 독일법의 영향은 크고, 그런 이유로 독일 민법의 성립의 과정을 보아 두는 것은 좋을 것이라 생각된다.

나폴레옹의 노력이 구축된 후 독일에 있어서 로마법, 프랑스법, 프러시아법 등이 혼재하고 있었다. 독일은 불통일의 말기 봉건사회라는

---

65) 山川一陽 外 4人 共著, 法學入門, 67面.

66) 碧海 純一 · 伊藤 正己 · 村上 淳一, 法學史, 東京大學出版會, 1983, 195面 참조.

상태에서 통일하려고 하는 노력을 하였으며, 불통일국가로 있었던 독일이 마침내 1871년에 비스마르크에 의해 통일국가로 되었다. 그리고 1896년에는 민법전의 성립·공포하게 되었다.

독일에 국가 통일의 기운이 높았던 것은 19세기 초이지만, 이에 호응하여 1814년에는 티보(Anton Friedrich J. Thibaut)가 「독일에 대한 일반 민법전의 필요성에 있어서(ber die Notwendigkeit elnes allgemeinen brgerlichen Rechts für Deutschland)」란 논문을 발표하여 독일에 있어서는 국내의 통일적 민법전을 제정하고, 근대화를 이루는 것이 급선무라고 주장하였다. 그런데 이 주장에 대하여 법학자인 사비니(Friedrich Carl von Savigny)에 있어서는 반론으로 「입법 및 법학에 대한 임무에 있어서(Von Beruf unserer Zeit für Gesetzgebung und Rechtswissenschaft)」란 논문을 발표하여 반박하였다. 사비니는 자연법에 반대하고 역사주의에 입각하여 법은 말처럼 자연히 생성·발전하는 것이라고 하였다. 따라서 법학이 발달하지 않고 적당한 법언어도 없으면서 입법을 강행하면 민족정신을 반영하지 못하는 불완전한 법전이 될 뿐만 아니라 도리어 법의 자연적 발전을 방해하는 것이라고 하였다. 그러므로 국가통일이 먼저 되고 난 이후에 법전편찬을 하는 것이 바람직하다고 주장하였다.

이 법전편찬을 둘러싼 양 석학(티보-사비니 논쟁)에 있어서 논쟁을 소위 '법전논쟁(法典論爭)'이라 한다. 이 사비니의 주장은 푸흐타(George Friedrich Puchta)에 의하여 계승되어 유력하게 되었고, 이것이 독일 법학계의 유력학설로 되어 역사법학설(歷史法學說)을 형성하는 것으로 되었다. 이런 이유로 티보의 민법편찬사업은 시대사조의 변화를 가져오는 19세기 말엽까지는 실현하는 것이 가능하지 않았다.

이러한 우연곡절 끝에 독일 민법전의 성립을 보게 되었지만, 민법 전의 편찬에 있어서는 1874년에 위원회가 설치되었다. 이 위원회에 있어서는 1887년 제1초안을 그 이유와 함께 발표하였다. 이에 대하여 는 너무 판덱텐 법학적이라는 비판이 제기되었다. 비판적인 논저만도 600여 개가 나왔다.67) 즉, 이에 대해서는 독일 민족의 고유법인 게르 만법이 연구되어야 한다는 비판을 강하게 받게 되었다. 그 비판에 대 표자 격인 저명한 학자 기르케(Otto von Gierke)가 있다. 기르케는 제1 초안이 너무나도 로마법에 치우치고, 로마법적인 개인주의의 특색이 현저하여 게르만법적인 단체주의라는 것을 무시하고 있다고 비판하 였다. 또 사회주의자의 입장에서 멩거(Anton Menger)가 그의 저서『민 법과 무산계급』에서 민법 제1초안은 부르주아계급(capitalist class)의 이해에 충실하게 따른 것이라는 비판을 하였다.

이것에 1890년에는 새로운 위원회가 재구성되고, 검토를 통하여 완 성한 것이 독일 민법 제2초안이다. 제2초안은 기본적으로는 제1초안에 수정을 더하는 정도이지만, 제1초안보다는 사회적 요소가 더해졌다. 이 제2초안은 1894년에 제국의회를 통과하여 독일 민법전으로서 성립 하게 된다.68) 이 독일 민법은 소위 판덱텐시스템(Pandektensystem)에 의한 것이고, 매우 정확하고 치밀한 이론 체계로서 구성되었다. 이와 같은 판덱텐법학에 대하여 소위 개념법학(槪念法學)이라는 입장으로 부터의 비판은 있지만, 그 법적 안정성 등 이점으로부터 많은 제외국 의 입법 내지 법학논의에도 영향을 미쳤다.69)

---

67) 최종고, 『서양법제사』, 214면.

68) 이 법전은 총 2385조로서 5편, 즉 총칙 · 채권법 · 물권법 · 친족법 · 상속법으로 되어 있었다. 후 3편의 영역에는 고유법상의 원칙이 많이 채택되었으나, 총칙과 채권법에는 고유법적 요소가 아주 적으며 로마법 이 압도적이었다.

6) 그 밖의 외국들

독일 민법이 각국의 입법에 커다란 영향을 주었던 것은 프랑스 민법과 똑같다. 이러한 독일 민법의 영향은 일본 민법전에도 커다란 영향을 미쳤고, 대만과 중국에도 영향을 미쳤다. 그리고 우리나라에도 영향을 미쳤다. 물론 독일 민법의 경우에는 외국입법례에 대한 영향이라는 점에 있어서는 프랑스 민법에 미치지 않지만, 그 정확하고 치밀한 판덱텐법학의 영향을 우리나라는 강하게 받아들였다.

이러한 독일 민법전의 성립에 이어 스위스 민법전의 성립이 있다. 스위스에서도 법의 분열이 심하였다. 19세기 후반 거래·교통의 발전에 따라 주를 달리하는 사람들끼리의 접촉이 빈번해지자 지방에 따라 법이 다름으로 인해 발생되는 불편을 해소하기 위해 통일사법의 제정을 요구하는 움직임이 나타났고, 이러한 움직임이 1874년 연방에 거래 및 혼인에 관한 입법권을 주는 헌법개정이 나타났다. 그리하여 1881년 스위스채무법과 행위능력법, 1977년의 혼인법 등의 제정을 보았다. 그 후 스위스고유법의 권위자인 오이겐 후버(Eugen Huber) 교수가 1900년에 4편으로 된 민법초안을 완성하여 이유서와 함께 1902년 공간되었다. 이 초안은 31명으로 구성된 위원회의 심의를 거쳐 1904년의 연방의회에 제출되었고, 1907년 12월에 만장일치로 통과되어 1912년 1월 1일부터 시행하게 되었다. 스위스 민법전의 경우에는 로마법의 전면적인 계수라는 것보다 스위스 국내지방의 토착적인 성

---

69) 최종고, 『서양법제사』, 215면에서 법전 전체를 관통하고 있는 태도와 정신이 로마법전이어서 고유법을 고려한다는 점에서 본다면 프랑스 민법전에 미치지 못하는 것은 부인할 수 없다. 그렇지만 독일 민법전은 오로지 19세기 판덱텐법학이 쌓아올린 학문적·사상적 최대의 업적이라고 평가되고 있다.

격을 강하게 반영하고 있었던 것이다. 이 스위스 민법전은 많은 나라 입법에 영향을 미쳤다.

7) 유럽 대륙법학(大陸法學)의 그 후

프랑스, 독일, 스위스 등의 민법전이 성립된 후에 각국을 둘러싼 여러 환경은 변화하고, 독일에 있어서는 제1차 세계대전 후 커다란 경제변동 가운데 민법전에도 수정이 더해지고, 판례(判例)에 있어서도 신의성실의 원칙(信義誠實의 原則)과 사정변경의 원칙(事情變更의 原則) 등 일반 조항적(條項的)인 규정과 이론이 크게 활용되었다. 또 제1차 세계대전 후에는 소위 바이마르헌법이 성립하여 "소유권(所有權)은 의무(義務)를 수반한다"고 하는 유명한 규정이 있고, 이것에 따라 민법도 사회화의 방향을 받아들였다. 다만 이 경향도 그 후에 히틀러의 독재체제(獨裁體制)하에서 그 의의를 상실하게 되었다. 나치 정권하에 있어서는 당시 어용학자(御用學者)라고 할 수 있는 학자들에 의해 판덱텐체계의 재구성 등이 시도되었다.

제2차 세계대전 후에 있어서는 독일은 동·서독일로 분리되고, 서독일에 있어서는 기본적으로는 제정 당초의 형태를 되찾아 가게 되었다. 또 그 후의 동·서독일의 통합에 의하여 동독일의 법은 모두 해소하게 된다. 이와 같은 동향은 독일 이외에서도 보는 것이 가능하지만, 독일을 중심으로 한 학문의 경향으로서는 다음과 같은 경향을 지적하는 것이 가능할 것이다. 우선은 독일 민법성립 후에 있어서 법해석방법론(法解釋方法論)으로서 개념법학(槪念法學)이 발전하게 된다. 그렇지만 이것에 대하여 비판이 있고, 이를 계기로 소위 자유법론(自

由法論)이 발전되게 된다. 자유법론은 국가법 이외의 '살아 있는 법'의 존재를 중시하고, 법의 완전무결성(完全無缺性)을 부정하고, 법의 흠결을 인정하고, 법해석에 있어서 이익형량(利益衡量)과 법의 목적 사고를 중시하고, 판단한다고 하는 것에 법창조성(法創造性)을 인정하는 등의 주장이 전개되었다.

이 자유법론의 전환으로 소위 이익법학(利益法學)이 주장되고, 조문(條文)과 법이론(法理論)만을 중시하였던 19세기의 개념법학에 반대하여 법이 어떤 이익을 보호하려고 하는가를 생각하고, 법해석에 있어서도 이익형량(利益衡量, Interessenwagung)을 중시하여야 한다는 주장이다. 이와 같은 법학방법론이 여러 나라의 입법 후에 유럽 대륙에서 전개되었던 것이다.

8) EU법의 전개

현재 유럽 각지에 있어서 가장 중요한 존재는 EU법이라고 할 수 있을 것이다. EU 소위 유럽공동체의 기초는 이미 제1차 세계대전 직후부터 그 사상이 있고, 그 필요성은 제2차 세계대전 직후부터 강하게 대두되었다. 이 단계를 전제로 1951년 파리에서 '유럽철강공동체'를 설립하는 조약(條約)이 체결되고, 이것에는 프랑스, 서독일, 네덜란드, 룩셈부르크, 이탈리아 등이 참가를 하여 EU의 기초가 구축되게 되었다. 이렇게 성립한 가맹국(加盟國) 사이에 또한 원자력문제, 경제 문제 등의 다양한 문제가 검토되게 되었고, 1957년 3월에는 로마에서 '유럽경제공동체'와 '유럽원자력공동체'를 설립하는 조약이 체결되었다. 그리고 이 세 가지의 공동체는 1967년 7월 1일에 합병(合倂)하는 것으로 되고, 이곳에서 유럽공동체 소위 'EU'가 확립하게 된다. 이것에 있어서는 이사회(理事會), 위원회(委員會), 의회(議會) 그리고 재판소(裁判所)의 여러 기관에 있어서의 관할권(管轄權)을 갖는 것으로 되었다. 이곳에서 적용되는 법규는 EU의 각 조약이 그것에 해당하는 것으로 된다. 결국 공동체설립조약(共同體設立條約), 가맹국 간의 조약(加盟國間의 條約)과 의정서(議定書), 신가맹국가 간(新加盟國間)의 조약(條約), EU와 제3국 간에 행해진 협력(協力) 등이 그것이고, 이것은 '기본규정(基本規定)'이라 부른다. 이들 외에 EU의 기관에 있어서 발생된 각 법규 등도 이것에 포함된다. 이 EU법의 효력은 가맹국 및 가맹국의 국내법인(國內法人)과 개인(個人)에게도 미친다고 이해되고 있다.

금일에는 이 EU에 영국의 참여도 있고, 통일화가 급속하게 진보하는 것처럼 보였지만, 참가가맹국의 경제적 또는 정치적인 요인을 원인으로 부조화(不調和)도 보인다. 그러나 그 경향은 별도로 가맹국의 법의 통일이라고 하는 노력이 있고, 그 각 국내법이 통일한다는 것은 불가능하여도 가맹국 간의 법의 근접화 경향이 진행되고, 나아가서는 대륙법뿐만 아니라 대륙법과 영국법과의 근접 내지 조화라는 것을 가져오는 원인이 되는 가능성도 있을 것이다.

4. 영미법(英美法)과 그 발전(發展)

1) 영국법(英國法)의 역사(歷史)와 발전(發展)

세계의 법의 분류로서 대륙법의 법계에 속하는 것과 영미법의 법계에 속하는 것, 율령(律令) 등의 중국의 법계, 이슬람법의 법계에 속하는 것 등을 들 수 있다. 그러나 오늘날 세계의 법 중에 있어서 현재의 자본주의경제사회를 지배하고 있는 것은 대륙법(大陸法)과 영미법(英美法)이라고 할 수 있다. 원래 영미법이라는 것은 영국법이 미국 초기 영국의 통치령 등이 퍼져 현재의 형태를 취하게 된 것이지만, 현재에는 미국법과 영국법은 상당한 차이를 보이게 되었다. 소위 대륙법과 차이는 판례법주의(判例法主義)가 채용되고, 선례구속의 이론(先例拘束의 理論)이 지배하고, 판례의 축적으로부터 소위 커먼로시스템(common law system)이 생겼다. 이 영미법에 있어서는 후에 서술할 대륙법과 달리 로마법의 영향을 거의 받아들이지 않고, 독자의 영역을 가지고 있다. 따라서 영국의 법학자와 법률가들은 종종 다음과 같이 영국법을 대륙법에 대비시킨다. 즉, 대륙법은 전통(傳統)을 단절하는 법전편찬(法典編纂)을 겪음으로써 역사적(歷史的) 연속성(連續性)이 파괴되었음에 반해, 영국법은 장구한 전통이 혁명(革命)에 의해서도 동요되지 않고 오늘날까지 계승되어 온다는 점에서 뚜렷한 역사적 연속성을 지니고 있다는 점이다.[70]

---

70) 최종고, 『서양법제사』, 365면에서 그러나 영국법 역시 새로운 시대적 여건에 따라 여러 차례 변용을 겪지 않을 수 없었고, 대륙법에서도 변화 가운데 옛것에 대한 보존이 있어 왔다. 오직 전자만이 역사적 연속성이 있고, 후자는 그것을 갖지 못한다는 주장은 반드시 타당하지 않다고 한다.

기술한 것과 같이 영미법계는 영국법이 모법(母法)이고, 이것이 영국의 각 식민지, 예를 들면 미국, 호주, 뉴질랜드 등에 넓게 계수(繼受)되었던 것이다. 그 의미에서 영국법의 색채가 강하게 영향을 미치고 있다. 그런데 영국이라는 나라는 유럽 대륙과는 도버해협을 두고 있음에도 로마법의 영향을 적게 받았다. 즉, 영국에 있어서는 정복 초기에는 봉건적인 영주재판소 앵글로-색슨 시대의 군재판소(country court) 또는 백호읍재판소(hundred court) 등을 대치하여 주된 질서유지(秩序維持) 기능을 담당하였다. 이들 재판소는 지방적 관습(地方的 慣習)에 기초하여 사건을 처리하고 있었다. 또 종교적인 사건은 따로 종교재판소(宗敎裁判所, ecclesiastical court)에 의해 처리되었다. 그러나 중앙집권적(中央集權的) 제도정비에 의해 왕권(王權)이 지방 곳곳에 침투하게 됨에 따라 왕회의 기능도 강화되면서 직무에 따라 분화되는 방향으로 변모해 갔다. 특히 13세기 초반에는 민소재판소(Court of Common Pleas) 및 왕좌재판소(Court of King's Bench)가 분화·발전하였다. 따라서 이러한 국왕재판소(國王裁判所)에 의하여 판결이 축적되어 이루어진 통일된 관습법으로서 커먼로(Common Law)[71]가 확립하게 되었다. 그렇지만 영국에 있어서는 이 커먼로가 중세 말기까지 근대 초기에 있어서 심하게 경직화(硬直化)되었다. 즉, 커먼로는 본래 구제의 법이라고 불리는 절차 위주의 체계이다. 따라서 실체법적인 권리가 있다고 하여 당연히 구제를 받을 수 있는 것은 아니고 일정한 구제절차를 갖추지 않으면 안 되었다. 그런 이유로 이 커먼로만으로는 당시의 사회의 수요에 부응할 수 없었다. 더욱 커먼로가 소위 신탁(信託)에

---

71) 커먼로란 영국에 있어서 행해지는 것, 소위 전통적인 판례법의 것을 가리키는 것이 일반적이고, 이것은 형평법과 제정법과 비교되는 개념이다.

있어서 수익자(受益者)의 권리(權利)를 인정하지 않는 것 등이 문제로 되었다.

이것이 형평법(衡平法, equity) 발생의 계기가 되었다. 즉, 커먼로에 의한 구제를 받을 수 없었던 원고(原告)들은 사법권의 궁극적인 원천이라 생각되던 국왕의 권위에 직접 호소하는 방식을 채택하였다. 국왕을 직접 대행하는 대법관이 사건을 수리하여 적당하다고 판단되면 대법관부에서 판결하였던 것이다. 이렇게 커먼로의 재판절차가 원활히 기능하지 못하게 되자 예외적인 구제절차는 더 이상 예외적인 위치에 머물러 있지 않았다. 초기에는 대법관부의 판결은 형평에 기초하여 그때그때의 기준에 따라 이루어졌는데, 판결이 양적으로 증가함에 따라 판결도 체계화되고 판결의 기준인 형평의 원리는 국왕재판소에서 적용되는 법적 원칙을 보충하고 교정한다는 법적 의미를 부여받게 되었다. 이와 같이 하여 그동안 이 대법관의 취급 사건이 증가하여 형평법에 의한 판례법이 형성되어 오게 된다. 따라서 영국법에 있어서는 커먼로의 체계 외에 형평법의 판례법체계가 존재하는 것으로 된 것이다.

이렇게 하여 영국법에 있어서는 커먼로와 형평법 두 개가 대립 병행하면서 발전하는 것으로 된다. 당초에 있어서 형평법은 커먼로를 보충하는 존재이었지만, 금일에서는 형평법은 독자의 발전을 하고, 신탁을 시작으로 영미법 독자의 제도로 많은 여러 가지 제도를 발생시켰다. 이 형평법재판소(衡平法裁判所)와 커먼로재판소란 1870년대의 일련의 재판소법에 의하여 양자의 융합이 수행되어, 동일의 재판소에서 형평법 사건과 커먼로 사건을 취급하게 되었다. 이리하여 확립한 형평법과 커먼로는 함께 실무를 통하여 발전하게 된다. 이 발전에 있어서 영미법학자에게 과해진 역할은 적었고, 오히려 실무가에 의하여 발전시켰던 것이다.

이와 같은 와중에 있어서 19세기 말경 커먼로의 불합리한 점을 수정하기 위해 많은 제정법이 작성되었다. 이 제정법은 종래부터 커먼로에 인정되었던 것을 제정법화하였던 것이고, 커먼로를 부분적으로 수정한 것이 있었다. 제2차 세계대전의 영국에 있어서는 1965년에 법률위원회가 설치되었고, 종래부터 판례법의 제정법에 있어 수정과 법전화(法典化)가 조직적으로 행해지게 되고, 각 법 분야 예를 들면, 가족법(家族法), 소비자보호법(消費者保護法), 손해배상법(損害賠償法) 등의 영역에 있어서는 차차 제정법화가 진행되었다고 하는 상황에까지 이르게 되었다.

2) 미국법(美國法의) 역사(歷史)와 발전(發展)

원래 미국은 영국의 식민지(植民地)로서 출발하였다. 그러나 다른 식민지의 경우와는 달리 미국의 경우에는 연방제(聯邦制)를 채용하고, 각 주(州)의 입법권(立法權)과 사법권(司法權)을 인정하는 것으로부터 영국의 경우와는 다른 법의 발전이 있었다.

영국법과 비교하여 미국법의 특색을 들면, 영미법의 특색이라는 '법의 지배(法의 支配)'72)에 있어서도 영국의 그것이 국회우위(國會優位)의 표현에 있었다고 하는 것일 것이다. 결국 법이란 권력을 구속하

---

72) 법의 지배(Rule of law)란 법의 지배의 원리라는 원리는 중세의 법우위의 사상으로부터 생겼고, 영미법의 근간으로서 발전하여 왔던 기본 원리이다. 그것은 전단적인 국가권력의 지배(인의 지배)를 배척하고, 권력을 법에 구속하는 것에 의하여 국민의 권리·자유를 옹호하는 것을 목적으로 하는 원리이다.

는 것이고, 결코 권력의 도구로 되어야 하는 것은 아니라고 하는 이해로부터 왔다고 하는 것이다. 이 때문에 왕권이라는 것도 법 앞에 복종하지 않으면 안 된다고 하는 것으로 된다. ‘법 앞의 평등’ 등의 원리도 이 법의 지배로부터 왔다고 이해되고 있다. 이와 같이 영국의 경우에는 발전의 역사적 과정이 복잡하다고 하는 것으로부터 법의 지배의 파악에 있어서도 그 본질을 판별하기 어려운 것이 있다고 할 수 있다.

그런데 미국법에 있어서는 이 법의 지배라는 문제에 있어서도 재판소가 위헌입법심사권(違憲立法審査權)을 갖고 있다고 하는 형태로 파악되고, 입법권에 대한 사법권의 우위라는 형태로 명확하게 파악이 되고 있다.

또 미국에 있어서 법학의 경향으로서는 소위 실용적(實用的)인 방법이 채용되고 있고, 법제도를 단순한 규범이라든가 제도라든가 하는 관점으로부터 생각하기보다도 오히려 그것을 운용하여 왔던 인간의 문제로서 파악하려고 하는 경향을 나타나게 된다. 결국 법을 운용하는 인간의 주체성(主體性)이라는 측면을 중시한다고 하는 기본적 태도를 가졌던 것이다. 이러한 미국법은 프래그머티즘법학(實用主義法學, pragmaticism) 내지 법사회학적 법학(法社會學的 法學)으로 발전하는 것으로 된다. 이 프래그머티즘의 사고를 계승한 제임스(William James)와 듀이(Jhon Dewy) 등에 의해 이 사고 방식은 철학적으로도 발전한다. 그리고 이와 같은 입장에 속한 대표적인 사람은 변호사·재판관으로서 활약한 브랜다이스(Louis Dembitz Brandeis)와 카도조(Benjamin Nathan Cardozo)를 들 수 있다. 이것을 법적인 측면으로부터 계승한 것이 파운드(Roscoe Pound)이고, 그에 있어서는 법이라는 것을 사회통제의 수단으로 파악하고, 법의 임무란 서로 대립하는 사회적 여러 이익을 그 희생, 마찰, 소비를 최소한으로서 그 실현·확보를 최대한으로 시도하는 것으로 이해한다.

이러한 입장은 후에 프랭크(Jerome N. Frank)의 소위 리얼리즘 법학(現實主義 法學, Realism)으로 승계되었다. 즉, 전통적 법학에 대한 법현실주의의 비판은 '법적 안정성'을 하나의 환상에 지나지 않는다고 주장하는 데에 있다. 기존의 법적 안정은 전통적 법학의 관념적 지주인데, 법을 자동기계와 같이 보고 위에서 사건을 집어넣으면 밑에서 자연히 판결이 나온다고 생각한다. 따라서 동일한 종류의 사건은 동일의 판결이 내려진다고 생각하는 것이다. 그런데 현실주의 법학은 이러한 법의 자동기계적 작용에 의한 법적 안정의 보장에 관해 회의적이고, 법외적(法外的) 요청(要請)이 연출하는 역할을 크게 평가하고 있는데, 이러한 의미에서 전통적 법이론에 대한 날카로운 비판이 되는 것이다.[73]

실용주의 법학과 사실주의 법학 어느 쪽도 미국에 있어서는 새로운 실험주의법학(實驗主義法學)과 행동과학적(行動科學的)인 법학, 계량법학(計量法學), 법의 경제분석(經濟分析) 등의 새로운 과학의 여러 방법이 채용되고, 그 발전을 이루고 있는 것이 실상이라고 할 수 있을 것이다.

또 현재 미국은 극도로 발전하는 자본주의(資本主義) 사회의 전형이라고 하는 것이 가능할 것이고, 이런 이유로 자본주의사회의 극도의 발전 과정에서 조우하는 것이 예상되는 미경험의 새로운 여러 문

---

73) 최종고, 『법사상사』, 425면.

제가 계속 발생한다. 인종문제(人種問題), 교통사고(交通事故), 환경파괴(環境破壞), 소비자보호(消費者保護), 프라이버시보호, 가정(家庭)의 붕괴문제와 미성년자(未成年者)의 보호(保護), 인공수정(人工受精)과 대리모(代理母)라는 것을 통하여 제기되는 새로운 친자(親子) 문제 등을 들 수 있다.

이러한 미국법의 동향 내지 이것과의 대결과 해결이라는 것이 미국이 더듬어 온 자본주의사회의 발전경과를 똑같이 더듬고 있을 여러 나라의 커다란 참고가 될 것이다.

제3장 법(法)의 형식(形式)

법학에서는 법의 존재하는 형식을 '법원(法源)' 또는 '법의 연원(淵源)'이라고 부른다. 즉, 법원이라는 용어는 로마법의 '법의 원천(源泉, fonte juris)'이라는 용어에서 유래한다. 그러나 이 용어 자체는 매우 비유적이고 애매하기 때문에 학자들에 따라 여러 가지 다양한 의미로 사용되고 있다. 첫 번째로 법을 제정(制定)하는 힘을 법원(法源)이라 할 때가 있다. 즉, 법을 제정할 수 있는 근본적(根本的)인 힘[力]이 누구로부터 나오는가 하는 뜻으로 고대와 중세에 있어서는 신(神)의 의사(意思), 절대적 군주시대에는 절대군주(絶代君主), 근대에 와서는 국가(國家)·국민(國民)의 의사(意思)가 법을 제정하는 근본적인 힘이라고 한다. 두 번째로는 법률지식(法律知識)을 얻는 자료(資料)를 법원이라 할 때가 있다. 따라서 법전(法典)이나 입법이유서(立法理由書), 판례집(判例集), 학자들의 저서(著書) 또는 논문(論文) 등과 같이 구체적으로 법의 내용을 인식하기 위한 근거가 되는 자료라는 의미로 사용되는 경우가 있다. 세 번째로 법의 존재형식을 의미하는 경우가 있다. 즉 법원은 현실사회(現實社會)를 규율하는 법이 어떠한 형태로 존재하는지를 의미한다. 보통 법원이라고 하면 법의 '존재형식(存在形式)'을 말하는데, 일반적으로 법원은 크게 성문법(成文法)과 불문법(不文法)으로 나누는 것이 가능하다. 성문법이란 법의 내용이 명문화되어 나타나고, 일정한 절차와 형식에 따라서 제정되어 공포된 법이다. 성문법에는 성문헌법(成文憲法), 법률(法律), 명령(命令), 규칙(規則), 조약(條約) 등이 있다. 반면 불문법은 성문법과 같은 명문의 형식이 없는 법의 존재형식이다. 불문법에는 관습법(慣習法), 판례법(判例法), 조리(條理), 학설(學說)이 있다.

1. 성문법(成文法)

성문법이란 문자로 작성되고 일정한 형식과 절차에 따라 제정·공포되는 법을 말한다. 일반적으로 성문법은 제정법(制定法)이라 부르고, 일정의 절차에 의하여 제정된다. 역사적으로 살펴볼 때 19세기는 법전편찬(法典編纂)의 시대였고, 이 시기에 프랑스의 『나폴레옹 법전』으로 시작하여 유럽 대륙의 각 나라들은 법전편찬에 힘을 기울였다. 우수한 법전을 갖는 것이 그 나라의 국력(國力)과 문화(文化)의 성숙도를 나타내는 기준이라고 생각하고 있었다. 왜냐하면 법의 진화과정(進化過程)을 존재형식의 측면에서 보면 불문법에서 성문법으로 이행되어 왔다. 따라서 어느 정도의 제정기술(制定技術)을 필요로 하는 성문법의 등장은 사회의 문화적 수준이 향상되어야 하기 때문이다. 이와 같이 유럽 제국은 성문법을 중시하였고, 성문법주의를 대륙법계(大陸法系)라고 부르게 된 것이었다. 이에 대해 영국과 미국은 판례법과 관습법이 중심으로 있었기 때문에 불문법주의는 영미법계(英美法系)라 말한다.[74]

　여기서 성문법과 제정법(制定法)의 의미를 잘 이해하여야 한다. 일반적으로 관습법·판례법과 같이 문장화(文章化)되어 있지 않은 법을 '불문법'이라 칭하는 것에 대하여 문장화된 법은 '성문법'이라고 한다. 따라서 일반적으로 '성문법'과 '제정법'을 동일한 의미로 이해한다. 단, 관습법을 문장화한 『작센슈피겔(Sachsen Spiegel)』75)과 같은 문서도 성문법의 일종이라고 생각된다면, 성문법이라고 하는 개념은 제정법보다 의미가 넓게 된다. 오늘날 성문법이 법의 법원 가운데서 가장 중요한 지위를 차지하고 있다.

　성문법이 불문법에 비교해 갖고 있는 장점은 ① 입법자(立法者)의 의사에 기하여 합목적적(合目的的)으로 제정되므로 법이 목적(目的)하는 바를 구체화하는 데 합리적이라는 것, ② 법의 존재(存在)와 그 의미내용(意味內容)이 분명하다는 것, ③ 제정(制定)·변경(變更)이 비교적 용이하므로 여러 제도의 개혁(改革)이 적합하다는 것, ④ 법의 확실성(確實性)을 확보함으로써 법생활의 안정을 기할 수 있다는 것 등을 들 수 있다.

　반면에 성문법이 불문법과 비교했을 때 갖고 있는 단점은 ① 문장의 형식으로 이루어짐에 따라 문장이 갖는 성질상의 불완전성(不完全性)으로 말미암아 법규의 진정한 내용을 알기 곤란하다고 하는 점, ② 문자나 문장으로 표현되기 때문에 법의 경직화(硬直化) 내지 고정화(固定化)를 가져오게 됨에 따라 유동적 사회현상에 적응하기 어렵다

---

74) 보통 한 나라의 법이 원칙적으로 성문법으로 되어 있는 경우에는 그 나라를 성문법주의국가(成文法主義國家)라고 한다. 대륙법계 국가, 즉 우리나라를 비롯하여 독일, 프랑스, 이탈리아, 일본, 스페인 등은 성문법주의를 취하고 있다. 그리고 영미법계 국가, 즉 미국, 영국 및 캐나다, 호주, 뉴질랜드 등은 불문법주의국가(不文法主義國家)에 속한다.

75) 아이케 폰 레프고(Eike von Repgow)가 각 지방의 재판소에서 참심원(參審員)으로서 일한 경험을 바탕으로 작센 지방, 특히 오스토파렌의 관습법을 성문화한 것이다

는 점, ③ 법의 성립과정에서 사회적 필요 내지 국민의 확신을 무시하고 입법자(立法者)의 자의(恣意) 또는 정당 간(政黨間)의 타협에 의해 탄생할 소지가 많아 법만능사상(法萬能思想)에 빠지기 쉽다는 점을 들 수 있다.

이러한 성문법의 체계는 성문헌법·법률·명령·규칙·자치법규·조약으로 나누어 볼 수 있는데, 이하에서는 각각의 성문법 체계를 살펴볼 것이다.

1) 성문헌법(成文憲法)

넓은 의미에 있어서 헌법(憲法, constitution)이란 예를 들면, 헌법이라고 명칭을 가지고 있는 헌법법전(憲法法典)76)만을 말하는 것은 아니고, 그것 이외에 국가의 기본법(基本法)도 포함된다. 우리나라의 헌법에는 헌법 이외에 공직선거법(公職選擧法), 행정조직법(行政組織法), 국회법(國會法), 검찰청법(檢察廳法), 지방자치법(地方自治法), 국적법(國籍法) 등이 있다. 또 우리나라가 다른 나라와의 관계에서 준수를 약속하고 있는 국제조약(國際條約)과 그 외의 국제법규(國際法規)도 넓은 의미에서 헌법에 포함된다. 이들 법규는 헌법법전의 부속법전(附屬法典)이라 부른다.

우리나라에 있어서 좁은 의미의 헌법은 헌법법전만을 말한다. 일반적으로 헌법은 국가의 조직 및 작용77)에 관한 국가의 근본법으로

---

76) 중요한 법 분야의 전체를 망라적·체계적으로 조문화한 제정법인 것을 흔히 법전이라고 부르고 있다. 엄밀한 법률용어는 아니고 통칭이다. 프랑스 시민대혁명 이래 잇따라 편찬된 6개의 법전, 즉 헌법전, 민법전, 상법전, 민사소송법전, 형법전, 형사소송법전은 六法全書의 명칭의 유래에도 유명하다.

77) 작용이란 국가가 행하는 모든 일, 입법·사법·행정 등을 말한다.

서 이른바 '규칙 중의 규칙'의 성질을 갖는 국가의 최고의 기본법이며, 헌법전은 국가의 최고규범이다. 따라서 헌법에 모순(矛盾)·저촉(抵觸)하는 법률·명령·규칙은 무효(無效)이다. 헌법은 일반적으로 개정 절차의 난이도에 따라서 경성 헌법(硬性憲法)과 연성 헌법(軟性憲法)으로 나뉜다. 한국 헌법의 개정을 위해서는 대통령(大統領)과 국회(國會)에서 발의(發議)하면 국회 재적 3분의 2의 찬성이 있어야 하고 국민투표(國民投票)에 부쳐 과반수를 얻어야 헌법이 개정되는 경성 헌법주의(硬性憲法主義)가 채용되고 있다. 이렇게 국회 과반수 출석과 출석의원 과반수 득표면 가능한 일반 법률 개정보다 헌법의 개정을 어렵게 만드는 이유는 집권자(執權者)가 수시로 헌법을 바꿔 악용(惡用)하는 것을 방지하기 위해서다.

우리나라 헌법은 1948년 7월 17일에 공포되어 시행하면서 지금까지 9차례에 걸쳐 개정되어 1988년 2월 25일부터 제6공화국헌법이 시행되고 있다. 현재의 대한민국헌법은 전문(前文)과 제1장 총강(總綱), 제2장 국민(國民)의 권리(權利)와 의무(義務), 제3장 국회(國會), 제4장 정부(政府), 제5장 법원(法院), 제6장 헌법재판소(憲法裁判所), 제7장 선거관리(選擧管理), 제8장 지방자치(地方自治), 제9장 경제(經濟), 제10장 헌법개정(憲法改正) 등 본문 130개조와 부칙 6개조로 되어 있다.

2) 법률(法律)

넓은 의미에 있어서 법률(act)은 '성문법'과 동의라고 생각하지만, 좁은 의미에 있어서는 헌법에서 말하는 법률, 즉 우리 헌법 제40조에서 "입법권(立法權)은 국회에 속한다"고 규정된 국가 유일의 입법기관인 국회에서 제정된 법규를 의미한다. 여기서 '법률'이란 용어를 넓은 의미로는 '법'과 동의로 사용된다. 예를 들면, 법률가(法律家)나 법률학(法律學)이라 말할 때 '법률(法律)'은 '법(法)'과 똑같은 의미로 사용된다. 그러나 법률과 법은 구분되어야 한다. 일반적으로 '법률'은 국회에서 소정의 절차에 따라 제정된 것을 의미하고, 법은 법률뿐만 아니라 명령, 규칙, 조례 및 판례, 관습법, 조리 등을 포함한다.

법령에서는 헌법을 정점으로 그 효력(效力)에 우열(優劣)의 관계가 있고, 이것을 '법의 단계구조(段階構造)'라고 부른다. 법률은 헌법 이외의 모든 법규, 즉 명령, 규칙, 자치법규보다 상위의 법이다. 이것을 '법률상위(法律上位)의 원칙(原則)'이라 한다. 그러나 법률은 헌법의 하위(下位) 법이기 때문에 어떤 법률이 헌법에 위반하게 되면 그 법률은 무효가 된다. 그러나 법률 상호 간의 관계에 있어서는 원칙적으로 우열이 없다. 다만 규범 간의 내용에 상호모순이 있을 때에는 신법(新法)이 구법(舊法)을 우선하며(新法優先의 原則), 또 일반법(一般法)과 특별법(特別法)의 관계에 있을 때에는 특별법이 일반법보다 우선하여 적용된다(特別法優先의 原則).

법률의 제정은 법률안(法律案)의 제출(提出), 의결(議決) 및 공포(公布)78)의 단계를 거치게 된다. 그리고 헌법 제52조에 의하면 "법률안의 제출은 국회의원(國會議員)과 정부(政府)가 할 수 있다"고 규정되어 있다. 따라서 국회의원이 제출하게 되는 경우는 국회의원 20인 이상

---

78) 공포란 새로 제정된 법령이나 조약 등을 국민에게 알리는 공식적인 절차를 말한다. 이를 위하여 「법령 등 공포에 관한 법률」이 제정되어 있어 새로 제정되는 모든 법령 등은 이 법에 정한 절차에 따라 국민에게 공포된다. 모든 법령이나 조약은 공포되어야 효력이 발생되므로 공포는 효력발생 요건이 된다. 따라서 공포절차나 공포일시는 중요한 의미를 가진다. 새로 제정된 법령과 조약은 관보(官報)에 게재하여 공포하는 것이 원칙이고, 예외적으로 국회의장이 법률을 공포하는 경우에는 서울특별시에서 발행되는 두 가지 이상의 일간신문에 게재하여 공포한다. 법령 등의 공포일은 그 법령 등을 게재한 관보 또는 신문이 발행된 날로 한다.

의 찬성을 얻어 찬성자의 연서(連署)79)로 의장(議長)에게 제출하게 된다. 그리고 정부가 법률안을 제출하고자 하면 국무회의(國務會議)의 심의(審議)를 걸쳐 국무총리와 관계국무위원의 부서(副署)80)를 받은 후 대통령이 문서로 국회의장에게 제출하게 된다. 이렇게 제출된 법률안에 대하여 헌법 또는 법률에 특별한 규정이 없는 한, 재적의원 과반수 출석과 출석의원 과반수의 찬성으로 의결된다. 이렇게 국회에서 법률안이 의결되면 정부에 이송되어 15일 이내에 대통령이 공포한다. 법률안에 이의(異議)가 있을 때에는 대통령은 위의 기간 내에 이의서를 붙여 국회로 환부(還付)하고 그 재의(再議)를 요구할 수 있다. 공포되는 각 법령의 부칙(附則)에 시행기일(施行期日)을 특별히 규정하고 있는 경우에는 그 규정에 따라 효력이 발생하나, 각 법령 등에 아무런 규정을 두고 있지 않는 경우에는 공포한 날로부터 20일을 경과함으로써 효력이 발생한다(헌법 제53조 참조).

---

79) 연서란 한 문서에 여러 사람이 잇따라 서명하는 것을 말한다.
80) 부서란 법령이나 대통령의 국무에 관한 문서에 국무총리와 관계 국무 위원이 함께 서명하는 일을 말한다.

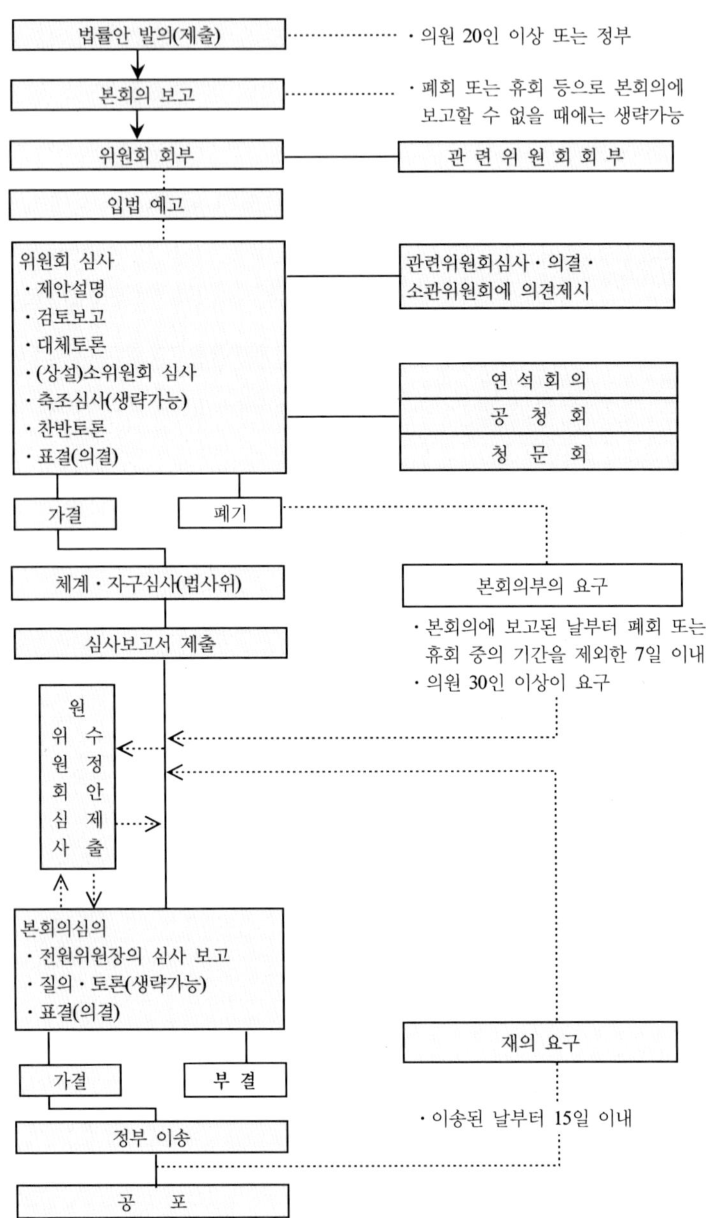

국회 입법과정 도표

법률안 발의(제출)
· 의원 20인 이상 또는 정부

본회의 보고
· 폐회 또는 휴회 등으로 본회의에 보고할 수 없을 때에는 생략가능

위원회 회부
관 련 위 원 회 회 부

입법 예고

위원회 심사
· 제안설명
· 검토보고
· 대체토론
· (상설)소위원회 심사
· 축조심사(생략가능)
· 찬반토론
· 표결(의결)

관련위원회심사·의결· 소관위원회에 의견제시

연 석 회 의
공 청 회
청 문 회

가결
폐기

체계·자구심사(법사위)
본회의부의 요구

심사보고서 제출
· 본회의에 보고된 날부터 폐회 또는 휴회 중의 기간을 제외한 7일 이내
· 의원 30인 이상이 요구

원위원회심사 수정안제출

본회의심의
· 전원위원장의 심사 보고
· 질의·토론(생략가능)
· 표결(의결)

재의 요구

가결
부 결

· 이송된 날부터 15일 이내

정부 이송

공 포

3) 명령(命令)

　　명령(ordinance)은 국회의 의결을 거치지 않고 대통령 이하의 행정기관에 의해 제정되는 성문법이다. 국회의 의결을 거치지 않은 성문법이라는 점에서 법률과 구별된다. 여기서 말하는 명령은 군대 내에 있어 상급자가 하급자에게 내리는 명령(order)과는 다르다. 원칙적으로 삼권분립론(三權分立論)에 의하면 입법권(立法權)의 고유권한은 국회(國會)에 있기 때문에 국회에서 각종 법률을 제정하여야 한다. 그러나 오늘날 행정부(行政府)가 관장하는 방대한 기술적(技術的)·전문적(專門的) 사항의 전부를 입법기관인 국회가 세부적 사항까지 입법하지 못하고 있는 것이 사실이다. 예를 들면 정보보호와 관련하여 비전문가 집단인 국회가 세부적 사항을 입법하는 것보다는 전문가 집단인 관련 행정기관이 세부적 사항을 입법하는 것이 타당하기 때문이다. 따라서 명령은 전문적 경험과 지식을 갖춘 행정부가 입법하도록 하는 것이다.

　　명령은 법률의 하위에 있다. 따라서 명령으로써 법률을 개폐하지 못한다. 그러나 비상사태의 극복을 위하여 법률과 동일한 효력을 가지는 긴급명령을 발할 수 있다(헌법 제76조). 명령을 형식적으로 제정권자(制定權者)를 표준으로 분류하면 대통령령(大統領令)·총리령(總理令)·부령(部令)[81]으로 나누어지며, 대통령령이 총리령과 부령보다 상위에 있고, 총리령과 부령은 동일한 위치에 있으며, 우열상의 차이는 없는 것으로 본다. 또한 법률과의 관계에서 실질적으로 분류하면 긴급명령

---

[81] 부령이란 행정각부 장관이 발하는 명령을 말한다.

(緊急命令)・집행명령(執行命令)・위임명령(委任命令)으로 나뉜다.

(1) 긴급재정(緊急財政), 경제명령(經濟命令), 긴급명령(緊急命令)

대통령은 내우(內憂)・외환(外患)・천재(天災)・지변(地變) 또는 중대한 재정・경제상의 위기(危機)에 있어서 국가의 안전보장(安全保障) 또는 공공의 안녕질서(安寧秩序)를 유지하기 위하여 긴급한 조치가 필요하고 국회의 집회(集會)를 기다릴 여유가 없을 때에 한하여 최소한으로 필요한 재정・경제상의 처분을 하거나 이에 관하여 법률의 효력을 가지는 명령을 발할 수 있다(헌법 제76조 제1항). 또한 대통령은 국가의 안위에 관계되는 중대한 교전상태(交戰狀態)에 있어서 국가를 보위하기 위하여 긴급한 조치가 필요하고 국회의 집회가 불가능한 때에 한하여 법률의 효력을 가지는 명령을 할 수 있다(헌법 제76조 제2항). 헌법 제76조 제1항은 대통령의 긴급재정경제처분・명령권이라고 하고, 동조 제2항은 대통령의 긴급명령권이라고 한다. 현행 헌법상의 긴급재정경제처분・명령권 및 긴급명령권은 법률대체적(法律對替的)인 효력을 가진 것으로 과거의 헌법상에서 헌법을 정지하는 권한까지 가지고 있던 긴급조치권이나 비상조치권에 비하면 훨씬 약화된 효력을 가지고 있다. 그렇다고 해도 긴급재정경제처분・명령권과 긴급명령권은 권력분립주의원칙(權力分立主義原則)에 예외가 되므로 그 발동요건은 엄격하게 해석하여야 한다.

대통령이 긴급재정경제처분・명령권 및 긴급명령권을 한 때에는 지체 없이 국회에 보고하여 그 승인(承認)을 얻어야 하며(헌법 제76조 제3항), 승인을 얻지 못한 경우에는 그 명령 또는 처분(處分)은 그때부터 효력을 잃고, 그 명령에 의하여 개정(改正) 또는 폐지(廢止)되었던

법률은 그 명령이 승인을 얻지 못한 때부터 당연히 효력을 회복한다
(헌법 제76조 제4항).

(2) 위임명령(委任命令)과 집행명령(執行命令)

헌법 제75조에 의하면 "대통령은 법률에서 구체적으로 범위를 정
하여 위임받은 사항과 법률을 집행하기 위하여 필요한 사항에 관하
여 대통령령을 발할 수 있다"고 규정을 두고 있다. 따라서 헌법 제75
조에 의하면 대통령령은 위임명령과 집행명령이 있는데, 위임명령이
라 함은 헌법을 근거로 법률에서 위임한 사항에 관하여 규율하는 법
규명령을 말한다. 위임명령과 집행명령은 양자 모두 법률에 종속하고
국민의 권리 · 의무에 관한 사항을 규정할 수 있는 법규명령의 성질
을 가지나 위임명령은 법률이 위임한 범위 안에서는 입법사항에 관
하여 새로운 규정을 할 수 있다.[82] 따라서 위임명령을 법률의 '보충
명령(補充命令)'이라고 한다. 이에 반하여 집행명령은 헌법에 근거하
여 법률을 집행(執行)하기 위하여 필요한 세칙을 행정기관(行政機關)
이 정하는 명령이다. 즉, 집행명령은 법률을 집행하기 위하여 필요한
세칙(細則)을 규정하는 것으로 모법(母法)을 변경 · 보충하거나 새로운
입법사항을 정할 수 없다. 따라서 법률의 '시행령(施行令)'이라 할 수
있다. 또 총리령과 부령에도 위임명령과 집행명령이 있다. 일반적으
로 대통령령을 시행령(施行令), 총리령 및 부령을 시행규칙(施行規則)
이라 부르고 있다. 예를 들면, 「정보통신망 이용촉진 및 정보보호에

---

82) 허영, 『한국헌법론』, 박영사, 2010, 996면에서 위임명령은 국민의 권리 · 의무에 관해서도 규율할 수 있
고, 대외적 · 일반적 효력을 갖는 법규범이기 때문에 국민의 기본권에 매우 심각한 영향을 미칠 수 있다.
따라서 일반적 · 포괄적 위임입법이 금지되고, 우리 헌법(제75조 전단)도 위임명령은 '구체적으로 범위를
정한' 개별적 · 구체적인 사항에 관한 것이어야 한다고 위임명령의 한계를 명시하고 있다.

관한 법률」에 의하여 대통령령으로서의 「정보통신망 이용촉진 및 정보보호에 관한 법률 시행령」과 부령으로서의 「정보통신망 이용촉진 및 정보보호에 관한 법률 시행규칙」이 있다.

4) 규칙(規則)

일반적으로 규칙이라고 할 때는 몇 가지의 뜻으로 사용되고 있다. 첫 번째로 법적 성질은 명령이면서 규칙이라고 불리는 것이 있다. 예를 들면, 헌법 제64조 제1항에는 "국회는 법률에 저촉되지 아니하는 범위 안에서 의사와 내부규율에 관한 규칙을 제정할 수 있다"고 규정하고 있다. 이와 같이 헌법은 자율성을 보장해 주어야 할 국가기관이 법률에 저촉되지 않는 범위 내에서 조직(組織), 내부규율(內部規律), 사무처리(事務處理) 등에 관한 법규를 제정할 수 있도록 권한을 부여하고 있는데 이에 의하여 제정된 규칙(規則)이 있다. 이러한 규칙으로는 국회의 의사규칙과 내부규칙, 대법원규칙, 중앙선거관리위원회규칙, 헌법재판소규칙, 감사원법에 따른 감사원규칙 등이 있으며, 이들 규칙은 공포되지는 않으나 폐지 변경될 때까지 영속적인 효력을 가지며, 조직의 내부뿐만 아니라 외부(일반 국민)에도 영향을 미친다.[83]

두 번째로는 법규의 성질을 갖지 않는 것으로서 공법상의 특별권력관계(特別權力關係)[84] 또는 행정기관 내부의 사항을 규율하기 위한 일

---

83) 헌법 제64조 제1항에서 "국회는 법률에 저촉되지 아니하는 범위 안에서 議事와 內部規律에 관한 규칙을 제정할 수 있다"고 규정하고 있다. 또한 헌법 제108조에서 "대법원은 법률에 저촉되지 아니하는 범위 안에서 소송에 관한 절차, 법원의 내부규율과 事務處理에 관한 규칙을 제정할 수 있다"고 규정하고 있다. 이 외에 헌법 제114조 제6항에서 "中央選擧管理委員會는 법령의 범위 안에서 選擧管理, 國民投票管理 또는 政黨事務에 관한 규칙을 제정할 수 있으며, 법률에 저촉되지 아니하는 범위 안에서 내부규율에 관한 규칙을 제정할 수 있다"고 규정하고 있다.

반적인 규범이다. 이는 헌법상의 근거 없이 행정기관의 고유권한으로 일반국민의 자유와 권리와는 관계없이 행정기관(行政機關) 내부에서만 효력을 갖는 규칙이다. 보통 규칙(規則), 훈령(訓令), 지시(指示), 예규(例規), 고시(告示), 지침(指針), 일일명령(一日命令) 등으로 표현된다.

세 번째로 자치법규(自治法規)로서의 규칙이다. 이러한 것 중 여기서 말하는 규칙이란 두 번째에 관한 것을 말한다.85)

5) 자치법규(自治法規)

자치법규란 지방자치단체(地方自治團體)가 법령의 범위 안에서 제정하는 자치에 관한 법규이다(헌법 제117조). 그 제정의 주체가 지방의회(地方議會)일 경우에는 조례(條例)라고 하고 지방자치단체의 장일 경우에는 규칙이라고 한다. 여기서 말하는 자치법규에는 회사(會社)나 노동조합(勞動組合) 등에서 제정한 정관(定款)86)이나 노동협정(勞動協定) 등은 포함되지 아니한다. 왜냐하면, 지방자치단체의 자치법(自治法)이 국가의 법원(法源)으로 인정되는 것은 그 단체가 국가행정조직(國家行政組織)의 일부를 구성하기 때문인데, 이들은 국가행정조직

---

84) 특별권력관계란 공법상의 특정목적을 위하여 특정인(特定人)이 국가(國家) 또는 공공단체(公共團體)의 포괄적인 특별권력에 복종하는 관계를 말한다. 그리고 일반권력관계(一般權力關係)는 일반국민이 국가 또는 공공단체의 일반통치권에 복종하는 관계를 말한다. 예를 들어, 국민이 경찰권(警察權)에 복종하거나 납세(納稅)의 의무를 지거나, 범죄(犯罪)로 인하여 재판(裁判)을 받아 형벌을 받는 등의 관계는 일반권력관계이며, 공무원(公務員)으로 근무하거나 징집(徵集)에 의하여 군무(軍務)에 복무하거나 국립대학에 입학하여 수학(修學)하는 등의 관계는 특별권력관계이다.

85) 김동석, 『법과 현대생활』, 일조각, 1999, 60면.

86) 정관이란 사단법인(社團法人)의 조직(組織)·활동(活動)을 정한 근본규칙을 말한다. 법인(法人)을 설립하려면 정관을 작성하고, 일정사항을 기재하지 않으면 안 된다. 정관에는 목적·명칭·사무소 등 사단법인의 종류에 따라 법률이 정한 필요기재사항을 기재해야만 하고, 그중 한 가지를 빠뜨려도 정관 전체가 무효가 되는 것(절대적 기재사항)과 기재하지 않아도 정관 자체의 효력에는 영향이 없지만, 기재하지 않으면 그 사항에 대해서 법률상의 효력이 발생하지 않는 것(상대적 기재사항)이 있다.

의 일부가 아니기 때문이다. 자치법규는 그 자치단체의 지역 안에서만 효력을 갖는다. 예를 들면, 「충청남도 외국인기업 투자유치 촉진 등에 관한 조례」는 충청남도에서만 효력이 발생하게 되는 것이다. 조례와 규칙과의 관계는 법률과 명령과의 관계와 같이 상하관계에 있으므로 조례에 위반하는 규칙을 제정할 수 없다.

6) 조약(條約)

조약이란 능동적 국제법 주체 간의 국제법률관계(國際法律關係)를 설정하기 위한 명시적 합의를 말한다. 즉, 능동적 국제법 주체 간의 합의라는 점에서 개인(個人)은 조약 당사자가 될 수 없으며, 묵시적 합의는 조약이라고 볼 수 없다. 이러한 조약의 명칭은 조약 이외에 협정(協定), 협약(協約), 헌장(憲章), 의정서(議定書), 선언(宣言) 등도 포함된다.[87]

조약이 국제법상의 법원(法源)인 것은 당연하지만, 과연 조약이 국내법의 법원으로서 인정될 수 있는가의 문제는 결국 국내법으로서 효력을 가지는가의 여부를 어떻게 이해하는가는 문제로 될 것이다. 조약과 국내법의 효력관계는 국제법(國際法)과 국내법(國內法)의 관계에 있어서 전통적인 일원론(一元論)과 이원론(二元論)이 있다.

우선 국제법과 국내법은 다른 차원의 법질서(法秩序)라고 하는 이원론(二元論)이 있다. 이원론에 의하면, 조약은 국가 간의 관계에서 국

---

87) 양수산 · 최완진, 『법학통론』, 66면에서 조약의 명칭 중 어느 것을 사용할 것인가는 조약체결 당사국 간의 합의에 결정되나 명칭의 실제적 사용에 있어서 약간씩은 의미가 다르다. agreement는 treaty보다는 약한 공식적인 표현이고, arrangement는 agreement보다도 공식적인 의미가 약하고, convention은 agreement보다도 특수한 것을 가리키며, protocol은 convention보다도 제한적으로 사용된다. 일반적으로 양자 간의 조약에는 agreement, 다수당사자 간의 조약에는 convention을 사용하는 경향이 있다고 한다.

가의무를 부과시키는 것에 지나지 않고, 조약의 공포에 의하여 국가가 대내적(對內的) 의무(義務)를 부담하고, 국민이 국제법상의 의무를 부담하는 것은 아니다. 조약 등의 국제법을 국내에 있어서 유효하게 통용하기 위해서는 새로운 입법조치가 필요하기 때문에 저촉(抵觸)의 문제는 야기되지 않는다.

국제법과 국내법이 동일의 법질서를 형성한다고 생각하는 일원론(一元論)은 국제법에 있어서 조약과 국내법과의 저촉의 문제가 생기고, 그 경우의 우열관계(優劣關係)가 문제가 된다고 한다. 일반적으로 일원론에 의하면 조약이 법규에 우위라고 하는 것에는 이론이 없다. 그러나 조약과 국내법과 저촉이 발생하는 경우 국제법과 헌법 어느 쪽이 상위의 법인가에 있어 일원론은 '국내법우위설(헌법우위설)'과 '국제법우위설(조약우위설)'로 나뉘어 있다.

이에 대하여 현재 우리나라에서는 헌법 제73조에 의하면 조약의 체결권(締結權)과 비준권(批准權)이 대통령에게 있으며, 헌법 제60조 제1항에 의하면 조약 중에서 상호원조(相互援助) 또는 안전보장(安全保障)에 관한 조약, 중요한 국제조직(國際組織)에 관한 조약, 우호통상항해조약, 주권의 제한에 관한 조약, 강화조약, 국가나 국민에게 중대한 재정적 부담을 지우는 조약 또는 입법사항에 관한 조약의 체결·비준에 관해서는 국회의 동의를 거치도록 규정을 하고 있다. 이러한 조약의 내용이 직접적으로 국민의 권리·의무와 관계가 있는 경우에 국내법으로서의 효력이 미치는가는 헌법 제6조 제1항에서 규정을 두고 있다. 이 규정에 의하면 헌법의 의해 체결·공포된 조약과 일반적으로 승인된 국제법규는 국내법과 같은 효력을 가진다고 한다. 따라서 국제조약은 국내법과 동일한 효력이 인정되는 것이다.

2. 성문법(成文法)의 상호관계(相互關係)

1) 형식적(形式的) 효력(效力)의 상호관계(相互關係)

앞에서 살펴본 바와 같이 많은 종류의 성문법이 존재하고, 똑같은 종류의 성문법도 수없이 만들어지기 때문에 종종 성문법 사이에 내용적인 모순(저촉)이 있다. 따라서 이와 같은 모순(矛盾)을 방치한다면 성문법을 적용하는 현장의 재판관(裁判官)·행정관(行政官) 혹은 적용을 받는 일반시민이 곤란하게 된다. 여기서 성문법 상호의 모순이 생기지 않게 하고, 모순이 존재하는 경우에 그 처리를 시도하기 위한 원칙이 필요한 것이다.

서로 종류가 다른 성문법 사이의 모순이 문제로 되는 경우가 있다. 이것을 대비하기 위한 원칙이 '형식적 효력의 상하관계'이다. 이것은 제정법(制定法) 상호(相互)의 랭킹을 미리 결정하여 두고 서로의 내용이 어긋나는 경우에는 랭크가 높은 제정법이 우선 적용된다고 하는 것이다. 우리나라에 있어서는 헌법(憲法)－법률(法律)－명령(命令)－조례(條例)에 있어서는 그 순법에 형식적 효력의 상하가 정하여져 있다.

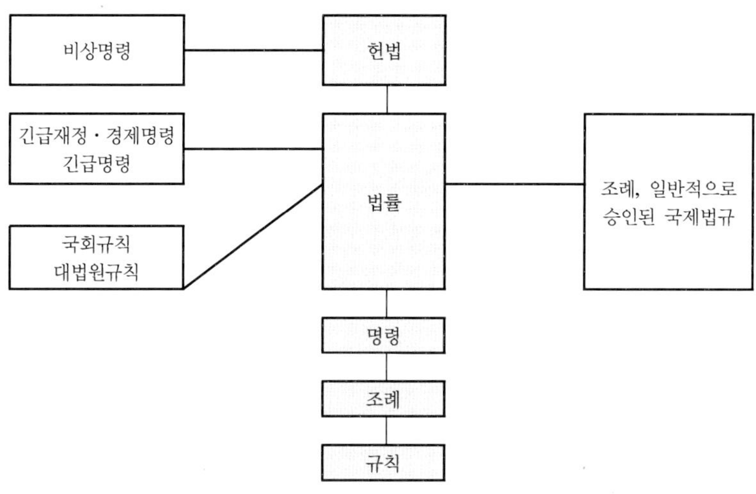

2) 동격(同格)의 성문법의 상호관계

동격의 성문법 상호 간에 모순이 생긴 경우에 어떻게 하는 것이 좋은가에 대해 우리나라의 법이 기초하고 있는 유럽 근대법(近代法)에 공통의 일반적 원칙으로서 다음 세 가지의 원칙이 있다. 첫 번째로 '후법(신법)은 전법(구법)을 파괴한다'고 하는 원칙이다. 두 번째는 '특별법(特別法)은 일반법(一般法)을 파괴한다'고 하는 원칙이다. 세 번째는 '구특별법(舊特別法)은 신일반법(新一般法)을 파괴한다'고 하는 원칙이다.

(1) 후법(신법)은 전법(구법)을 파괴한다

일반적으로 '후법(신법)은 전법(구법)을 파괴한다'고 하는 원칙을

‘후법우선의 원칙(後法優先의 原則)’ 내지는 ‘신법우선의 원칙(新法優先의 原則)’이라고 한다. 이러한 ‘후법우선의 원칙’ 내지 ‘신법우선의 원칙’은 내용적으로 모순되는 동격의 성문법 사이에서는 시간적으로 후에 제정된 것이 이미 제정된 것보다 우선한다고 하는 원칙이다. 국가기관이 신법을 정립하는 행위에는 전부터의 법을 개폐한다고 하는 의도가 포함되어 있다고 생각하는 것이 합리적이기 때문에 기술적 실수로 인하여 후법(後法)과 다른 전법(前法)이 계속해서 개폐(開閉)되지 않고 잔존하고 있어도 후법에 의하여 배제되는 것이다.

(2) 특별법(特別法)은 일반법(一般法)을 파괴한다[88]

일반적으로 ‘특별법은 일반법을 파괴한다’고 하는 원칙을 ‘특별법우선의 원칙(特別法優先의 原則)’이라고 한다. ‘특별법우선의 원칙’은 내용적으로 모순되는 동격의 성문법 사이에 일반법과 특별법의 관계가 존재하는 것으로 보이는 경우에는 특별법이 우선적으로 적용된다. 일반법이란 어떤 사항에 관한 원칙을 정하는 성문법이고, 특별법은 그 사항에 있어 특수한 사안에 관하여 예외적인 취급을 정한 성문법이다.

예를 들면, 우리나라의 민법에는 임대차계약(賃貸借契約)에 대한 일반적인 규칙을 민법 제618조 이하에서 규정하고 있다. 그러나 주택 및 상가건물에 있어서의 임대차에 있어서는 주택임대차보호법(住宅賃貸借保護法)과 상가건물임대차보호법(商街建物賃貸借保護法)에 의하여 일반 민법과는 달리 규정을 두고 있다. 결국 민법전은 모든 임대차에 관하여 규정하고 있는 일반법이고, 주택임대차보호법 내지 상가건물임

---

88) 일반법과 특별법에 관한 설명은 법의 분류에서 설명함.

대차보호법은 임대차에 있어서 주택 내지 상가건물이라고 하는 특정의 부동산의 임대차에 관하여 규정하고 있는 특별법으로 된다.

　일반법·특별법이라는 것은 2개의 성문법 혹은 2개의 조문을 비교한 경우에 상대적인 개념이고, 보다 넓은 분야에 적용되는 원칙 규정이 일반법, 보다 협소한 특수 분야에 적용되는 예외 규정이 특별법으로 보기 때문에 A법은 B법과의 관계에서 특별법이지만, C법과의 관계에서는 일반법이 되는 경우도 있다. 예를 들면, 상법(商法)은 민법(民法)과 비교하면 민법은 일반법이 되고, 상법은 특별법이 되지만, 상법과 은행법(銀行法)을 비교하면 상법은 일반법이 되고, 은행법은 특별법이 된다.

(3) 구특별법(舊特別法)은 신일반법(新一般法)을 파괴한다

　구특별법은 신일반법을 파괴한다고 하는 것은 실제로는 특별법우선의 원칙의 내용의 일부이다. 신법우선의 원칙과 특별법우선의 원칙이 서로 저촉되는 경우, 즉 시간적으로는 후에 제정된 일반법과 그것에 우선하여 존재하고 있는 특별법이 내용적으로 다른 경우에는 구특별법이 신일반법에 대하여 우선적으로 적용된다.

3. 불문법(不文法)

　불문법(unwritten law)이란 성문화되지 않고, 일정한 절차에 따라 제정·공포되지 아니한 법규를 말한다. 따라서 비제정법(非制定法)이라고도 한다. 불문법 중에서 판례법(判例法)과 같은 것은 문서로서 기록

되어 있지만, 일정한 기관에 의해 제정·공포된 것이 아니기 때문에 불문법에 속하게 된다. 일반적으로 법의 생성과정을 보면 불문법으로부터 성문법주의로 발달하여 왔지만, 오늘날 사회가 복잡해지고 경제가 발전함에 따라 질서의 명확화라고 하는 요청에서 성문법의 중요성이 커지고 있다. 따라서 대부분의 국가들도 성문법주의를 채택하고 있다. 그러나 성문법만으로는 모든 생활관계를 다 규율할 수 없고, 고정적인 성문법과 유동적인 사회생활 사이의 간격을 줄이기 위해서라도 불문법의 중요성을 간과할 수 없다.

이러한 불문법은 다음과 같은 장점을 가지고 있다. ① 문장의 형식으로 법이 고정(固定)되어 있지 않기 때문에 유동적 사회현상에 탄력적(彈力的)으로 적응하기 쉽다는 점이다. ② 법의 성립과정에서 입법자(立法者)의 자의(恣意) 또는 정당(政黨) 간의 타협에 의해 법이 탄생하는 것이 아니라 사회적 필요 내지 국민의 확신에 따라 법이 성립될 수 있다는 점이다. 이러한 장점을 갖는 것은 불문법만이 가지고 있는 고유의 장점이 아니라 앞에서 살펴본 성문법과 비교하였을 때 가지는 장점이 되는 것이다. 불문법은 반면에 다음과 같은 단점을 가지고 있다. ① 국가에 존재하는 법을 통일적으로 정비하기 곤란하다는 점이다. ② 법적 질서의 안정성(安定性)에 문제가 있을 수 있다는 점이다. ③ 법의 존재여부가 명확하지 않아서 법을 적용할 때 법 발견의 어려움이 있을 수 있다는 점이다. 특히 관습법은 법의 성립시기가 애매하고, 법이 성립되었다고 하여도 그 내용이 불명확하며, 법이 성립하는 데에 많은 시간이 걸린다.[89]

---

89) 성문법과 불문법의 차이점 및 장단점

이러한 불문법에는 관습법(慣習法)·판례법(判例法)·조리(條理)가 있으며 영미법계에 있어서는 불문법인 보통법(普通法, Common law)이 주요한 근간을 이루고 있다.

1) 관습법(慣習法, Customary Law)

(1) 의의

관습법(慣習法)이란 국가의 기관이 정립한 법(입법기관에 의하여 제정된 법)은 아니고, 사회 내지 관습(慣習)으로 존재하는 법이다. 즉 관습법이란 사회생활 속에서 자연적(自然的)으로 발생한 관행(慣行)이 단순한 예의적(禮儀的)·도의적(道義的) 규범으로만 지켜지는 것이 아니라 사회의 법적 확신(法的 確信) 내지 법적 인식(法的 認識)을 얻어 다수인이 그에 따르는 것이 권리(權利)·의무(義務)라고 인식하였을 때 이를 관습법이라고 한다.[90]

관습법을 살펴보면, 인간의 사회생활에는 일정의 행동양식이 많은 사람에 의하여 오랜 기간 반복된 결과 규범화(規範化)되는 관습이 많이 보인다. 예를 들면, 상거래(商去來)와 계약(契約)에 있어서 또는 어떤 지역의 농민 간 또는 상린관계(相隣關係) 등에 자연발생적으로 발생하여 그것이 그 사회에 있어서 일정의 규칙으로 되고 있는 경우이다.

사항	성문법(成文法)		불문법(不文法)	
법의 통일정비	용이하다	장점	곤란하다	단점
법질서의 안정	확정적이다	장점	동적이다	단점
법의 명확화	용이하다	장점	반드시 용이하지 않다	단점
법의 경화(硬化)	경화되기 쉽다	단점	경화되기 어렵다	장점
사회변화에 대한 적용성	적응이 어렵다	단점	곧 적응이 쉽다	장점
법질서의 유동성	저해하는 수가 있다	단점	저해하는 것이 적다	장점

90) 김대규, 『신법학원론』, 29면.

이러한 관습법은 고대와 중세에는 중요한 법원(法源)이었다. 그러나 근대에 들어와서 중앙집권(中央集權)의 확립과 자연법론(自然法論)의 대두로 때와 장소를 초월하는 영원한 법의 존재를 주장하였다. 그러나 19세기 역사법학파(歷史法學派)는 관습법이 민족정신(民族精神)의 소산이며, 민족의 확신이라고 하여 입법자의 자의적 제정이라 믿는 성문법보다는 우월한 지위를 부여하였다. 따라서 오늘날에 와서는 불문법주의 국가에서는 물론 성문법주의 국가에서도 중요한 법원(法源)으로서의 지위를 차지하게 되었다.

(2) 관습법의 성립근거(成立根據)

① 관행설(慣行說)

관행설이란 동일한 행위가 오랫동안 관행된 사실이 관습법으로서 성립되는 근거로 보는 설이다. 이 설은 독일의 법학자인 치텔만(Ernst Zitelmann)에 의하여 주장되었다. 이 설은 관행인 사실 자체가 바로 법이라고 보고, 관습법과 그 내용을 이루는 관습을 혼동하여 관습이 법으로서 인정되는 근거를 밝히지 못하고 있다. 즉, 이 설에 의하면 오랫동안의 관행이 있으면 곧 관습법이 되어야 한다. 그러나 예를 들면, 우리 조상들은 대대로 제사라고 하는 관행을 가지고 오늘날에도 그 관행을 이어나가고 있지만, 제사를 지내는 관행 자체가 곧 관습법은 아니다.

② 법적 확신설(法的 確信說)

법적 확신설은 관습법이 성립하기 위해서는 국가의 승인(承認)과

관계없이 관습이 오랫동안 반복되어 일반인이 법적 확신을 가짐으로써 가능하다고 주장하는 설이다. 이 설은 역사법학자인 사비니(Friedrich K. Savigny), 라반트(Paul Laband) 등에 의하여 주장되었다. 이 설은 관습법은 오랫동안 관행되는 관습이 존재하고, 그것이 권리 및 의무에 관한 내용을 가지며, 이를 준수하도록 강제받는다는 확신이 있을 때에 성립하는 것이므로 타당하다고 볼 수 있다. 따라서 이 설이 오늘날 통설이기도 하다.

③ 국가승인설(國家承認說)

국가승인설은 국가가 어떤 관습의 내용을 법으로서 승인함으로써 관습법이 성립된다는 설이다. 이 설은 독일의 형법학자인 빈딩(Karl Binding)에 의하여 주장되었다. 이 설에 의하면 현대국가에 있어서는 관습규범(慣習規範)에 대하여 국가가 명시적 또는 묵시적으로 법으로서의 효력을 승인하지 않는 한, 법이 될 수 없다. 오늘날에 있어서는 법을 정립하고 집행하는 것은 종국적으로 국가뿐이기 때문이다. 그러므로 관습법이 성립하는 시기는 국가가 승인한 규범인 관습의 존재가 성립한 때이므로 관습법 성립근거의 타당한 학설로의 일견이 보인다. 그러나 법원(法院)은 사실인 관습을 법으로 창조할 수 없는 것이며, 오직 사회생활 속에서 관행되는 관습법을 확인하는 것에 불과한 것이다. 즉, 국가가 승인하기 이전에 관습법은 엄연히 존재하는 점에서 이 설을 취할 수 없다.91)

---

91) 구병삭, 『신법학원론』, 59면.

(2) 관습법의 성립요건(成立要件)

관습법이 성립하기 위해서는 다음과 같은 요건을 갖추어야 한다.

① 같은 행위가 불특정 다수인에 의하여 계속 반복될 것

관습법이 성립하기 위해서 같은 행위가 불특정 다수인에 의하여 계속 반복된다고 하는 것은 그 사회에 있어서 동종(同種)의 사항에 있어서의 법적 가치(法的 價値) 있는 행위가 장기간에 걸쳐 반복되는 것, 즉 오랜 세월을 두고 계속되는 관행이 존재해야 한다.

② 관습이 법적 확신이 있을 것

관습이 법적 확신(法的 確信)이 있을 것이란 국민이 그 관습에 대하여 단순한 종교적 내지 도덕적 규범이 아니라 법규범(法規範)으로서의 의식을 가지고 지키는 경우에 관습법이라고 할 수 있다. 따라서 국민 간에 이러한 법적 가치가 있다는 확신이 없는 관습은 '사실인 관습'에 지나지 않는다.

③ 관습이 공공질서(公共秩序)와 선량한 풍속(風俗) 기타 사회질서에
　　반하지 않을 것

이것을 일반적으로 공서양속(公序良俗, public policy)이라 부른다. 공서양속이란 국가와 사회의 통상의 도덕관념에 따라서 판단되는 것이어서 시대와 함께 변화하고, 또 지역에 의하여 다르게 된다.

(3) 관습법의 성립시기(成立時期)

관습법의 성립시기에 관하여는 두 가지의 견해로 나뉘어 있다. 첫 번째는 관습에 법적 확신이 있다고 인정되는 때라고 하는 견해와 두 번째로 관습법의 인정유무(認定有無)는 법원의 판결에 의하여 최종적으로 결정되기 때문에 구체적으로 법원의 판결에 의하여 관습법의 존재가 인정되면, 그 관습법은 관습이 법적 확신을 얻어서 사회에서 행해지고 있었던 때에 소급(遡及)하여 성립된다고 하는 견해이다. 전자의 견해가 오늘날에 있어서 다수설이다. 이와 같이 관습법의 성립에는 법원의 판결이 중요한 역할을 하지만 동일 사안에 관한 반복된 판례의 태도가 반드시 관습법으로 되지 않기 때문에 다수설의 견해가 타당하다고 보인다.92)

(4) 관습법의 효력(效力)

관습법을 법원(法源)으로 인정하더라도 성문법을 개폐(改廢) 내지 변경(變更)하는 효력까지도 인정할 것인가 또는 단순히 성문법이 없는 부분에 관하여 이를 보충하는 효력만을 인정할 것인가에 관하여 다툼이 있다.

이러한 관습법의 효력에 관한 문제는 그 시대의 법사상(法思想)에 의하여 서로 다르게 취급되어 왔다. 고대에서 중세에 이르는 시기의 법에서는 관습법이 중요한 법원(法源)으로서의 지위를 가지고 있었다. 그러나 18세기 말부터 19세기 초까지 근대국가의 중앙권력(中央權力)이 강해지고 자연법사상(自然法思想)의 영향을 받아서 관습법의 효력

---

92) 백태승, 『민법총칙』, 법문사, 2002, 17면.

을 부인하는 태도를 취하였다. 그 후 19세기에 들어와서 독일의 법학자인 사비니(Friedrich Karl von Savigny)에 의하여 창시된 역사법학파의 등장으로 관습법의 지위가 중시되었다. 이어 20세기 초의 스위스는 민법의 관습법에 대하여 성문법에 대한 보충적 효력이 있는 것을 규정하기에 이르렀다. 한편 최근의 법사상은 관습법의 지위를 중시하여 성문법에 대등한 효력을 인정하는 경향을 가지게 되었다. 그러나 우리나라는 스위스 민법을 본받아서 민법 제1조 "민사(民事)에 관하여 법률(法律)에 규정이 없으면 관습법(慣習法)에 의하고 관습법이 없으면 조리(條理)에 의한다"고 규정하고 있다. 이는 민사에 관하여 성문법에 규정이 있는 경우에는 특별히 관습법에 의한다는 취지의 규정이 없는 이상 그 성문법과 다른 관습이 있다고 하더라도 그것은 법으로서 효력을 가지지 못한다.93) 따라서 관습법의 효력은 법률에 규정이 없거나 충분하지 못한 경우에 보충적(補充的)으로 적용하는 효력을 갖는다고 하여야 할 것이다.94) 우리나라의 판례도 보충적 효력만을 인정하고 있다.95) 또한 상법 제1조는 "상사(商事)에 관하여 본법에 규정이 없으면 상관습법(商慣習法)에 의하고, 상관습법에 없으면 민법의 규정에 의한다"고 규정하고 있어 상관습법은 상법에 대하여 보충적 효력을 가지고 있다고 규정하고 있다. 그러나 형법에는 죄형법정주의(罪刑法定主義)라고 하는 대원칙을 가지고 있다. 죄형법정주의라고 하는 것은 죄와 형벌은 미리 법률에 규정을 가지고 있어야 한

---

93) 백태승, 『민법총칙』, 18면.

94) 지원림, 『민법강의』, 홍문사, 2002, 12면에서 관습법에 성문법과 대등한 효력을 부여하는 세계적 입법추세 및 법사회학적 현실 등을 고려한다면 민법 제1조는 입법론적으로 재검토되어야 한다고 한다.

95) 대판 1983. 6. 14, 80다3231 "가정의례준칙 제13조의 규정과 배치되는 관습법의 효력을 인정하는 것은 관습법의 제정법에 대한 열후적, 보충적 성격에 비추어 민법 제1조의 취지에 어긋나는 것이다."

다는 원칙을 말한다. 따라서 관습형법은 죄형법정주의에 의하면 인정되지 않기 때문에 법원성이 부인된다. 다만 형법에 있어서도 다음과 같은 경우 관습법을 인정한다. 첫 번째로 예를 들면, 관습법에 의하면 형을 감경하게 되는 경우나 범죄가 성립되지 않는 경우와 같이 피고인(被告人)에게 유리한 경우, 두 번째로 관습법은 형법의 법원(法源)이 될 수 없으나 형법의 해석(解釋)에 있어서 관습에 근거는 할 수 있다. 예를 들면, 부작위범의 보증인의 지위나 정당행위의 사회상규와 같이 보증인의 지위란 무엇인가와 사회상규란 무엇인가를 관습에 의해 해석할 수는 있다.

관습법의 효력에 관한 연혁적(沿革的) 고찰(考察)[96]

고대법 · 중세법	관습법 주의	성문법과 대등한 효력 내지 변경적 효력
자연법론	관습법 부인	오스트리아 Josef법전(1786) 프로이센 일반란트법(ALR, 1794) 나폴레옹 법전(1804)
역사법학파	관습법 중시	
20세기 초 최근	보충적 효력 대등적 효력	스위스 민법 제1조 제2항 그리스 민법 제1조 독일 민법시행법(EGBGBG) 제2조
영미법계	대등적 효력	

2) 판례법(判例法, Case Law)

판례법이란 어떤 법률상의 문제에 있어서 법원(法院)에서 동일한 취지의 판단(判斷)이 계속 반복되어 그 판단이 법적 규범으로 되는 것이다. 즉, 판례는 어떤 법률문제에 대한 법원의 선언이고, 개별적 사건에

---

96) 본 도표는 백태승, 『민법총칙』, 18면 표를 참조함.

대한 법규의 적용을 말한다. 이와 같이 내려진 판결례(判決例)는 유사한 사건에 반복됨으로써 그 판결(判決)에 법적 규범력(規範力)을 갖게 되는데, 이를 판례법이라고 한다. 이러한 판례법은 관습법의 특수한 형태로서 판례법은 법원에 의하여 형성된 점이 일반 관습법과 다르다. 일반적으로 판결(判決)·판례(判例)·판례법(判例法)이라고 하는 용어를 엄격하게 구분하여 사용하지 않고 있지만, 대체적으로 하나하나의 재판(裁判)을 판결(判決)이라고 하고, 그것에 의하여 밝혀진 이론(理論)·법칙(法則) 또는 규범(規範)을 판례(判例)라고 부르며, 판례를 법원(法源)으로 보는 때에 판례법(判例法)이라고 하는 것이 적당하다.97)

(1) 영미법계(英美法系)에 있어서의 판례법

영국의 보통법(普通法, common law)은 대부분이 판례의 축적으로 되어 있고, 제정법(制定法)은 보통법을 수정, 보완, 정리할 필요가 있을 때에 한하여 제정된다. 영국의 계약법(契約法, contract law)도 성문의 계약법전(契約法典)이 있는 것이 아니라 주로 판례법이다. 영국에 있어서 상급법원(上級法院)이나 하급법원(下級法院)에서 동일한 또는 비슷한 사건의 판결을 내릴 때에 그 선례(先例)로써 구속성을 가지고 있기 때문에 동일취지의 판결이 반복됨으로써 판례법이 형성된다. 이렇게 선례의 구속성을 '선례구속(先例拘束)의 원칙(原則)'이라고 한다.

미국에서는 연방대법원(聯邦大法院)이 헌법상 위헌법령심사권(違憲法令審査權)을 가지고 있기 때문에 그 판례가 최고 권위 있는 판례법이 된 것이다. 이렇게 영미법은 판례법이 제1차적인 법원이 되는 판

---

97) 원영철, 『법과 생활』, 92면.

례법주의이기 때문에 구체적 사건에 대한 법원의 판결이 정립한 법적 원칙이 곧 법이 되는 것이다.

(2) 대륙법계(大陸法系)에 있어서의 판례법

대륙법계에서는 성문법주의를 채용하여 법원의 판결은 다른 판결에 구속받지 않는 것을 원칙으로 하고 있다. 따라서 판례법이 법원(法源)으로 될 수 있는가가 문제가 되는데, 법원(法院)이 일반적으로 법의 정립에 관하여 영향을 미칠 수 있는 어떠한 형식적 근거를 인정하지 않는 법제(法制)하에서는 판례는 오직 법규의 해석을 위한 자료에 불과하다. 법원(法院)은 법의 적용(適用)만을 담당하고 법의 창조(創造)에는 아무런 권한이 없는 성문법주의 국가에 있어서 판례는 단지 법적용의 성과 내지 침전물에 불과하므로 판례법은 법원으로 인정될 수 없다.

(3) 우리나라에 있어서의 판례법

우리나라의 법에서는 판례를 법원으로 인정한다는 명문(明文)의 규정이 없다. 이에 관하여 법원조직법 제8조에서는 "상급법원의 판결에 있어서 판단은 당해 사건에 관하여 하급심을 기속(羈屬)한다"고 규정하고 있으니 이것은 오로지 '당해 사건'에 한하며 일반적으로 하급심을 구속하는 효력이 없다는 것을 의미한다. 예를 들면, 갑과 을이라고 하는 동종의 사건이 있는데, 갑이라고 하는 사건은 지방법원, 고등법원을 거쳐 대법원에서 A라고 하는 판결을 받았다면, 대법원에 내린 A라고 하는 판결(상급법원의 판결)은 갑이라고 하는 사건의 하급심인 지방법원과 고등법원을 기속하는 것이다. 그의 동종 사건인 을이라고 하는 사건에는 구속하는 효력이 없는 것이다. 그러나 판례의 구속력은 인정하지 않으나 상급법원의 판례가 법의 안정이라는 목적 때문에 '사실상의 구속력'을 가진다는 것은 부인할 수 없다. 법원조직법 제7조 제1항 제3호에서도 대법원이 그의 판례의 일관성을 유지하고 안정된 법률생활을 영위하기 위하여 자신은 판결에 구속되고 종래의 판결을 변경할 때에는 대법관 전원의 3분의 2 이상이 합의체(合議體)에서 행하도록 하고 있다. 더욱이 법원의 심판에 3심제를 채택하고 있는 우리나라에 있어서 대법원의 판결은 사실상 하급심을 구속하는 효력을 가질 수밖에 없다는 견해도 있다.[98]

이에 대하여 우리나라는 제정법주의 국가이고, 실제에 있어서 하급법원이나 국민이 판례의 견해에 따른다 하더라도 판례가 관습법의 발생을 촉구할 수 있는 데 그치고, 판례가 곧 법이라고 볼 수는 없다. 또한 법원은 종전의 판례와 다른 판결을 할 수도 있는 것이다.[99] 그리고 법원(法院)에 입법권(立法權)을 주는 것은 3권분립에도 어긋나는 것이다. 그러므로 판례는 법규범적 효력이 부정된다고 보는 것이 타당하다는 견해도 있다.[100]

이와 같이 우리나라의 경우 학설의 대립이 있으나 법원조직법(제8조)이 선례구속력의 원칙을 인정하지 않고 있을 뿐만 아니라, 민법 제1조가 "민사에 관하여 법률에 규정이 없으면 관습법에 의하고 관습법에 규정이 없으면 조리에 의한다"고만 규정하고 있어 해석론으로는 판례의 법원성(法源性)을 인정할 수 없다. 다만 현재 우리나라의 경우 실무상으로는 대법원의 판례가 사실상의 구속력을 가지고 있다

---

98) 김동석, 『법과 현대생활』, 64면.

99) 손주찬, 『신법학통론』, 박영사, 2005, 36면.

100) 김대규, 『신법학원론』, 34면.

고 이해하고 있는 것이 일반적이며, 상급심의 판례는 사실상 하급심을 구속하고, 일반국민에게도 법규범에 준하는 인식을 주므로 판례의 구속력 내지 법원성을 제도적으로 인정할 필요는 있을 것이다.

3) 조리(條理)

(1) 의의

조리란 사물의 도리(道理) 또는 사물의 본질적 법칙(法則)을 의미한다. 즉, 조리는 국가에 의하여 법적 규범의식으로서 승인된 사회생활상의 원리를 말한다. 그것은 인간사회에서 존재하는 합리적인 자연의 도리로서 재판의 기준으로 되는 것이다. 재판에 있어서 조리는 정의(正義)와 형평(衡平)의 입장으로부터 법의 완전성을 충족하기 위하여 받아들여지고 있다. 결국 조리라고 하는 것은 우리의 정의심에서 이러이러하여야 한다고 의식되는 이치로서 사물의 본성, 근본적 도리, 경험법칙, 사회통념, 사회적 타당성, 공서양속, 신의성실, 정의, 형평 등으로 표현되기도 하는데, 조리는 법관의 심중에 있는 무형적인 것이라고 할 수 있을 것이다. 일반적으로 인간이 살아가는 사회의 생활현상은 복잡하고, 또 변화하는 것이기 때문에 어떤 현상에 대해 성문법이 정비되어도 또는 판례가 있어도 모든 법률관계에 있어서 기준으로 되는 법률이 존재한다고 할 수 없다.

조리는 두 가지 법적 기능을 하고 있다. 첫 번째로는 실정법(實定法) 및 조약(條約)의 내용을 해석·결정하는 표준(標準)이 되며, 두 번째로는 법의 흠결 시(欠缺時)의 재판의 준거(準據)가 되는데, 조리의 법원성이 문제가 되는 것은 후자의 경우이다.

(2) 조리의 법원성 문제

법관이 재판을 할 때에는 일반적으로 성문법(成文法)·관습법(慣習法)을 준칙으로 삼을 것이나, 성문법도 제정되어 있지 않고 관습법도 성립되어 있지 않은 경우 어떻게 될 것인가가 문제된다. 일반적으로 형법의 경우는 죄형법정주의(罪刑法定主義)라고 하는 원칙에 의하여 법률에 규정이 없는 경우, 즉 적용해야 할 법이 없으면 당연히 무죄(無罪)를 선고하여야 한다. 그러나 민사재판에 있어서는 법관은 '법의 흠결'을 이유로 재판을 거부할 수는 없다. 그렇다고 한다면 무엇을 준칙(準則)으로 하여 재판할 것인가가 문제가 된다. 이에 대하여 스위스 민법 제1조 제2항은 "스스로가 입법자라면 법규로서 제정하였을 것이라고 하는 기준에 따라", 오스트리아 민법 제7조는 '자연법원칙(自然法原則)'에 따라서 재판할 것을 규정하였고, 우리 민법 제1조는 '조리(條理)'에 의한다고 규정하였다. 따라서 조리가 법원(法源)이냐에 관해서는 학설이 대립한다.

조리에 법원성(法源性)을 부정하는 견해는 조리가 사회생활관계를 규율하는 법규범의 흠결을 보충할 해석상 또는 재판상의 궁극적 표준이 되는 데 그치며, 법적용(適用)상 일종의 이념에 불과하기 때문에 법 그 자체로는 볼 수 없다는 것이다. 그러나 현대사회는 법률을 아무리 정밀하게 규율해도 유동적 생활관계 모두를 규율할 수는 없고, 법의 흠결을 이유로 법관이 재판을 거부할 수도 없다는 점을 고려한다면, 조리는 법의 최후의 보충적 법원이라고 할 수 있을 것이다. 조리에 있어 법원성을 인정하는 것이 판례의 태도이다.[101]

---

101) 대판 1965. 8. 31, 65다1156 "상무이사를 선임함에 있어 그 보수금액에 관하여 회사의 정관 규정이나 주주총회의 결의가 없고, 상관습이나 민법의 규정 또는 민사관습도 없는 경우에 조리에 의하여 상당한

4) 학설(學說)

 학설이란 법률학자의 견해이다. 학설이 법원(法源)으로 되는가에 있어서는 일반적으로 소극적으로 생각되고 있다. 역사적으로는 고대 로마제국에 있어서 법학자(法學者)가 '해답권(解答權)'을 가지고 있었다고 알려지고 있다. 이것은 높은 학식을 가진 법학자에 대해 황제에 의하여 주어진 것이기 때문에 법학자의 학설(學說)이 법원(法源)으로서 인정되고 있었다고 하는 것이다.

 또 현재에서도 국제법(國際法)에 있어서는 학설이 법원(法源)으로 될 수 있다고 하는 것이 인정되고 있다. 국제사법재판소규정 제38조 제1항은 '여러 나라의 가장 우수한 법학자의 학설'이 동 재판소의 재판규범(裁判規範)으로 된다고 하는 것을 규정하고 있다. 단, 이 경우 조약(條約)과 국제관습법(國際慣習法)이 학설(學說)에 우선한다. 이들의 특수한 경우를 제외하고 학설은 일반적으로 법원으로는 생각되지 않는다. 즉, 오늘날 법학자의 학설이 아무리 학문적 권위를 가진 것이라고 하더라도 법으로서의 구속력은 없고, 다만 그 의견이 입법이나 재판에 영향을 줄 수 있을 뿐이다. 우리나라에 있어서도 이렇게 해석하고 있다. 그러나 스위스 민법 제1조 제3항은 "성문법(成文法)·관습법(慣習法)·조리(條理)를 적용하는 경우에 확정된 학설(學說)과 선례(先例)에 따른다"고 규정하여 확정된 학설은 법률상 구속력을 갖는 입법례를 찾아볼 수 있다.

액을 지급하기로 한 것이라고 단정할 수 있다."

제4장 법의 분류(分類)

우리나라의 법질서(法秩序)는 개개의 법으로 성립되고 있으며, 우리는 이 개개의 법을 법규범(法規範)이라고 한다. 이 법규범은 무조직(無組織)·무질서(無秩序)한 것이 아니라 하나의 통일된 성격을 이루고 있다. 즉, 인간생활을 규율하는 법은 단순한 문자의 집합체가 아니라 법규범의 통일체로 이루어지는데 이것을 법체계(法體系, legal system)라고 한다. 예를 들면, 우리 생활의 어느 구체적인 문제를 해결할 때 산만하게 흩어져 있는 법규범을 찾아서 적용하려면 많은 시간과 노력이 소비될 뿐만 아니라, 그 찾아낸 법규범들이 서로 모순되는 경우가 있다면 그 문제는 해결될 수가 없을 것이다. 따라서 이러한 모든 법규칙들을 크고 작은 여러 기준에 따라 정돈하고 분류하고 다시 계통을 수립하여 논리적 통일성을 맞추어 체계를 세움으로써 구체적인 법률생활의 안전·신속·확신과 원활을 도모할 수 있을 것이다. 이러한 법체계를 간단하게 설명한다는 것은 어려운 일이지만, 전통적으로 다양한 형식·내용으로 존재하는 법을 보다 체계적으로 이해하기 위해서 몇 가지의 관점으로부터 법의 분류가 행해져 왔다. 즉, 법은 실증적(實證的)으로 제정법화 되었느냐의 여부에 따라 자연법(自然法)과 실정법(實定法)으로 나눌 수 있고, 실정법은 국내법체계와 국제법체계로 나눌 수 있다. 국내법은 다시 법의 성질(性質)·적용범위(適用範圍)·내용(內容)·효력(效力) 등에 따라 ① 공법(公法)·사법(私法)·사회법(社會法), ② 일반법(一般法)·특별법(特別法), ③ 실체법(實體法)·절차법(節次法), ④ 강행법(强行法)·임의법(任意法), ⑤ 원칙법(原則法)·예외법(例外法), ⑥ 고유법(固有法)·계수법(繼受法), ⑦ 조직법(組織法)·행위법(行爲法) 등으로 분류할 수 있다. 이러한 분류는 편의상의 분류이지 본질적인 것은 아니다. 이하에서는 가장 일반적인 분류방법에 따라 고찰해 보기로 한다.

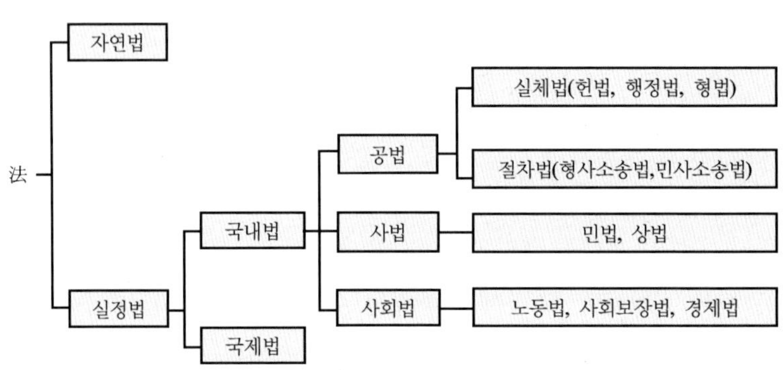

법의 체계(體系, Legal System)

1. 실정법(實定法)과 자연법(自然法)

실정법이란 관습(慣習)과 제정(制定)이라는 인간의 행위에 의하여 만들어져서 일정의 시대, 일정의 사회에 있어서 현실로 행해지고 있는(실효성을 갖고 있는) 구체적인 법을 말한다. 즉, 실정법은 국가기관이 제정하는 제정법(制定法)과 관습법(慣習法)·판례법(判例法) 등과 같이 경험적인 사실에 기하여 성립되고 현실로 행해지고 있는 법이다. 이러한 실정법은 역사(歷史)와 더불어 변화하고, 국가와 민족에 따라 다양하게 나타난다. 그러나 실정법은 군주가 정하든, 의회의 다수결에 의해 정하든, 아니면 법관(法官)의 재량(裁量)에 의해 정하든 결국은 인간이 만든 법이므로 어떠한 경우도 불완전(不完全)함을 면할 수 없다.

이에 대하여 인간의 본질적인 이성(理性)에 근거를 갖고, 인간의 행위를 넘어서 보편적으로 타당하다고 어떤 정황을 가정적으로 생각하여 단정된 법을 자연법(自然法)이라고 한다. 즉, 인간의 본성에서 유래하여 시간과 공간을 초월한 영구불변의 초경험적인 자연의 현법(現法)을 말한다. 예를 들면, '계약(契約)은 준수하여야 한다', '타인을 해하지 말라' 하는 원리 등이 있다. 이러한 자연법은 필연적(必然的)으로 추상적(抽象的)이지 않을 수 없다. 이와 같은 자연법의 존재를 인정하지 않는 입장도 있지만, 실정법의 정당성의 근거, 실정법의 해석 지침으로서의 의의는 인정해도 좋을 것이다. 그러나 우선 우리들은 현재 행해지고 있는 법, 즉 실정법을 존중하는 것이 중요하다.

2. 국내법(國內法)과 국제법(國際法)

1) 의의

국내법(municipal law)은 하나의 국가 내에서 성립하고, 그 국가의 영역 내에 있어서 통용하는 법이다. 이에 대해 국제사회에 있어서 성립하고, 그 국제사회에 속한 모든 국가(國家), 국제기관(國際機關), 개인에 통용되는 것이 국제법(international law)이다. 국제법을 구성하는 것을 국가 간의 합의에 의하여 체결되는 '조약(條約)'과 일정 기간 계속적으로 반복된 행위(관행)로 법적 확신에 의해 형성된 「국제관습법(國際慣習法)」이다.

2) 국제법과 구별해야 하는 법

국제사법(國際私法)·국제형법(國際刑法)·국제행정법(國際行政法)이라는 법이 있는데, 앞에 국제라는 용어를 사용하여 흔히 이들의 법을 국제법으로 혼동하기 쉽지만, 이들의 법은 국내법이기 때문에 국제법과 구별해야 한다. ① 국제사법이란 외국적 요소가 있는 법률관계에 관하여 국제재판관할에 관한 원칙과 준거법을 정함을 목적으로 하는 법이다. 즉, 국제사법이란 외국적 요소 내지 국제적 생활관계의 안정을 보장하기 위해 각종 섭외적 사법관계에 적용할 준거법을 정하는 법칙으로서 어디까지나 국내법의 일종이다. ② 국제형법이란 범행의 장소, 범인의 국적, 범행의 성질 등 여러 가지 요소를 표준으로 하여 일국(一國)의 형법의 적용범위를 결정하는 국내법이다. 예를 들면, 미국인이 미국에서 살인을 저지르고 한국으로 도망 왔을 때 우리나라의 국제형법은 그 범죄가 한국 또는 한국국민의 중대한 이익을 해치는 것일 때에는 한국형법을 적용하여 처벌할 수 있도록 규정하고 있다. ③ 국제행정법이란 일국(一國)의 행정법의 적용한계를 결정하는 법인데, 이것도 각국이 스스로 제정하는 국내법이다. 예를 들면, 외국에서 일하고 있는 한국인 노동자에 대해 한국의 노동법을 적용할 것인가를 결정하는 법이 한국의 국제행정법이다.

3) 국제법의 성격(性格)

국제법이 '법'이라고 하는 것에 있어서는 오랫동안 논의가 있다. 국내법이 국가권력(國家權力)을 배경으로 강제되는 것에 대해 국제사회(國際社會)는 그 자신의 강제력(強制力)을 갖지 않는다. 따라서 국제법의 법으로서의 실효성(實效性)도 충분한 것은 아니라고 한다. 그렇지만 국제법도 규범으로서의 내용과 윤리구성의 측면에서는 국내법과 크게 차이가 없고, 또 그 실효성에 있어서도 불충분하다고 하는 것에 대해 국제연합(國際聯合) 등에 의한 일정의 조직적인 사회력에 의해 확보되고 있다. 이와 같은 점으로 국제법도 '법'으로서 인정된다고 할 것이다.

4) 국내법과 국제법과의 관계

국내법과 국제법과의 관계에 관하여는 종래부터 두 가지의 견해가 대립되고 있다. 첫 번째는 일원론(一元論)이다. 일원론은 국제법우위설(國際法優位說)과 국내법우위설(國內法優位說)로 나뉜다. 국제법우위설과 국내법우위설 모두 국내법과 국제법은 동일한 타당근거에 기하여 통일적 법체계에 속한다고 보는 견해이다. 그러나 국제법우위설은 국제법을 국내법보다 상위에 두고 국내법을 국제법 체계의 하위에 두는 설이고, 국내법우위설은 국제법에 대하여 국내법의 하위를 인정하는 견해이다. 두 번째는 이원론(二元論)이다. 이원론은 국내법과 국제법을 별개의 법체계로 보는 설이다. 즉, 국내법은 일국가(一國家)의 입법기관에 의하여 정립되고 폐지될 수 있으며, 그 내용도 개인에 대하여 권리를 주고 의무를 지게 하는 것이 중심이다. 이에 반하여 국제법은 둘 이상의 국가 간의 합의가 기본이고, 조약이 체결되어 국제법의 내용이 된 이상 그것에 의하여 당사국은 구속을 받게 된다. 우리나라의 경우 헌법 제6조에서 "헌법에 의하여 체결·공포된 조약과 일반적으로 승인된 국제법규는 국내법과 같은 효력을 가진다"고 규정하고 있어 국제법과 국내법의 동등성(同等性)을 인정한 것이다.

5) 국내법과 국제법의 차이

국내법과 국제법의 차이는 다음과 같다. ① 법의 연원(淵源)에 있어서 국내법은 국가의 제정이나 승인이며, 결국 그의 단독의사이다. 그러나 국제법은 국가 사이의 명시적 또는 묵시적 합의이다. ② 법의 주체(主體)에 있어서 국내법은 국가와 개인과의 관계 또는 개인 상호간의 관계를 규율하는 것이다. 그러나 국제법은 국가 사이의 관계를 규율하는 것이다. ③ 법의 효력(效力)에 있어서 국내법은 한 국가와 그 국민을 중심으로 해서 효력을 가진다. 그러나 국제법은 국가와 국가 사이에 효력을 가지는 법이다. ④ 법의 적용(適用)에 있어서 국내법은 국내법원이 이를 적용하고 그 판결에 따라서 법규를 강행하는 집행기관이 존재한다. 그러나 국제법은 국내법원이 이를 적용할 수 없고, 외교절차·국제조정·국제재판의 방법에 의하여 해결하여야 하며, 이를 강행하는 집행기관이 존재하지 않는다. 그러므로 국제법은 국내법에 비하여 강행성이 매우 약하다.

3. 공법(公法)과 사법(私法) 및 사회법(社會法)

1) 서

　공법(public law)과 사법(private law)의 구별은 법의 분류로서 로마법시대부터 소송기술상의 필요에 의해 인정된 구별이다. 로마법에서는 로마의 국가제도에 관한 법이 공법, 개인의 이익에 관한 법이 사법으로 되었다. 그러나 공법과 사법의 구별은 근대에 있어서 비로소 고유의 의미를 갖는 것으로 된다. 근대 시민혁명에 의하여 각 개인의 사생활은 국가권력에 의하여 직접 규제되었던 상태에서 해방되어 각 개인의 자유로운 활동에 의하여 자율적으로 행해진 시민사회를 외적으로 보장하는 것이 국가의 임무로 되었다. 즉, 시민사회의 성립 시기에 있어서는 재산의 사적 소유를 전제로써 거래관계는 국가의 간섭을 배제하여 대등한 시민의 사적 자치와 함께 자유롭게 형성되어야 한다고 생각하였다. 그리고 소유권절대의 원칙(所有權絶對의 原則), 사적 자치의 원칙(私的 自治의 原則), 계약자유의 원칙(契約自由의 原則)이 지배하는 사법의 영역이 공법과 구별되어 확립되었다. 그러나 자본주의가 고도화되면서 여러 가지 사회병리현상이 속출하게 되었다. 부익부(富益富) 빈익빈(貧益貧)의 부조리가 근대 시민법의 사적 자치라는 미명 아래 팽배해 갔다. 그래서 20세기에 들어서면서 국가가 다시 적극성을 띠고 사회적 강자는 누르고 약자는 떠받치는 법적 조치를 취하게 되었다. 이것을 일반적으로 사법의 공법화 경향이라고도 하는데, 전통적인 공법과 사법의 구별이 불분명하게 된 제3의 법역(法域)으로서의 사회법(社會法)이 등장하게 된다.

2) 공법과 사법의 구별기준

앞에서도 살펴보았지만, 공법과 사법의 구별기준은 일찍이 로마법 시대부터 구별하여 왔고, 그로부터 법학은 공법과 사법의 이분 체계의 논의가 있었으나, 이러한 구별은 역사적(歷史的)·상대적(相對的)인 것이지 결코 법본질적(法本質的)·절대적(絶對的)인 것은 아니다. 이러한 공법과 사법의 구별에 대한 다음과 같은 학설이 있다.

(1) 이익설(利益說)

이익설은 공익(公益)의 보호를 목적으로 하는 것은 공법이라 한다. 사익(私益)의 보호를 목적으로 하는 것은 사법이라 한다. 이익설을 주장하는 대표적인 학자는 로마시대의 법학자 울피아누스(Domitius Ulpianus)이다. 그는 "공법은 로마 자신을 위하여 존재하는 법이고, 사법은 각 개인의 이익을 위하여 존재하는 법"이라고 하는 말에서 기원을 둔 것이다. 즉, 이익설은 국가적 법률관(法律觀)의 영향으로 주장되는 것이다. 그러나 실제로 국가의 실정법(實定法)은 이익설이 주장하는 바와 같이 공익만을 위하고 사익의 보호만을 규정한 것은 거의 없다. 예를 들면, 현행 법체계에 있어서 공익을 보호하는 헌법(憲法)·형법(刑法)·행정법(行政法) 등의 공법 속에도 개인의 생명(生命)·재산(財産)을 보호하는 법규범이 포함되어 있으며, 사익을 보호하는 민법·상법 등의 사법 속에도 공익에 관한 법규범(法規範)이 포함되어 있다. 따라서 이익설은 부당하다고 하겠다.

(2) 주체설(主體說)

　주체설을 살펴보면 국가(國家) 또는 공공단체(公共團體)[102] 상호 간 및 국가 또는 공공단체와 당사자(當事者)와의 관계를 규율하는 것은 공법, 사인(私人) 상호 간의 관계를 규율하는 것을 사법이라 한다. 주체설은 옐리네크(Georg Jellinek)에 의하여 주장되었다. 이 설은 국가 또는 공공단체가 사인과 동등한 자격으로 행위하는 경우, 예를 들면, 국가 또는 공공단체가 사인의 건물을 임대차(賃貸借)하든지 또는 물품을 구입하는 행위 등의 경우에는 사법의 적용을 받아야 함에도 불구하고 공법의 적용을 받는다는 것은 이론상 문제가 있다.

(3) 법률관계설(法律關係說)

　법률관계설은 권력관계설(權力關係說) 내지 실질설(實質說)이라고도 한다. 법률관계설은 권력·복종의 관계를 규율하는 것을 공법이라 하고, 대등한 자 사이의 관계를 규율하는 것을 사법이라 한다. 즉, 공법은 종적(縱的) 내지 수직선적인 생활관계를, 사법은 횡적(橫的) 내지 수평선적인 생활관계를 규율하는 것이라 한다. 그러나 이 설에 의하면 국제법을 설명하지 못한다. 즉, 국제법은 평등한 국가 간의 관계를 규율하는 것이므로 이 설에 의하면 공법이 아니라 사법이 되고, 친족법은 부자관계와 같은 불평등자 간의 관계를 규율하는 과정을 포함하고 있으므로 사법이 될 수 없게 되어 이 설도 정당하다고 할 수 없다.

---

102) 자치행정의 주체로서 법인격을 가지며, 행정목적을 수행하는 공법인이다. 공공적 성질을 가지므로 국가로부터 그 존립의 목적이 부여되고 그 목적은 대체로 법률에 의해 정해진다. 이러한 공공단체의 종류로는 지방자치단체, 공공조합, 영조문법인 및 공법상의 재판이 있다.

(4) 생활관계설(生活關係說)

생활관계설은 국민으로서의 국가적인 생활관계를 규율하는 것을 공법이라 하고, 인간으로서의 시민적인 생활관계를 규율하는 것을 사법이라 한다. 이 설에 의하면 정치적 권력의 담당자로서의 입장에 있는 모든 국가 또는 공법인 상호 간 및 그들과 사인 간을 규율하는 법은 공법이 되고, 정치적 권력의 담당자로서의 지위를 떠난 국가 또는 공법인 상호 간 및 그들과 사인과의 관계 그리고 사인 상호 간의 관계를 규율하는 법은 사법이 된다. 이론적으로 비교적 모순이 적은 생활관계설이 오늘날에 있어서 통설적인 견해를 가지고 있다.103)

3) 공법과 사법을 구별하는 실익

오늘날 공법과 사법의 구별을 논하는 실제상의 필요성을 의문시하는 경우도 많고, 공법·사법 이원론은 오늘날에는 거의 관심을 갖지 않는 실정이다. 결국 공법과 사법의 구별은 주된 근대서구에 역사적으로 생긴 국가와 시민사회의 분화라는 현상의 법적 반영으로서 역사적으로 이해하는 정도밖에 없다는 견해도 있다.104)

그러나 공법과 사법을 구분하는 실익은 첫 번째로 그 지도원리와 두 번째로 적용법규, 세 번째로 소송형태의 차이에 찾을 수 있을 것이다. 우선 그 지도원리상에 있어서 사법은 사적 자치의 원칙(私的 自治의 原則)105)인 데 반하여 공법은 국가의 공권력이 지배하는 관계로

---

103) 구병삭, 『신법학원론』, 69면; 원영철, 『법과 생활』, 64면.

104) 石川 明, 法學入門30講, 91面.

105) 법률관계를 개인의 자유의사에 따라 형성하는 것을 인정하는 원칙. 근대 민법의 기본 원리 가운데 하나로 계약 체결의 자유, 상대편 선택의 자유, 계약 내용의 자유, 계약 방식의 자유를 포함한다.

서 그 지도원리에 사적 자치의 원칙이 적용되지 않는다는 점이다. 예를 들어, 갑이 자신이 소유하는 자동차를 매매(賣買)하기로 한다고 할 때, 갑이 자동차를 팔 것인가, 판다고 한다면 누구에게 팔 것인가, 만약 을에게 판다고 한다면 대금(代金)을 얼마로 할 것인가, 대금은 언제 받고 물건을 언제 어디서 인수(引受)할 것인가에 대하여 갑과 을의 자유로운 의사에 의하여 결정하게 된다. 그러나 공법 분야에서 예를 들면, 세금(稅金)을 납부할 것인가, 납부하면 얼마를 납부할 것인가 등에 관한 문제를 개인이 자유로운 의사로 정할 수 없고, 오로지 법률로써 정해지게 된다. 두 번째로서의 적용법규상에 있어 사법은 민법, 상법 등이며, 공법은 헌법, 형법, 행정법 등과 같은 관련 공법이 적용될 것이다. 세 번째 소송형태상에 있어 사법은 민사소송이 그 소송형태가 되지만, 공법은 헌법소송, 행정소송, 형사소송이 그 소송형태가 될 것이다.

4) 사회법(社會法)

(1) 의의

19세기 개인주의와 자유주의적 사회경제체제는 야경국가(夜警國家)로서 시민적 생활에는 직접 간섭하지 않고 자치를 허용하였다. 이러한 사회를 근대 자본주의사회라고 하는데, 이 근대 자본주의사회하에서는 사적 자치를 철저하게 지켜갔다. 즉, 계약자유의 원칙과 소유권 절대의 원칙, 과실책임의 원칙을 유지하면서 자유경쟁과 무한의 이윤추구를 허용하게 되었다. 그러나 이러한 자본주의사회가 고도화되면서 여러 가지 사회병리현상이 나타나기 시작하였다. 예를 들면, 고도

화된 자본주의하에서 거대한 독점자본(獨占資本)을 출현시켰고, 생존권(生存權)의 위협을 받는 무산자(無産者)를 증가시키기도 하였다. 따라서 20세기에 접어들면서 근대 자본주의하에서의 자유방임주의를 배제하고 국가적 통제와 간섭하에 시민생활의 실질적 평등을 구현하여 개인의 생존권을 확보하고자 하는 사상이 나타나게 되었다. 이러한 생존권사상에 기초하여 근대 시민법의 원리를 수정(修正)하고자 하는 새로운 법사상을 사회법사상(社會法思想)이라고 하면, 이러한 사상에 기초한 법을 사회법이라고 한다. 즉, 사회법(social law)은 인간의 사법적 생활관계에 있어서 경제적인 약자를 보호할 목적으로 공법적인 통제를 가하여 사인의 실질적 평등을 실현하려고 하는 법을 말한다. 따라서 사회법은 라드브루흐(Gustav Radbruch)가 말하는 바와 같이 공법도 사법도 아닌 중간적인 성격을 가지고 있는 새로운 '제3의 법역'이라고 할 수 있다.

(2) 종류(種類)

① 노동법(勞動法)

노동법(labour law)은 보통 자본주의사회에 있어서의 근로관계를 규율하는 특수한 법의 영역이며, 사적 자치(私的 自治)의 대원칙에 입각한 근대 시민법에 대한 반성과 근로자의 실질적 평등과 자유를 보장함으로써 자본주의의 모순을 수정하기 위해서 생겨난 법으로서 자본주의 경제사회에서의 노동법의 생활질서에 관한 법이다. 자본주의 사회에서 법률상으로는 자본가(資本家)와 노동자(勞動者)가 평등한 지위에서 계약자유(契約自由)의 원칙에 따라 고용계약(雇傭契約)의 당사자가 되나 실제에 있어서는 경제적 약자인 노동자는 불리한 조건으로 계약을 체결하는 경우가 많다. 따라서 이러한 노동자의 경제적·사회적 지위를 향상시켜 주기 위하여 노동법이 생겨나게 된다. 이에 속하는 법으로서 근로기준법(勤勞基準法)·노동조합법(勞動組合法)·노동쟁의조정법(勞動爭議調整法) 등이 있다.

② 사회보장법(社會保障法)

사회보장이라 함은 국민의 생존권을 확인하고 그 생활을 보장하기 위한 국가의 정책을 말한다. 이러한 사회정책(社會政策)을 실시하기 위한 법이 사회보장법이다. 우리나라 헌법은 제34조 제1항에서 "모든 국민은 인간다운 생활을 할 권리를 가진다"고 규정하고 있고, 동조 제2항에서 "국가는 사회보장·사회복지(社會福祉)의 증진에 노력할 의무를 진다"고 규정하고 있으며, 동조 제5항에서는 "신체장애자(身體障礙者) 및 질병(疾病)·노령(老齡) 기타의 사유로 생활능력이 없는 국민은 법률이 정하는 바에 의하여 국가의 보호를 받는다"고 규정하여 우리나라는 복지사회를 지향함을 천명하고 있다. 이러한 것에 속하는 법으로서는 공무원연금법(公務員年金法), 산업재해보상보험법(産業災害補償保險法), 모자보건법(母子保健法), 재해구호법(災害救護法) 등이 있다.

③ 경제법(經濟法)

경제법은 국민경제적 입장에서 그 수급관계(需給關係)의 조정을 목적으로 하여 사적 경제생활에 대한 국민의 통제를 규정하는 법이다. 경제법도 상법(商法)과 마찬가지로 경제생활관계(經濟生活關係)를 규율하지만, 상법은 자유적 시장경제원리(市場經濟原理)를 기반으로 자유(自由)와 창의(創意)에 입각하여 개개의 경제주체의 이익을 도모하는데, 경제법은 사회적 시장경제원리(社會的市場經濟原理)를 기반으로 규제와 조정에 입각하여 국민경제 전체의 이익을 도모한다. 경제법은 자본주의경제를 시인하면서도 기업집중방지·독과점해소·소비자보호·경제여건조성 등을 통하여 자본주의의 발달과 더불어 나타나는 문제점을 해결하고 경제 정의를 실현함을 그 목적으로 한다. 오늘날 경제법은 단지 소극적으로 질서유지에 국한하는 것이 아니라 적극적으로 공공복리를 증진하는 것을 그 방향으로 삼고 있다. 이러한 것에 속하는 법으로서 부정경쟁방지법(不正競爭防止法), 공정거래법(公正去來法) 등이 있다.

4. 실체법(實體法)과 절차법(節次法)

1) 의의

실체법(substantial)과 절차법(adjective)의 구별은 그 법률의 규정내용을 표준으로 분류한 것이다. 실체법은 권리·의무의 내용, 그의 발생·변경·소멸의 요건을 정한 법을 말하고, 이러한 권리·의무의 구체적인 실현의 절차를 정한 법을 절차법이라 한다. 벤담(J. Bentham)은 실체법을 주법(主法, principal code), 절차법을 조법(助法, accessary law)이라고 하였다. 현재 우리나라에 있어서 형법·민법·상법 등은 실체법이고, 형사소송법, 민사소송법 등은 절차법이다. 예를 들면, 민법과 상법은 사권(私權)·사의무(私義務)의 법률관계를 규정한 실체법이며, 민사소송법은 사권(私權)을 실현하기 위한 절차법이다. 이렇게 실체법과 절차법을 나누지만, 주의해야 할 것은 실체법 중에는 절차규정이 있다든지, 절차법 중에 실체규정이 있는 경우도 있고, 또 채무자 회생 및 파산에 관한 법률과 같이 실체법과 절차법을 모두 갖고 있는 것도 있다. 따라서 실체법과 절차법의 구별은 형식적으로는 아니고 실질적으로 그 법규의 규제대상의 다른 것에 의하지 않으면 안 된다.

2) 실체법과 절차법과의 관계

실체법과 절차법의 관계에 있어서는 절차법이 실체법이 내용을 구체적으로 실현하는 절차를 정하고 있는 것을 이유로 절차법은 실체법에 종속한다고 하는 것이다. 실체법을 주법(主法), 절차법을 조법(助法)이라 하는 생각방식이다. 그러나 실체법과 절차법은 각각 독자의 법칙성을 가지고 있고, 또 실체법은 절차법의 존재에 의하여 비로소 그 내용이 실현된다는 측면도 있다. 따라서 절차법은 실체법에 종속하는 것이라 할 수 없다. 양자는 함께 전체로서의 법이 기능한다고 생각해야 할 것이다. 실체법과 절차법의 양자의 종합적 고찰이 필요한 이유이다.

3) 구별실익

실체법과 절차법을 구별하는 실익은 재판의 경우와 법을 개정하는 경우에 있다. 즉, 법원에서는 실체법이 존재하지 않는다는 것을 이유로 재판을 거부할 수 없다. 형사관계에 있어서는 죄형법정주의의 원칙상 무죄판결(無罪判決)을 내리면 되고, 민사관계에 있어서는 조리(條理) 등에 의해 재판을 하면 된다. 또 법원에서는 절차법이 없다는 이유로 임의적인 절차법을 만들어서 재판을 할 수 없다. 그리고 실체법과 절차법이 상호 저촉(相互抵觸)되는 경우에는 실체법에 따라 재판하지 않으면 안 된다.

법의 개정의 경우 실체법은 어떤 법익의 침해를 주지 않기 위해 법률불소급(法律不遡及)의 원칙에 따라 신법(新法)에 소급효(遡及效)를 인정하지 않는 반면에, 절차법은 권리·의무의 내용을 변경하는 것이 아니고, 다만 그 실현방법을 정하는 것이기 때문에 신법을 적용한다고 해도 어떤 법익의 침해를 주는 것이 아니므로 보통 신법이 적용된다.

5. 성문법(成文法)과 불문법(不文法)

성문법이란 문자(文字)로서 쓰인 문서를 갖춘 법으로 일정의 절차(節次)와 형식(型式)으로 제정되어 공포(公布)된 것이기 때문에 제정법으로도 말한다. 우리나라에서 성문법으로 존재하는 것은 앞에서도 살펴보았지만, 헌법(憲法)·법률(法律)·명령(命令)·규칙(規則)·조약(條約) 등이 있다.

불문법은 성문법 이외의 법, 즉 일정의 절차·형식으로 제정되어 문자로 쓰이지 않은 법 이외의 법을 말한다. 이러한 불문법에는 관습법(慣習法), 판례법(判例法), 조리(條理)가 있다.

옛날에는 불문법에 의한 것이 많았지만, 사회가 복잡화되는 것에 따라서 성문법이 정비되고, 법 중심적 위치를 점하게 되었다. 일반적으로 법의 발달 과정은 '불문법으로부터 성문법으로'라고 하는 방향을 취하고 있다고 할 수 있다. 특히 영국 등은 전통적으로 불문법이 보다 중심적인 위치를 점하고 있고, 불문법주의의 국가라고 할 수 있다. 그러나 불문법주의의 국가에서도 현재로는 성문법의 비중이 커지고 있고, 특히 행정법(行政法)의 분야에서는 행정권의 민주적 통제의 필요 등으로부터 입법기관(立法機關)에 의하여 제정된 제정법(성문법)이 증가되는 경향이다.

6. 고유법(固有法)과 계수법(繼受法)

1) 의의

고유법과 계수법은 그 연혁에 따라서 구별되는 것이다. 어떤 민족과 국가에 고유한 것으로서 발생, 발단한 법을 고유법(native law)이라 하고, 다른 나라의 법을 채용(계수)한 법을 계수법(adopted law)이라 한다. 그리고 계수의 대상으로 된 법을 모법(母法), 계수에 의하여 생긴 법을 자법(子法)이라 부른다. 계수에는 법 영역 전체에 미치는 전면적 계수와 특정의 제도만을 도입하는 부분적 계수가 있다. 또 법을 제정하는 것에 의하여 말하자면 인위적으로 행해진 입법적 계수와 인위적으로는 아니고 자연히 계수된 관습적 계수는 구별된다. 법의 계수의 전형적인 예는 근대 초 독일에 있어서 행해진 로마법의 계수이다. 우리나라는 독일법을 모법으로 계수된 계수법에 속한다.

2) 구별(區別)의 상대성(相對性)과 실익(實益)

고유법과 계수법의 구별은 상대적인 것이다. 왜냐하면 계수법도 오랜 시일을 경과함으로써 국민생활 속에서 융화되어 계수법의 성질이 상실되어 가면서 고유법의 성질을 가지기 때문이다.

이러한 고유법과 계수법을 구별하는 실익은 그 법이 어느 쪽에 속하느냐에 따라 연구방법을 달리하기 때문이다. 즉, 고유법의 경우에는 자기 국가의 연혁(沿革)을 연구하면 되지만, 계수법의 경우에는 그 모법(母法)을 발달시킨 나라의 법제를 연구하여야 한다.106)

7. 일반법(一般法)과 특별법(特別法)

1) 의의

일반법과 특별법의 구별은 법이 지배(支配)하는 범위에 의하여 분류한 것이다. 보통 특정한 사람·사항·장소에 한정적으로 적용되는 법을 특별법(special law)이라 하고, 특정한 사람·사항·장소의 제한(制限) 없이 일반적으로 적용되는 법을 일반법(general law)이라 한다. 일반법과 특별법의 관계는 상대적이다. 예를 들면, 상법은 사법에 있어서 가장 일반적인 법이고 민법과의 관계에서는 상사(商事)라고 하

---

106) 구병삭, 『신법학원론』, 77면에서 특히 계수를 하게 된 사회적 배경·원인 실제로 어떤 과정을 밟아 다른 국가에 이입되는가, 계수결과 계수법은 계수된 사회에 어떻게 동화되는가 하는 문제까지 취급하여야 한다고 한다.

는 특정의 사항에 적용되는 것이라고 하는 점에서 특별법이라고 하게 된다. 상사의 내에서 특수한 사항에 있어서 규정하고 있는 은행법과 신탁법 등의 관계에서는 상법은 일반법이라고 하게 된다. 또 다른 예를 들면, 군인이 어떠한 범죄를 행하면 군형법에 의하여 처벌을 받게 되는데, 일반 사람이 범죄를 저지르면 군형법이 아닌 일반 형법에 의하여 처벌을 받게 된다. 따라서 일반적으로 군형법은 일반 형법에 있어서 특별법이라고 한다.

2) 구별기준

(1) 사람을 기준으로 하는 구별

법의 효력이 전 국민에 미치는 법을 일반법이라고 하고, 어떤 특정한 직업·신분을 가진 사람에게만 미치는 법을 특별법이라고 한다. 예를 들어 갑이라고 하는 사람이 을이라고 하는 사람을 살해(殺害)하였다고 한다면, 갑은 일반 형법의 규정에 의해 살인죄가 적용될 것이다. 그러나 갑이 군인이라고 하는 특정한 직업 내지 신분을 가지고 있는 사람이라면 일반 형법이 적용되는 것이 아니라 군형법이 먼저 적용될 것이다.

(2) 지역을 기준으로 하는 구별

법의 효력이 국가의 전 영역에 걸쳐서 미치는 법을 일반법이라 하고, 그 국가 영역의 일부 지역에만 미치는 법을 특별법이라고 한다. 예를 들면, 국가 전반에 적용되는 정부조직법(政府組織法) 내지 지방자치법(地方自治法)은 일반법이고, 서울특별시에만 적용되는 서울특별시행정에 관한 특별조치법은 특별법이다. 일반적으로 시·도의 조례(條例), 규칙(規則)은 그 시·도에만 적용되는 특별법이다.

(3) 사항을 기준으로 하는 구별

법의 효력이 전반적인 사항에 걸쳐서 미치는 법을 일반법이라 하고, 특정한 사항에 대해서만 미치는 법을 특별법이라고 한다. 예를 들면, 민법은 민사에 관한 일반법이고 상법은 민사관계 중에서 특히 상사(商事)에 관한 사항에 대해서만 효력이 미치는 민사특별법이다.

(4) 법 규정 상호 간의 구별

앞에서 살펴본 일반법과 특별법의 구별은 법령 상호 간에 있어서뿐만 아니라 동일한 법령 중의 규정 상호 간에서도 존재한다. 예를 들면, 형법 제250조 제2항에서는 "자기 또는 배우자의 직계존속(直系尊屬)[107]을 살해한 자는 사형(死刑), 무기징역(無期懲役)에 처한다"고 규정하여 존속살인죄(尊屬殺人罪)를 인정하고 있는데, 이는 형법 제250조 제1항의 보통살인죄에 대한 특별규정이다. 또한 민법은 제162조 제1항에서 "채권(債權)은 10년간 행사하지 않으면 소멸시효[108]로 완성한다"고 규정하고 있다. 그러나 채권이라고 해도 10년간 행사하도록 하는 것이 아니라 민법 제163조의 규정(예를 들면, 이자, 급료, 사용료 등은 3년의 소멸시효)이나 민법 제164조의 규정(예를 들면, 음

---

107) 조상으로부터 직계로 내려와 지기에 이르는 사이의 혈족을 직계존속이라 한다. 즉, 나를 중심으로 부모, 조부모 등이 직계혈족이다.

108) 소멸시효란 권리자가 권리를 행사할 수 있음에도 불구하구 권리를 행사하지 않는 사실상태가 일정기간 계속된 경우 그 권리의 소멸을 인정하는 제도를 말한다. 예를 들어 甲이 乙에게 받을 돈이 100만 원이 있었는데, 甲이 가지고 있는 권력을 10년 넘게 행사하지 않은 경우 甲은 乙에게 100만 원을 달라고 하는 권리가 소멸된다.

식료, 숙박비, 입장료 등은 1년의 소멸시효)에서와 같이 단기소멸시효[109]를 적용하는 경우가 있다. 이때 민법 제163조는 일반 채권의 소멸시효에 대한 특별단기소멸시효에 해당한다.

3) 구별실익(區別實益)

일반법과 특별법을 구별하는 실익은 동일한 사항에 법규정의 적용순서(順序)를 명확하게 하는 점이다. 즉, 특별법은 일반법을 우선한다고 하는 '특별법 우선의 원칙(特別法優先의 原則)'이 적용되어 일반법은 특별법에 규정이 없는 경우에 보충적(補充的)으로 적용되는 것으로 된다. 예를 들면, 상사매매에 있어서 상법에 규정이 있다면 그것이 우선적으로 적용되고, 규정이 없다는 점에 있어서는 일반법인 민법의 규정이 보충적으로 적용되는 것이다.

8. 강행법(强行法)과 임의법(任意法)

1) 의의

강행법(imperative)과 임의법(dispositive)이라고 하는 것은 당사자(當事者)[110]의 의사(意思)에 의하여 그 적용을 배제하는 것이 가능한가

---

109) 일반채권의 소멸시효가 10년인 데 반하며 그 예의로서 民法은 3년 내지 1년의 단기로 시효가 완성되는 채권을 규정하고 있다. 이렇게 시효의 기간 단축해 놓은 것이 단기소멸시효이다.

110) 당사자란 일반적으로는 어떤 일에 직접 관련된 사람, 법률상으로는 소를 제기하거나 제기를 당하는 등 어떤 법률행위에 직접 관여하는 사람을 말한다. 예를 들어, 갑이 그의 친구 을과 함께 갑이 소유하고 있

아닌가를 기준으로 하는 구별이다. 당사자가 의욕하는가 아닌가에 상관없이 적용되는 법을 강행법이라 하고, 당사자의 의사에 의하여 그 적용의 유무가 좌우되는 법을 임의법이라 한다.

2) 구별방법

어떤 규정이 강행법인가 임의법인가가 법문상(法文上) 명확한 경우도 있다. 예를 들면, "……하는 것을 요한다"고 하는 것과 같은 문언(文言)이 있다면 강행법이고, "별단의 의사표시를 하는 때는……", "당사자가 반대의 의사를 표시한 경우에는 이것을 적용하지 않는다"고 하는 것과 같은 문언이 있다면 임의법이라고 할 수 있다. 그러나 법문상 명확하지 않는 경우에는 양자를 구별을 하는 것은 용이하지는 않다. 결국 그 규정의 입법취지로부터 보아서 공공질서에 관한 법이라 생각되는 것이 강행법, 그렇지 않은 것이 임의법이라 할 수 있다.

소위 '사적 자치의 원칙'이 인정되고 있는 사법의 영역에서는 임의법이 많지만, 사회의 신분적 질서에 관한 것, 획일적으로 정할 필요가 있는 법률관계에 관한 것, 경제적 약자의 보호를 목적으로 하는 것 등은 강행법이다. 또 현대에 있어서는 사법의 영역에서 국가의 개입요청이 있어 각종의 사회입법(특별법)이 제정되고, 이것이 일반사법에 우선하여 적용된다. 이것을 '임의법의 강행법화'라고 한다.

던 자동차를 팔려고 한다. 중고 상인 병을 만나 갑은 자신의 자동차를 팔고자 하는 마음을 먹고 병의 사무실로 갑과 을이 들어가 계약을 체결한다고 할 때 계약에 있어서 당사자는 갑과 병이 되는 것이다.

3) 구별실익

　강행법과 임의법을 구별하는 실익은 당사자가 법규의 내용과 다른 의사표시를 한 경우에 그 효력을 달리하는 데 있다. 민법 제105조는 "법률행위(法律行爲)[111]의 당사자가 법령 중의 선량한 풍속 기타 사회질서에 관계없는 규정과 다른 의사를 표시한 때에는 그 의사에 의한다"는 규정과 같이 의사표시 기타의 행위가 임의법규의 내용과 다를 때에는 유효하거나 또는 적어도 불법한 것이 되지는 않는다. 그러나 그것이 강행법규에 위반하는 경우에는 동법 제103조의 "선량한 풍속 기타 사회질서에 위반한 사항을 내용으로 하는 법률행위는 무효로 한다"는 규정에 의하여 무효로 되거나, 동법 제5조 제2항의 "전항의 규정에 위반한 행위는 취소할 수 있다"는 규정에 의하여 취소할 수 있고, 동법 제97조에서 "법인의 이사, 감사 또는 청산인은 다음 각 호의 경우에는 5만 환(圜) 이하의 과태료에 처한다"는 규정과 같이 일정한 제재를 받게 된다. 따라서 강행법과 임의법의 구별이 필요하게 된다.

---

111) 법률행위란 사람의 행위 중 일정한 법률효과를 의욕하고서 이루어지는 행위를 말한다. 그러므로 법률행위는 일정한 법률효과를 원하는 의사표시를 불가결의 요소로 한다.

제5장 법의 효력(效力)

1. 법의 효력이란

법은 최종적으로 법원(法院)의 판단에 근거, 즉 재판규범(裁判規範) 이지만, 반면에 사람의 행위를 규율하는 면도 있는 것은 부정할 수 없다. 따라서 법에 따르지 않으면 각각의 법에 정해진 것에 따라서 법으로부터 보호를 받지 못한다든지, 벌칙(罰則), 불이익(不利益) 등이 위반자(違反者)에게 과해진다. 예를 들면 금치산선고(禁治産宣告)의 요건을 만족하는 자도 금치산선고를 받지 않으면, 무능력자(無能力者)[112] 제도에 의해 보호를 받지 못한다. 또한 과속을 금지하는 도로에서 운전자가 속도를 위반하게 되면 벌칙을 받기도 하고, 토지의 임차인(賃借人)[113]이 차지(借地)상의 자기의 건물에 있어서 등기(登記)[114]를 하지

---

112) 무능력자는 정상적인 법률행위를 할 수 있는 능력을 갖지 못한 자이므로 법정대리인(法定代理人)의 도움을 받아서 법률행위를 하게 하며 단독으로 한 법률행위는 취소할 수 있게 한다. 이를 무능력자제도라고 한다. 무능력자제도는 원칙적으로 재산법적 관계에만 적용되고 가족법적 관계에는 적용되지 않으며, 친족 · 상속법에는 무능력자에 대한 개별적 규정이 있다(민법 제801 · 856 · 871 · 1061조 등). 무능력자에는 미성년자(未成年者), 한정치산자(限定治産者), 금치산자(禁治産者)가 있다.

113) 당사자의 일방(임대인)이 상대방(임차인)에게 목적물을 사용 · 수익할 수 있게 하고, 상대방이 그 대가로서 차임(借賃)을 지급할 것을 약정함으로써 성립하는 계약을 임대차계약이라 한다. 예를 들면, 갑이 소유하고 있는 건물을 을에게 임대하기로 계약을 체결하는 경우에 건물을 빌려 주는 갑을 임대인이라 하고, 건물을 빌리는 을을 임차인이라고 한다.

114) 등기란 국가기관인 등기관이 법정절차에 따라서 등기부에 부동산의 표시 또는 권리를 기재하는 것 또는

않으면 새로운 소유자에 대하여 임차권(賃借權)을 주장할 수 없는 결과, 그 토지를 명도(明渡)115)하지 않으면 안 된다고 하는 불이익을 받게 된다. 이와 같이 법의 움직임을 법의 효력이라 부른다.

이러한 법의 효력은 '법이 현실사회에서 실현되는 것은 무엇 때문인가' 하는 실질적 효력문제와 '실정법은 시간적·공간적·인적으로 어떠한 한계성이 있는가' 하는 형식적 효력으로 나뉜다.

2. 실질적(實質的) 효력(效力)

1) 의의

법의 실질적 효력이란 법이 현실생활 속에서 실현되는 근거는 무엇인가 하는 것이다. 이와 같이 법의 실질적 효력을 가지려면 타당성과 실효성을 함께 가져야 한다. 여기서 타당성(妥當性)이란 법이 구속력을 가질 수 있는 정당한 자격 내지 권능을 의미한다. 실효성(實效性)이란 법이 현실로 지켜지고 실현되는 근거를 말한다. 타당성이 없는 법은 실효성이 있다고 하더라도 악법(惡法)에 불과하게 된다. 또한 법이 타당성은 있으나 실효성이 없으면 사문화(死文化)될 것이다. 따라서 법이 효력을 가지려면 타당성과 실효성을 동시에 갖추어야 한다.

기재 그 자체를 말한다. 일반적으로 등기의 대상에는 토지(土地), 건물(建物), 입목(立木), 공장재단(工場財團), 광업재단(鑛業財團), 선박(船舶), 부부재산약정(夫婦財産約定), 각종 상업등기(商業登記) 등이 있으나 보통 등기라고 할 때에는 부동산등기법에 따른 토지등기와 건물등기를 말한다.

115) 명도란 법률적인 용어로서 건물·토지 등을 타인에게 주거나 맡김을 말한다. 예를 들어, '건물을 명도한다'고 할 때 건물을 비워 준다. 또는 타인에게 넘겨준다는 의미가 된다.

2) 법효력의 근거(根據)에 관한 학설(學說)

　법규범(法規範)은 행위규범(行爲規範)과 강제규범(强制規範)의 이중구조를 가지고 있다. 예를 들면, '살인을 하지 말라'는 행위규범이 있음에도 살인행위가 발생하는 경우, 이에 대하여 강제규범으로서 적절한 처벌이 뒤따르게 함으로써 실효성을 확보하게 된다. 법이 실효성을 보장받으려면 법 그 자체가 타당성을 가져야 한다. 실정법은 국가권력에 의해 국민을 위하여 제정되는 규범인 만큼 적어도 국민의 합의에 바탕을 둔 이념적 근거로써 법적 타당성을 갖추어야 한다. 이러한 법의 타당성의 근거에 대하여는 오래전부터 논의가 되어 왔고 지금도 법철학상의 어려운 문제로 남아 있다. 따라서 이하에서 그 근거에 관한 학설을 살펴보고자 한다.

(1) 신의설(神意說)

　신의설은 법의 효력의 근거를 천지만물의 지배자인 신(神)의 의사(意思)에서 구하는 견해이다. 이 설은 법은 신앙심에 기인하는 심리적 강제, 즉 신벌(神罰)의 제재에 의해 이행된다는 설로서 종교에 의하여 뒷받침되었다. 스콜라 철학자인 토마스 아퀴나스(Thomas Aquinas)는 법을 영구법, 자연법, 인정법으로 나누고 영구법(永久法, lex aeterna)은 신의 이성으로부터 발생한 세계지배의 원리이며, 자연법(自然法, lex naturalis)은 영구법의 참여형태이고, 인정법(人定法, lex humana)은 자연법을 적용한 것이라고 하여 모든 법의 궁극적 기원(起源)을 이른바 신의 이성에서 구하고 있다. 이 설은 법의 근거를 신에서 구하기 때문에 신앙을 떠나서는 법은 존재할 수 없다는 것이 된다. 이 설은 과

학적 논리가 없는 종교적 유물이라고 하겠다.116)

(2) 자연법설(自然法說)

자연법설은 법의 효력근거를 영구불멸의 자연법에서 찾고 있다. 자연법이란 "살인을 하지 말라"와 같이 시간과 공간을 초월하여 자연상태(인간이 국가를 만들어 내기 전 상태)부터 인간사회에 당연히 존재하는 규범과 같이 인위적(人爲的)이 아닌 자연적(自然的) 성질에 바탕을 둔 보편적(普遍的)이고 항구적(恒久的)인 법률・규범을 말한다. 따라서 자연법이란 인간의 본성에 적합한 법이며, 시간적(時間的)・장소적(場所的)으로 제한되지 않고, 실정법(實定法)보다 고차원・근본적 규범이기 때문에 실정법의 타당 근거 내지 기준이 되는 것이라 한다. 또한 자연법에 위배되는 실정법은 타당성을 갖지 못한다고 한다. 그러나 자연법설은 하나의 관념에 불과하고, 추상적(抽象的) 가치(價値)의 자연법을 가지고 법의 타당성을 설명하기에는 객관적(客觀的) 근거(根據)가 희박하다.

(3) 명령설(命令說)

명령설은 법의 본질을 통치권자(統治權者)인 국가의 명령(命令)이라고 보고 법의 타당 근거를 명령의 발동에서 찾는다. 법을 군주의 명령이나 국가주권(國家主權)의 표현이라고 보는 사상은 멀리 로마시대부터 존재하였으나, 학문적 체계를 갖춘 학설로 완성시킨 사람은 영국의 분석학파(分析學派)의 창시자인 오스틴(John Austin)이다. 그는 국가의 절대적인 주권(主權)을 인정하고, 국가는 그가 원하는 대로 어

떠한 법도 만들 수 있으므로 국가가 법으로 정한 것이 곧 법이라 한다. 따라서 "도덕에 반하는 법은 무효다"라고 주장한 블랙스톤(Sir William Blackstone)을 비난하고, "악법도 법이다"라고 주장하였다. 이러한 명령설에 의하면 의식적으로 발달된 법제만을 그 대상으로 하고 통치자의 명령만을 법이라 하기 때문에 불문법은 물론 국제법도 법이 아닌 것이 되는 모순이 발생하게 된다. 또한 법적 타당성의 근거가 통치자의 명령이기 때문에 법을 준수한다고 설명할 뿐 법적 근거가 무엇인지에 대해서는 이론적 설명이 없다.

(4) 사회계약설(社會契約說)

사회계약설은 국가의 성립은 국민의 합의(合意)에 의한 것이기 때문에 법도 그 구성원(構成員)인 국민의 의사의 표현이라고 보는 설이다. 이 설은 로크(John Locke)나 루소(J. Rousseau) 등에 의하여 주장되었다. 이 설은 국가는 시민에 의한 사회계약에 의하여 성립되었다는 데서 법의 타당성을 구하고 있다. 그러나 실증적(實證的)인 측면에서 볼 때 반드시 국가나 법이 사회계약에 의해 성립되었다고는 볼 수 없기 때문에 이 설은 하나의 가설(假說)에 불과하다.

(5) 실력설(實力說)

실력설은 법이라고 하는 것은 강제력에 의하여 행사할 수 있기 때문에 법의 근거를 지배자의 실력에서 찾으려는 설이다. 이 설은 권력설(權力說)이라고도 하는데, 이 설은 그리스의 소피스트학파(Sophist)에서 비롯되어 근세에 이르러 스피노자(Baruch Spinoza)와 같은 일부 자연법론자, 메르켈(Adolf J. Merkel), 오펜하이머(Franz Oppenheimer)

등이 주장하였다. 이 설은 법을 만들고, 법을 움직이고, 법에 효력을 부여하는 것은 강자의 실력이라고 본다. 따라서 강자가 약자를 지배하는 것이 실력이며 바로 이 실력에 의하여 법이 존재하는 기초가 된다고 한다. 그러나 실력적 요소를 너무 강조하여 그 실력의 당위성을 무시한 채, 법과 힘을 동일시하여 법을 행사하는 데 있어서 폭력과 구별하기 곤란하다는 약점이 있다.

(6) 역사법설(歷史法說)

역사법설은 법이 어떤 민족의 정신에 따라 자연적으로 발생한다고 보고 법적 효력의 근거를 민족의 법적 확신에 있다고 보는 설이다. 이 설은 사비니(Friedrich Karl Von Savigny)에 의하여 제창되고 푸흐타(Georg Friedrich Puchta)에 의하여 완성된 설이다. 이 설에 의하면 법은 언어와 마찬가지로 민족과 유기적인 관계를 갖고 자연적으로 생성 발전하는 산물이지 결코 제정되는 것은 아니라고 한다. 따라서 법은 만들어지는 것이 아니라 발견되는 것으로서 관습법이 유일한 법원(法源)이라고 한다. 그러나 이 설은 법의 형성과정에 있어서 민족적 특수성을 지나치게 중시하고 제정법의 현실성을 무시하고 있다. 또한 대부분의 국가도 타국 법을 계수하는 것이 오늘의 현실이라고 볼 때, 그리고 하나의 국가도 여러 민족으로 형성되는 경우가 많기 때문에 비현실적인 주장이다.

(7) 승인설(承認說)

승인설은 국민이 법을 사회생활의 규범으로 승인하였기 때문에 지켜야 한다는 설이다. 따라서 법이라는 것은 각자가 자유를 포기하고 자신을 속박하려는 데서 발생하였기 때문에 반드시 지켜야 한다는 것이다. 이 설은 비얼링(Ernst Rudolf Bierling)에 의하여 주장된 설이다. 이 설에 의하면 강제된 승인을 승인으로 본다는 것은 반대의 의사도 승인으로 인정되는 모순에 빠지게 되고, 또한 법이 성립하는 근거를 설명할 수가 없다는 단점이 있다.

(8) 사회의식설(社會意識說)

사회의식설은 사회라는 공동체를 유지하기 위하여 그 구성원 간에 공통된 사회의식의 내용이 법이라는 설이다. 따라서 사회의식의 내용이 되는 법은 개인의 의사를 구속하고, 그러하기 때문에 법으로써 준수된다고 주장한다. 앞에서 설명한 승인설의 경우 승인을 반대하는 자에 대해서도 법이 구속력을 가진다는 근거가 빈약하게 되나, 사회의식설에 의하면 이러한 결함은 보완된다. 그러나 어떤 의사가 사회의 공통적인 의사로 성립되는지가 확실치 아니하며 또한 그 의사가 법적 기초가 된다고 하는 것은 논리의 비약이 크다고 할 수 있다.

(9) 여론설(輿論說)

여론설은 법을 창조하는 힘은 여론이라고 하여 법의 근거를 여론에서 찾는다. 이 설은 영국의 다이시(Albert Venn Dicey)에 의하여 주장된 설이다. 영국에서는 전통적으로 입법이 여론에 의하여 형성된다는 사실에서 찾아 여론이야말로 법의 근거이며, 법 창조의 원천이라고 할 수 있다는 것이다. 그러나 여론 자체가 진실성을 지니기 위해서는 민주적인 방법에 의하여 민의(民意)를 반영하여야 한다는 단점을 가지고 있다.

이상에서 살펴본 법의 타당 근거에 관한 학설은 법의 근거에 관하여 일면만을 지적하고 있는 데 불과하다. 즉, 각 학설은 법의 근거에 관해 일면적 고찰에 치우쳐 있어 법의 규범적 타당성의 근거를 제시하기에는 충분하지 않다. 따라서 법의 타당성의 근거는 법의 목적, 특히 그 사회에 있어서 법의 이념과 국민 사이의 지지에 의해서 찾아야 할 것이다.

3. 형식적(形式的) 효력(效力)

1) 시간적(時間的) 효력(效力)

(1) 법의 시기(始期)와 종기(終期)

사람에게 생사(生死)가 있는 것과 같이 법에도 생사가 있다. 예를 들면, 1962년 1월 15일 법률 971호로 제정된 「이자제한법(利子制限法)」은 금전대차(金錢貸借)[117]에 관한 이자(利子)의 최고한도를 정함으로써 폭리행위(暴利行爲)를 방지하고 경제적 약자를 보호할 목적으로 제정된 법률이다. 이 법은 1998년 1월 13일 「이자제한법폐지법률」에 의하여 폐지되었다. 이 때문에 시간을 묻지 않고 사람의 행위에 적용되는 것은 아니고, 그 행위가 언제 행위되었는가에 의하여 법이 적용되는 경우와 적용되지 않는 경우가 생긴다. 이 경우를 법의 시간적 효력이

---

117) 금전대차란 상사자의 일방이 금전의 소유권을 상대방에게 이전할 것을 약정하고 상대방은 일정한 기일에 금전을 반환할 것을 약정함으로써 성립되는 계약을 말한다. 예를 들면, 甲이 乙에게 100만 원을 빌려주고 乙이 한 달 뒤에 원금 100만 원과 이자를 주기로 하고 체결한 계약을 말한다.

라 한다.

　법은 국회에서 의결(議決)된 경우에 비로소 법률로 되지만, 그 법률이 그대로 사람의 행위에 적용되는 것은 아니다. 국회에서 의결된 법률이 적용되기 위해서는 최종적으로 시행(施行)되어야 한다. 즉, 법률이 시행되어야 비로소 법의 효력이 발생하고 사람의 행위에 적용된다.118)

　법이 공포(公布)와 동시에 시행되면 사람이 그 법에 대하여 준비가 충분하지 않기 때문에 예측할 수 없는 손해를 받을 수 있다. 따라서 법의 공포(公布)와 시행(施行)과의 사이에 어느 정도의 기간을 두는 것이다. 그 법이 국민의 이익(利益)과 밀접한 내용을 갖는 경우에는 기간을 장기(長期)로 하고 있다. 반대로 급함을 요하는 법률 또는 국민에게 해가 없다고 생각되는 법률은 공포의 일자(日字)와 시행의 일자가 거의 일치하는 경우가 있다. 공포의 방법은 「법령 등 공포에 관한 법률」에 의하도록 하고 있다. 동법 제11조 제1항에 의해 헌법개정, 법률, 조약, 대통령령, 총리령 및 부령의 공포는 관보(官報)에 게재하여야 한다. 다만 동법 제11조 제2항에서 국회법 제98조 제2항의 규정에 의하여 국회의장(國會議長)이 법률을 공포하고자 할 때에는 서울특별시에서 발행되는 일간신문 둘 이상에 게재함으로써 할 수 있다고 하고 있다.

　① 법률효력(法律效力)의 발생시기(發生時期)

　법률이 언제부터 효력을 갖는가는 당해 법률의 부칙(附則)에 명시하고 있다. 예를 들면, 1981년 3월 5일 법률 제3379호로 제정된 주택

---

118) 예를 들면, 상가건물임대차보호법은 2001.12.29 법률 제6542호로 제정되었지만, 2003년 1월 1일부터 시행하게 되었다. 따라서 법의 효력은 법이 시행된 때인 2003년 1월 1일이 된다.

임대차보호법(住宅賃貸借保護法)이 몇 차례의 개정 후 1999년 1월 21
일에 개정되었는데, 동 법의 부칙에는 이 법은 1999년 3월 1일부터
시행한다고 하고 있다. 이러한 규정이 없으면 어떻게 되는가? 이에
대해 우리나라 헌법 제53조 제7항에서는 "특별한 규정이 없는 한 공
포한 날로부터 20일을 경과(經過)함으로써 효력을 발생한다"고 규정
하여 공포한 날로부터 20일이 경과함으로써 시행되는 것을 원칙으로
하고 있다.

② 법률효력의 소멸시기(消滅時期)

법률효력이 소멸하는 것은 원칙적으로 그 법률이 폐지(廢止) 또는
변경(變更)되는 때이다. 앞에서도 살펴본 1962년 1월 15일 법률 971호
로 제정된 「이자제한법」이 1998년 1월 13일 「이자제한법폐지법률」에
의하여 폐지된 경우를 들 수 있다. 또한 법령에 그 시행기간이 정해
진 경우에 그 기간의 종료로 그 법은 당연히 폐지되는 경우가 있다.
예를 들면, 민법제정 이후 사실혼관계(事實婚關係)[119]에 있는 동성동
본혼(同姓同本婚)을 구제하고자 3회에 걸쳐 「혼인에 관한 특례법」을
한시적(限時的)으로 시행하였는데, 이와 같이 한시법(限時法)인 경우를
들 수 있다. 이러한 법의 폐지를 명시적(明示的) 폐지(廢止)라고 한다.

또한 묵시적으로 법의 이론에 의하여 폐지되는 경우가 있다. 이를
묵시적(黙示的) 폐지(廢止)라고 하는데, 묵시적 폐지는 동일사항에 관
하여 서로 모순·저촉되는 신법이 제정된 때에는 구법은 묵시적으로

---

[119] 우리나라는 혼인에 있어 법률혼주의를 채택하고 있기 때문에 혼인신고를 하지 않은 상태를 사실혼관계
라고 한다. 이렇게 혼인신고 없이 살고 있는 사실혼관계의 배우자는 법률상의 보호를 받지 못하는 경우
도 있다.

당연히 폐지된다고 하는 '신법우선의 원칙(新法優先의 原則)' 또는 '후법우선의 원칙(後法優先의 原則)'에 의하여 폐지되는 경우를 말한다. 그리고 법의 목적 사항의 소멸로 인하여 폐지되는 경우가 있다.

(2) 법의 불소급(不遡及)

① 불소급의 원칙

법은 그 시행 전까지 소급(遡及)하여 적용되지 않는다는 원칙을 법의 불소급(不遡及)이라 한다. 법이 소급하게 된다면, 기득권(旣得權)이 침해받고, 법적 안정성(法的 安定性)[120]을 결하는 경우가 있다. 또 법률에 위반하지 않는다고 생각하였던 행위가 위반한 행위로 되면 생각지 못한 불이익(不利益)을 받을 수밖에 없다. 특히 처벌(處罰)되지 않는다고 생각하여 한 행위가 후에 시행된 법률에 의하여 처벌의 대상으로 되는 것은 죄형법정주의(罪刑法定主義)에 반하는 것으로 된다. 우리나라의 헌법은 제13조 제1항에 의하여 "모든 국민은 행위 시의 법률에 의하여 범죄를 구성하지 아니하는 행위로 소추(訴追)[121]되지 아니하며"라고 하여 법은 그 시행기간 중에 발생한 사항에 대해서만 적용되고 그 시행 이전에 발생한 사항에 대해서는 적용되지 아니한다는 법률불소급(法律不遡及)의 원칙을 선언하고 있다.

---

120) 법적 안정성은 법의 이념이며 질서로 나타난다. 법은 일정한 질서를 갖지 않으면 의미가 없으므로 법적 안정성은 법의 존재를 위한 가장 기본적인 존재이다. 이러한 법적 안정성의 개념은 법에 의하여 보호되는 사회생활의 안정성을 말한다.

121) 소추란 형사사건에 대하여 법원에 심판을 신청하여 이를 수행하는 일 또는 고급 공무원이 직무를 집행할 때 헌법이나 법률을 위배하였을 경우 국가가 탄핵을 결의하는 일을 말한다.

② 불소급의 원칙의 파생원칙(派生原則)

ⅰ) 죄형법정주의(罪刑法定主義)

죄형법정주의라 함은 어떤 행위(行爲)가 범죄(犯罪)가 되며, 또 그 범죄에 대해서는 어느 정도의 형벌(刑罰)을 과하게 되느냐 하는 것을 형벌 법규에 미리 정해두지 않으면 처벌할 수 없다는 원칙을 말한다. '법률이 없으면 범죄도 없고, 형벌도 없다'는 이 원칙은 범죄와 형벌을 미리 법률로서 규정하여야 한다는 근대 형벌제도(刑罰制度)를 지배하여 왔다. 그래서 아무리 사회적으로 비난받아야 할 행위라 할지라도 법률이 범죄로서 규정하지 않았다면 처벌할 수 없으며, 범죄에 대하여 법률이 규정한 형벌 이외의 처벌을 과할 수 없다는 것이 이 죄형법정주의의 본래적 의미이다. 결국 죄형법정주의의 근본적 의의는, 국민 개인의 자유(自由)와 권리(權利)를 보장하기 위하여 승인되는 국가권력의 자기제한인 것이다.

헌법 제13조 1항은 "모든 국민은 행위시(行爲時)의 법률에 의하여 범죄를 구성하지 아니하는 행위로 소추되지 아니하며……"라고 하여 형벌불소급의 원칙을 선언하고 있는데, 이를 죄형법정주의의 표현이라고 해석하고 있다. 또한 형법 제1조 1항 "범죄의 성립과 처벌은 행위 시의 법률에 의한다"는 규정을 죄형법정주의를 선언한 규정이라 해석한다.

ⅱ) 기득권존중(旣得權尊重)의 원칙

기득권존중의 원칙이란 이미 폐지된 구법에 의하여 취득한 기득권(旣得權)은 신법에 의해 변경(變更)·소멸(消滅)시킬 수 없다는 원칙을 말한다. 이 원칙은 역사적으로는 주로 개인의 재산권(財産權)에 대하여 주장하여 왔던 것이었으나, 오늘날에 있어서는 절대적인 것은 아니다. 그러나 법적 안정성을 위하여 일단 부여된 기득권은 존중되도록 노력하여야 한다. 현재 우리나라 민법부칙 제2조와 상법 시행령 제2조는 법률소급효(法律遡及效)를 인정하면서도 법률생활의 안정성을 유지하기 위하여 기득권존중의 원칙을 인정하고 있다.

③ 불소급의 원칙의 예외(例外)

법률불소급의 원칙이 절대적인 것은 아니고, 기득권에 손해를 주지 않는 경우와 기득권을 어느 정도 침해하여도 신법을 소급시키는 정책상의 필요성이 있는 경우에는 법을 소급시켜 적용시키고 있다. 또한 불소급은 행위자에게 불이익하게 소급됨을 금하는 것을 내용으로 하기 때문에 만약 소급함이 오히려 이익이 있는 때는 소급효(遡及效)를 인정하기도 한다. 예를 들면, 형법 제1조 제2항에서는 "범죄 후 법률의 변경에 의하여 그 행위가 범죄를 구성하지 아니하거나 형이 구법보다 경한 때에는 신법에 의한다"고 규정함으로써 행위자에게 오히려 이익이 있는 경우는 불소급의 원칙의 예외를 인정하게 된다.

(3) 경과법(經過法)

법령의 개정 개폐(改廢)가 있었을 때 구법시행 시의 사항에는 구법을 적용하고 신법시행 후의 사항에 대해서는 신법을 적용하는 것이 원칙이다. 그러나 어떤 사항이 구법시대에 발생하여 신법시대까지 계속하여 진행하고 있는 경우에 그 사항에 구법을 적용할 것인가 아니면 신법을 적용할 것인가 하는 문제가 발생한다. 이 문제를 해결하기 위한 것이 경과법(transitive law)이다. 보통 경과법은 본법의 부칙에서 규정하는 것이 보통이다. 그러나 시행법(施行法), 시행령(施行令) 등을 제정하여 규정하는 경우도 있다.

부칙에 규정을 두는 경우로는 민법 부칙 제5조 제2항에서 "이 법 시행일 전의 혼인에 구법에 의하여 해제의 원인이 되는 사유가 있는 경우에도 이 법의 규정에 의하여 해제의 원인이 되지 아니할 때에는 이 법 시행일 후에는 해제하지 못한다"고 규정하고 있다. 시행법을 만드는 경우 그 내용은 대체로 ① 구법과 신법의 적용(適用)에 관한 시간적 한계, ② 종전의 법령의 효력에 관한 조치, ③ 종전의 법령 아래서 발생한 상태를 일정한 제한 아래 또는 잠정적으로 승인하는 것, ④ 신법의 최초의 적용에 관한 특례조치, ⑤ 행정기관의 신설·개폐의 경우의 기관, 직원의 경과조치, ⑥ 법인, 단체의 재산처분·조직변경 등의 조치 등 여러 가지가 있다. 상법시행법 제4조 제1항 "상법 시행 당시 구법의 규정에 의한 소멸시효 기간을 경과하지 아니한 권리에는 상법의 시효에 관한 규정을 적용한다"고 규정한 것은 경과법의 한 예이다. 이와 같이 경과법은 신법·구법시대를 연결하는 시제법(時際法)으로서 양 법 간의 조화를 꾀하는 것이 그 목적이다.[122]

2) 장소적(場所的) 효력(效力)

(1) 원칙(原則)

법의 장소적 효력은 법이 어떠한 장소(범위)에서 적용되느냐 하는

---

122) 원영철, 『법과 생활』, 108면.

문제이다. 일반적으로 한 국가의 법은 한 국가의 전 영역(領域)에 그 효력이 미친다. 따라서 법의 효력은 그 나라의 영토(領土), 영해(領海), 영공(領空) 전부에 미친다고 하는 것이 원칙이다.

(2) 예외(例外)

이러한 원칙에 대하여 다음과 같은 예외가 존재한다.

첫 번째로는 공해(公海)에 있는 자국의 선박 내, 공해의 상공을 비행하는 자국의 항공기 내 등에서는 본국법(本國法)[123]이 적용되기 때문에 그 나라의 법의 적용범위가 속지적(屬地的)으로 확대하는 것으로 된다.

두 번째로는 일국(一國)의 법이 그 나라의 영역에 적용되지 않고, 그 일부에게만 적용되는 경우가 있다. 즉, 지방자치단체에서 제정한 조례나 규칙은 당해 지방자치단체 안에서만 효력이 미치는 것이다.

3) 사람에 관한 효력

(1) 원칙(原則)

법의 사람에 관한 효력이란 누가 법의 적용을 받으며, 또 누가 법의 적용으로부터 제외되는가 하는 것을 말한다. 법의 장소적 효력에 의하면 법의 그 나라 전 영역에 걸쳐 그 효력이 미치는 것이 원칙이지만, 그 법의 효력이 그 나라에 거주하는 외국인에게 전적으로 미치는가 또는 외국에 거주하는 자국민에게도 전적으로 미치는가가 문제

---

123) 한국 사람의 본국법은 대한민국법이고 독일 사람의 본국법은 독일법이다. 즉, 본국법이란 당사자의 국적
이 있는 나라의 법률을 말한다.

된다. 이에 관해서는 종래부터 속인주의(屬人主義)와 속지주의(屬地主義)가 대립하고 있다.

① 속인주의(屬人主義)

사람을 기준으로 하여 그 사람이 어디에 있어도 자기가 속하는 국가의 법이 적용된다고 하는 생각이 속인주의(屬人主義)라고 한다. 즉, 속인주의란 일국의 국적(國籍)을 가진 자는 자국에 사는가 타국에 사는가를 불문하고 자국의 법(本國法)의 적용을 받는다는 주의이다. 이 주의는 "로마인은 로마법에 지배되고, 게르만인을 게르만법의 지배를 받는다"는 법언에 의거한다.

② 속지주의(屬地主義)

법은 그 효력이 미치는 지역 내에 모든 사람에게 적용되고, 그 지역 외의 사람에게는 적용이 미치지 않는다고 하는 생각이 속지주의(屬地主義)라고 한다. 그 지역 내에 있는 사람은 내국인은 물론 외국인도 포함하는 모든 사람에게 적용된다. 따라서 그 지역 외에 있는 내국인에게는 적용되지 않는다고 하는 것으로 된다. 이에 대해 현재는 속지주의를 원칙으로 하여 그 불편을 시정하기 위해 속인주의를 치용하고 있다.

(2) 예외

첫 번째로 일정한 법률 분야에 있어서는 그 성질상 속지주의의 원칙을 관철하기 어렵기 때문에 타국에 체재하는 자국민에 대해 자국법을 적용하는 경우가 있다. 예를 들면, 참정권(헌법 제24조), 청원권(헌법 제26조), 병역의무(헌법 제39조) 등이 있다. 이러한 경우 속인주의가 적용된다고 한다.

두 번째로 거주국(居住國)의 법이 적용되지 않고, 본국법이 적용되는 권리, 즉 치외법권(治外法權)을 갖는 자에 대하여는 거주지법이 적용되지 않는다. 예를 들면, 외국 국가의 원수, 대사, 공사 등의 외교사절 및 그 가족과 수행원, 군함의 승무원, 군대 등은 국제관례의 예의상 또는 직무수행의 편의상 주재국의 법에 따르지 않고 자국법의 적용을 받는다. 이러한 경우를 국제법상의 속지주의의 예외라 한다.

세 번째로 국내법상 속지주의의 예외가 있다. 예를 들면, 대통령이나 국회의원에게는 일정한 형사상의 특권이 인정된다. 즉, 대통령은 내란 또는 외환의 죄를 범한 경우를 제외하고는 재직 중 형사상의 소추(訴追)를 받지 아니한다(헌법 제84조). 또한 국회의원은 현행범인 경우를 제외하고는 회기 중 국회의 동의 없이 체포 또는 구금되지 아니하며, 국회의원이 회기 전에 체포 또는 구금된 때에는 현행범인이 아닌 한 국회의 요구가 있으면 회기 중 석방된다(헌법 제44조). 또 국회의원은 국회에서 직무상 행한 발언과 표결에 관하여 국회 외에서 책임을 지지 아니한다(헌법 제45조).

제6장 법의 해석(解釋)

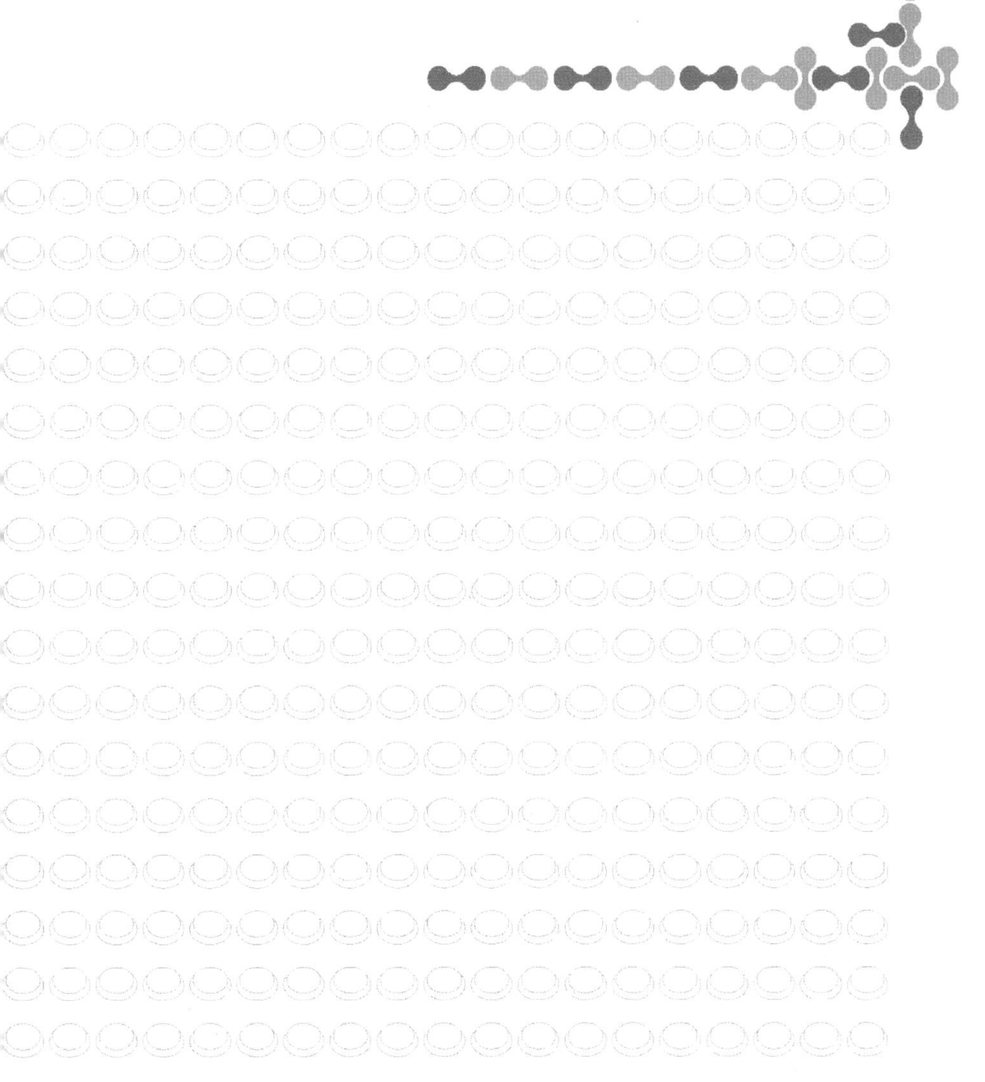

1. 법 해석의 필요성(必要性)

인간사회에는 사회규범(社會規範)으로서의 법이 필수 불가결하다. 법은 국가권력에 의하여 실행을 강제하는 행위규범(行爲規範)이다. 행위규범은 당위(當爲)의 법칙으로서 자연법칙과 대립한다. 자연법칙(自然法則)은 필연(必然)의 법칙이고, 일정의 조건에서는 일정의 원인이 반드시 특정의 결과를 발생시킨다. 인간은 자연법칙을 발견하고, 응용하는 것은 가능하지만, 그 법칙 자체를 조작하는 것은 가능하지 않다. 이에 반하여 당위법칙(當爲法則)은 인간의 어떤 행위를 할 수 있다고 허용하거나 혹은 어떤 행위를 하지 말라고 금지하는 가치 세계의 법칙이다. 자연법칙이 원인으로부터 결과로의 필연을 가져오는 반면, 규범은 마땅히 그래야 한다고 하는 당위를 나타내고 그것에 대해 위반행위의 결과로서의 책임(責任)을 귀속(歸屬)시키는 것이다. 그 의미에 있어서 행위규범으로서의 법은 실천되는 것으로 하지 않으면 안되고, 실행가능성(實行可能性)을 결한 공허한 당위는 의미가 없다. 따라서 그 내용은 비판의 가능성을 예정하고 있는 것도 있다.

원인으로부터 결과로의 필연을 나타내는 자연법칙은 항상 존재하는 것이고, 그 내용을 어떻게 해석하는가의 여지는 존재하지 않는다. 반면에 인간이 실행하는 것을 요구하는 행위규범으로서의 법은 그 형식의 여하를 묻지 않고, 의미(意味)가 명확(明確)하게 나타나지 않으면 안 된다. 법은 적용(適用)하는 것에 있어 법의 해석(解釋)이 필요하게 되는 이유는 여기에서 존재하게 된다. 특히 그 내용이 명문화되어 나타나고 있는 성문법에 있어서는 자구문언(字句文言)의 해석에 적용 범위가 심하게 변화되어 일언반구(一言半句)에 이르기까지에 의미를 명확하게 하지 않으면 안 된다.

2. 법해석(法解釋)의 변천(變遷)

법해석은 현존하는 사회현상을 그 대상으로 하기 때문에 사회의 발전에 따라 그 해석의 기준이라든가 내용(內容)·방법(方法) 등이 변천한다는 것은 당연하다. 법해석에 있어서 그 사회의 흐름을 아는 것이 실정법(實定法)을 해석하는 데 주요한 지침이 되고 있다. 따라서 법의 해석도 유행에 따라 변천하여 적용되어 왔다.

1) 개념법학(槪念法學)

19세기 유럽 여러 나라들의 법해석(法解釋)은 로마 법전의 영향을 받아 제정된 성문법에 대한 문리해석(文理解釋)이나 논리해석(論理解釋)을 중심으로 이루어졌다. 법해석에 있어서 실정법(實定法)을 영구불변한 것으로 보는 법조숭배사상(法條崇拜思想)은 성문법의 완전무결성을 인정하여 성문법으로부터 도출된 형식적·논리적 결론만을 중심으로 하여 법률문제를 다루어야 한다고 주장하였다.

이러한 개념법학은 19세기 절대군주의 자의적(恣意的)이고 독단적인 막강한 권력을 통한 국민의 기본권(基本權)의 침해를 막기 위해 죄형법정주의(罪刑法定主義)를 채택하여 통치자의 자의적인 권력남용에 제동을 걸어 기본권을 충실히 보호하기 위한 제도적 장치로서의 역할을 담당한 것이 개념법학의 큰 공헌이라 할 수 있다. 그러나 법의 완전무결성과 법질서의 논리적 완벽성을 강조하는 개념법학적 법해석은 법조문(法條文)에 지나치게 묶이게 되는 결과를 가져왔다. 따라서 사회공동생활에 적용되어야 할 법이 현실사회생활에서 유리(遊離)되는가 하면, 추상적인 법개념에 대한 형식논리적인 해석은 법을 위한 법의 해석이 되고 말았다. 또한 법관(法官)도 법을 형식적으로 적용하는 기계적인 법률인간으로 전락하게 되었다.

그러나 이러한 개념법학은 근대 시민법의 안정과 발전에 큰 공헌을 하였다. 즉, 개인의 기본권을 보장한 결과 소유권(所有權) 절대성(絶對性), 계약자유(契約自由)의 원칙(原則), 죄형법정주의를 주축으로 하는 개인주의적(個人主義的) 법률문화(法律文化)를 완성시켰다.

2) 목적법학(目的法學)

목적법학은 개념법학이 법조(法條)의 완전성을 내세워 논리성의 지나친 고정화를 비판하여 법해석에 있어서도 목적개념을 근본이념으로 하여야 한다는 법해석론이다. 예링(R. V. Jhering)은 "목적은 법의 창조자(創造者)이다"라고 하면서 개념법학의 입법만능(立法萬能)에서 탈피하기 위해서 법해석에 있어서 목적개념을 내용으로 하는 목적법학을 주장하였다. 그런데 법의 목적론적 해석이라고 하여 성문법의 문리적·논리적 해석을 전적으로 배척하는 것이 아니라 법의 이념과 목적에 비추어 합리적으로 해석함으로써 개념법학이 가지는 교조적(敎條的)124)인 개념의 유희에서 탈피할 수 있게 된다는 것이다.

법의 목적은 개별적인 법에 따른 목적도 있지만, 법 전체에 내재하는 보편적이고 고차원적인 목적이 존재함에도 불구하고 목적법학은 이러한 목적의 개념을 명확하게 정립하지 못했기 때문에 법의 목적이 주관적이고 추상적으로 되기 쉬워 자의적 목적개념으로 변질될 우려도 있다.

3) 자유법론(自由法論)

자유법론은 개념법학에 대한 비판과 법의 목적을 주관적·추상적으로만 파악하려는 목적법학의 단점을 극복하려는 노력으로 고정화된 법조문에 얽매이지 않고, 사회적 현상으로부터 떨어진 법의 개념 구성에 반대하여 이른바 살아 있는 법을 추구함으로써 법의 해석 적용에 구체적 타당성을 부여하자는 것이다.

자유법론자들은 ① 법원을 실정법에 한정하지 않고 사회관습이나 정의·공평(公平)이념 및 조리(條理) 등에서도 구하여야 하며, ② 고정적(固定的)인 성문법규는 유동(流動)·발전(發展)하는 현실사회에 잘 적응되지 못하는 점을 들어 실정법의 절대성과 법해석의 형식적 논

---

124) 교조적이라고 할 때 교조(敎條)란 글자 그대로 '종교의 신조'라는 뜻으로, 역사적 환경이나 구체적 현실과 관계없이 어떠한 상황에서도 절대로 변하지 않는 진리인 듯 믿고 따르는 것을 말한다.

리주의를 배척(排斥)하고, ③ 실정법 이외에 법관(法官)의 자유재량(自由裁量)과 학자들의 과학적인 법원 탐구에 의한 법의 발견을 인정하여야 한다고 하였다.

자유법론은 법조문에 얽매이지 않고 법관의 합리적 판단을 통하여 살아 있는 현실적인 법에 대한 법원성을 인정함으로써 법과 사회현실의 간격을 좁혀 주었고 법학과 인접 학문과의 결합을 촉진시킴으로써 새로운 법학연구 방법을 개척하였다. 그리고 개념법학의 입법만능주의를 비판하여 법학의 경직된 상태를 개선하고 법사회학을 개척한 점은 높이 평가된다. 그러나 오늘날 복잡한 사회여건에 따라 법을 과학적으로 인식하는 것은 결코 쉬운 일이 아니다. 따라서 법관이 그의 주관적 자의에 빠져 법의 이념인 법적 안정성을 위태롭게 할 우려가 있다. 또한 자유법론은 법학의 형식논리주의를 부인하는 결과를 초래하게 되어 자칫 잘못하면 이른바 감정법학(感情法學)으로까지 전락할 우려도 있다는 비판이 제기되고 있다.

3. 법해석(法解釋)의 방법(方法)

1) 유권해석(有權解釋)

유권해석(authentic interpretation)은 국가가 행하는 해석으로서 공권해석(公權解釋)이라고도 부른다. 유권해석은 정치권력을 배경으로 한 공식적 해석이기 때문에 권위(權威) 있는 해석으로 그 타당성이 추정되며, 또한 사실상 강한 구속력(拘束力)을 가지게 된다. 이러한 유권해석은 이것을 행하는 기관에 의하여 입법해석(立法解釋), 행정해석(行政解釋), 사법해석(司法解釋)의 세 가지로 나뉜다.

(1) 입법해석(立法解釋)

입법해석(legislative interpretation)이란 입법기관(立法機關)에 의한 해석이다. 즉, 입법기관이 입법권(立法權)에 근거하여 일정한 법개념(法概念) 또는 법규범(法規範)의 해석을 다시 법규정(法規定)으로 정해 놓은 것을 말한다. 예를 들면, 민법 제98조에서는 "본법에서 물건(物件)이라 함은 유체물(有體物) 및 전기(電氣) 기타 관리(管理)할 수 있는 자연력(自然力)을 말한다"고 규정하고 있지만, 이것은 물건의 해석을 법정(法定)하고 있는 것과 다름이 없다. 따라서 실질적으로 법의 해석이 아니라 법규인 것이며, 새로운 법의 정립이라 할 수 있다. 입법해석은 그 자체가 독립한 법규이기 때문에 절대적인 권위를 가지고 있으며, 가장 공적 구속력이 강한 해석이다.

입법해석은 그 해석규정을 동일한 법령 중에 두는 것이 보통이다. 예를 들면, 앞에서 살펴본 민법 제98조의 경우나 노동조합(勞動組合) 및 노동관계조정법(勞動關係調停法) 제2조 제4호의 "이 법에서 노동조합이라 함은 근로자가 주체가 되어 자주적으로 단결하여 근로조건의 유지·개선 기타 근로자의 경제적·사회적 지위의 향상을 도모함을 목적으로 조직하는 단체 또는 그 연합단체를 말한다"고 규정하는 것이 그 대표적인 것이다. 때로는 주된 법령 중의 어구(語句)의 의문이 있는 의미를 밝히기 위해서 부속법령(附屬法令)에 두는 경우도 있다. 예를 들면, 수표법 부칙 제66조의 "본법에서 휴일이라 함은 국경일, 공휴일, 일요일 기타의 일반휴일을 이른다"고 규정하고 있는 것이 있다.

(2) 행정해석(行政解釋)

행정관청(行政官廳)은 법을 집행하여야 하지만, 경우에 따라 스스로 법을 해석하여야 한다. 따라서 관청이 스스로의 판단에 의하여 법을 해석·집행하는 경우, 상급관청(上級官廳)이 법의 해석에 관하여 회답·훈령·지시·통첩 등의 형식으로 지시를 주는 경우도 있다. 행정해석(administrative interpretation)의 대부분은 그것을 행하는 해당 관청에 있어서는 구속력(拘束力)이 생기지만, 다른 행정관청에도 구속되는 것은 아니다. 행정해석이 잘못된 경우에는 행정심판(行政審判)[125]을 통해 상급관청의 해석에 의하거나 행정소송(行政訴訟)[126]을 통해 법원의 사법해석(司法解釋)에 의하여 취소(取消) 또는 변경(變更)되는 경우가 있다. 그 결과 행해진 해석은 이미 행정해석은 아니고, 사법해석에 속하는 것으로 된다.

(3) 사법해석(司法解釋)

법의 해석으로서 사법해석(judicial interpretation)은 크게 두 가지로 나뉘어 생각할 수 있다. 하나는 판례법(判例法)의 해석을 재판 중에 명확하게 하는 경우이고, 다른 하나는 제정법(制定法)의 의미내용을 재판 중에 명확히 하는 경우이다. 예를 들면, 감정평가에 관한 법률 제20조 제1항에서 "감정업에 종사하는 자가 감정을 함에 있어서 고

---

125) 행정심판은 원칙적으로 직근 상급행정기관(直近上級行政機關)이 재결청이 된다는 점에서 처분을 내린 행정기관 스스로가 재심사를 하도록 하는 이의신청(異議申請)과 구별되며, 법적 기속력에 있어서 청원(請願)이나 진정(陳情) 등과 구별된다. 행정심판은 행정심판법에 따라 행정청의 위법·부당한 처분 또는 부작위에 대하여는 널리 행정심판이 제기될 수 있으며(행정심판법 제1조), 행정심판의 종류로는 취소심판, 무효 등 확인심판, 의무이행심판의 세 가지가 인정된다.

126) 행정소송이란 행정법규의 적용에 관련된 분쟁이 있는 경우에 당사자의 불복제기에 의거하여 정식의 소송절차에 따라 판정하는 소송을 말한다.

의 또는 과실로 감정 당시의 시가와 현저한 차이가 있게 평가하거나 감정서류에 허위로 기재를 함으로써 감정의뢰인이나 선의의 제3자에게 손해를 발생하게 한 때에는 감정업자는 그 손해를 배상할 책임이 있다"고 규정하고 있다. 여기서 '선의(善意)의 제3자'란 감정내용이 허위임을 인식하지 못한 것뿐만 아니라 감정서(鑑定書)에 그 감정서를 감정의뢰목적 이외에 사용할 수 없음이 명시되어 있는 경우에는 감정목적 이외의 사용임을 인식하지 못한 제3자를 의미한다.127) 즉, 사법해석은 법원이 법을 구체적인 사실에 적용할 때 행하는 해석으로 이 해석은 소송당사자를 구속함은 물론이지만, 그것이 판례로서 굳어지면 매우 강력한 구속력을 가지게 된다.

2) 무권해석(無權解釋)

무권해석(dictrinal interpretation)은 보통 학리해석(學理解釋)이라고도 부른다. 이러한 무권해석은 학문적 이론에 의하여 법규의 의미를 해석하는 것을 말한다. 즉, 개인의 학리적 사고에 의하여 법규의 의미내용을 확정하기 때문에 유권해석과는 달리 구속력(拘束力)이 없다. 그러나 무권해석은 학문적 입장에서 냉정하게 객관적으로 행해지는 것으로서 유권해석에 대한 유력한 참고의견(參考意見)이 됨은 물론 때로는 기존의 유권해석의 과오를 지적하여 이를 철회(撤回)128) 또는 변경(變更)시키는 원동력이 되기도 한다. 이러한 무권해석은 크게 문리

---

127) 대판 1983. 6. 23, 83다카395.

128) 취소는 이미 효력을 발생하고 있는 의사표시를 소급하여 소멸시키는 행위이고, 이에 대하여 철회는 아직 발생하지 않은 효력의 발생 가능성을 소멸시키는 행위라는 차이점이 있다.

해석과 논리해석으로 나뉜다.

(1) 문리해석(文理解釋)

　문리해석(grammatical interpretation)이란 법문(法文)의 문구(文句)·
문언(文言)의 언어적 의미에 따라 법규의 의미를 확정하는 것이다. 이
문리해석을 문언해석(文言解釋)이라고도 한다. 성문법은 법규의 의미
를 문자로 표시하였기 때문에 법규의 의미는 먼저 그 문언에 따라 있
는 그대로 해석해야 한다. 따라서 문리해석은 법해석의 첫 단계인 것
이다. 그러나 문리해석 하나만으로써는 사회 현실에 맞는 구체적 타
당성을 가진 올바른 해석을 기대하기 힘들다. 이러한 문리해석을 하
는 방법으로는 첫 번째로 문자와 문장은 그 전문(全文)에 관련시켜 해
석하여야 한다. 두 번째로는 동일법령 중에 있는 동일한 문자 및 문
장은 동일한 의미로 해석하여야 한다. 세 번째로는 문자와 문장을 제
정 당시의 의미로 해석해야 할 것이냐에 대해 연혁적 해석설(沿革的
解釋說)과 진화적 해석설(進化的 解釋說)로 나뉜다. 연혁적 해석설은
문자와 문장을 제정 당시의 의미로 해석해야 한다는 설이고, 진화적
해석설은 해석 당시의 의미로 해석해야 한다는 설이다. 이 설 중에서
오늘날의 통설은 진화적 해석설이다.

(2) 논리해석(論理解釋)

　논리해석(logical interpretation)이란 법의 해석을 논리적 분석에 의
해 하는 것이다. 즉, 논리의 법규에 따라 법규의 의미·내용을 확정하
는 것이다. 다만 논리해석이라고 해서 법문에 있어서 자구(字句)의 의
미를 무시하고 자유로운 논리의 전개를 할 수 있다는 의미는 아니다.

문리해석을 기초로 하여 논리적 해석을 더해야 한다. 이러한 논리해석에 속하는 해석방법은 다음과 같은 것이 있다.

① 확장해석(擴張解釋)

확장해석(intensive interpretation)은 법문의 문구의 의미가 너무 협소하기 때문에 문리해석에 의하는 경우보다 그 의미를 확장하여 해석하는 것이다. 예를 들면, '마차통행금지(馬車通行禁止)'라고 하는 경우에 본래의 '마차(馬車)'에는 '우(牛)'를 포함하지 않지만, 규정의 취지로부터 소의 무제한 통행을 인정하고 있는 것은 아니라고 하는 경우에 '마차(馬車)'의 개념에 '우(牛)'도 포함해 확장하여 소의 통행도 금지되는 것이라 해석하는 경우를 확장해석이라 한다. 우리나라 민법 제758조에서는 공작물(工作物)의 설치자(設置者)의 책임에 관하여 규정하고 있다. 이 조문은 본래 안전해야 하는 토지(土地)의 공작물(工作物)이 그 신뢰에 반하여 위험한 경우, 점유자(占有者) 또는 소유자(所有者)의 책임을 묻는다고 하는 취지의 조문이다. 토지에 밀접한 건물 등을 대상으로 만들어진 것이지만, 과학기술과 산업 발전의 결과, 토지에 접한 건물 중에 비치할 수 있는 기계나 시설에 의하여 생긴 위험책임도 동조에 의해 책임을 물을 수 있다고 해석하는 것이다. 다만 이 해석에 있어서 주의해야 할 것은 형법의 분야에서는 죄형법정주의(罪刑法定主義) 혹은 인권보장의 견지로부터 피고인에게 불이익한 확장해석은 제한된다. 다만 형법에 있어 죄형법정주의가 적용된다고 해서 절대적으로 확장해석이 금지되어 있는 것이 아니라 형법 제257조 제1항의 "사람의 신체를 상해한 자는……"이라는 규정에서 '상해(傷害)'라 함은 문구의미상으로만 본 생리적 장애에 국한되지 않고,

여자의 머리를 자르거나, 남자들의 수염을 자름으로써 외관상 손상을 가져온 때에도 상해에 포함되는 것으로 확장해석하는 경우도 있다.

② 축소해석(縮小解釋)

축소해석이란 확장해석의 반대로 법문의 자구의 의미가 너무 넓어서 법규의 의미를 밝히는 것이 불충분한 경우에 문리해석에 의하는 것보다 그 의미를 축소 혹은 한정해서 해석하는 것을 말한다. 예를 들면, '차량통행금지(車輛通行禁止)'라고 할 때 '차량(車輛)'의 개념 중에는 도로교통법상 자동차·원동기장치 자전거129)·차마130)를 가리킨다. 이때 금지의 목적에 비추어서 자전거는 통행해도 상관없다고 해석하는 것을 축소해석이라 한다. 또 다른 예로서는 형법 제329조는 "타인의 재물을 절취한 자는……"이라고 하여 절도죄(竊盜罪)를 규정하고 있다. 이때 재물(財物)은 보통 동산(動産)과 부동산(不動産)을 포함하는데, 절도죄에 있어서 재물에는 부동산을 포함하지 않는다고 해석하는 경우를 말한다.

③ 반대해석(反對解釋)

반대해석이란 어떤 사항에 관하여 금지 또는 허용규정이 있는 경우에 그것 이외에 사항에 대해서는 반대의 원칙이 적용되는 것이라고 해석하는 방법을 말한다. 예를 들면, '야간통행금지(夜間通行禁止)'

---

129) 원동기장치 자전거란 자동차관리법 제3조의 규정에 의한 이륜자동차 가운데 배기량 125cc 이하의 이륜자동차 또는 배기량 50cc 미만(전기를 동력으로 하는 경우에는 정격출력 0.59㎾ 미만)의 원동기를 단 차를 말한다(도로교통법 제2조 제18호).

130) 차마라 함은 인력·축력(畜力) 기타의 동력에 의하여 도로상에서 운전되는 것으로서 소아차 및 신체장애인용의 차 이외의 것을 말한다.

라고 하는 경우에 반대로 해석하여 주간 통행은 허용된다고 해석하는 것을 반대해석이라 한다.

④ 물론해석(勿論解釋)

물론해석이란 법문이 규정하는 사항의 입법정신에 비추어 당연한 것이라고 해석하는 것을 말한다. 예를 들면, '우마차통행금지(牛馬車通行禁止)'라고 하는 경우에 그것이 사람의 통행을 위해 방지하기 위한 것이라는 취지에 비추어 자동차의 통행도 물론 금지된다고 해석하는 것을 물론해석이라 한다.

⑤ 보정해석(補正解釋)

보정해석이란 법문의 용어에 있어서 착오(錯誤)가 명백하여 그의 문리해석의 결과가 법의(法意)에 반하는 경우에 법문의 문구를 보정 또는 변경하여 참뜻에 맞도록 해석하는 것이다. 예를 들면, 민법 제7조는 "법정대리인은 미성년자가 아직 법률행위를 하기 전에는 전 2조의 동의와 허락을 취소할 수 있다"고 규정하고 있는데, 여기서 취소(取消)는 소급효(遡及效)가 없기 때문에 그 법적 성질을 철회(撤回)라고 해석하고 있다.

⑥ 연혁해석(沿革解釋)

연혁해석이란 법이 성립한 연혁에 의하여 법의 의미를 밝히는 해석방법이다. 예를 들면, 법안의 이유서, 제안자의 의견, 의사록, 입법정책상의 이유, 외국법의 모법적 관계 등을 특히 참작하여 법을 이해하려는 것이다.

4. 유추와 준용

법의 해석과 관련하여 주의해야 할 개념이 유추(類推)와 준용(準用)
이 있다.

1) 유추(類推)

(1) 의의

유추란 어떤 사항에 관한 규정을 그 사항과 유사한 다른 사항에 관
해 규정이 없는 경우에 적용하여, 같은 법적 효과를 인정하는 것을
말한다. 예를 들면, 갑이라고 하는 사항은 A라고 하는 규정을 적용하
게 되는데, 갑이라고 하는 사항과 유사한 을이라고 하는 사항에는 아
무런 규정이 없는 경우 이를 적용하기 위해 갑이라고 하는 사항이 규
정하고 있는 A라고 하는 규정을 적용함으로써 같은 법적 효과를 인
정하는 것이다. 우리 민법 제326조는 "유치권(留置權)의 행사는 채권
의 소멸시효의 진행에 영향을 미치지 아니한다"고 규정하여 유치
권[131])에 대한 소멸시효(消滅時效)[132])를 규정하고 있다. 그런데 질권
(質權)[133])의 경우와 마찬가지로 담보물권이면서 목적물을 점유하는

---

131) 유치권이란 타인의 물건이나 유가증권을 점유한 자가 그 물건이나 유가증권에 관하여 생긴 채권이 변제
　　기에 있는 경우에 그 채권을 변제받을 때까지 그 물건이나 유가증권을 유치할 수 있는 권리를 말한다.
　　예를 들면, 시계수리공이 시계를 맡긴 사람이 수리비를 줄 때까지 시계를 가지고 있는 것을 말한다.

132) 소멸시효란 권리자가 권리를 행사할 수 있음에도 불구하고 권리를 행사하지 않는 사실상태가 일정 기간
　　계속된 경우에 그 권리의 소멸을 인정하는 제도를 말한다.

133) 질권이란 채권자가 채무의 변제를 받을 때까지 그 채권의 담보로 채무자 또는 제3자로부터 인도받은 물
　　건 또는 재산권을 유치함으로써 채무의 변제를 간접적으로 강제하는 동시에 변제가 없으면 그 매각대금
　　으로부터 우선적으로 변제를 받을 수 있는 담보물권을 말한다. 예를 들면, 시계를 맡기고 돈을 빌리는
　　경우를 말한다.

것이지만, 이에 대한 명문의 규정이 없다. 따라서 질권의 경우에도 유치권과 달리 취급해야 할 이유가 없기 때문에 유치권의 소멸시효 규정을 질권에도 적용하는 것을 말한다.

(2) 확장해석과의 차이

앞에서 살펴본 확장해석은 유추와 차이가 발생한다. 확장해석은 법규의 자구(字句)를 그 목적에 적합하게 하기 위해 법규의 범위 안에서 그 문자의 의미를 확장하는 것인 데 반하여, 유추는 법규가 없는 경우에 어떤 법규의 의미를 그 법규 외의 사항에 적용하는 것이다.

(3) 형법상의 유추

형법상 죄형법정주의의 파생원칙으로서 유추해석금지의 원칙(類推解釋禁止의 原則)이 있다. 유추해석금지의 원칙이란 법률에 직접 규정 안 된 사항에 대하여 그것과 유사한 성질을 가지는 사항에 관한 법률을 적용하는 것을 금지하는 원칙을 말한다. 따라서 형법에 있어서 유추는 허용되지 않는다. 예를 들면, 군형법상의 군용물분실죄(軍用物紛失罪)에 군용물을 편취당한 경우도 분실에 해당한다고 해석한 경우134) 유추해석금지의 원칙에 위반되어 죄형법정주의에 반한다고 보았다. 다만 유추해석금지의 원칙은 피고인(被告人)에게 불리한 경우에 적용되기 때문에 만약 피고인에게 유리한 유추해석은 허용된다.

---

134) 대판 1999. 7. 9. 선고98도1179.

2) 준용(準用)

준용이란 입법의 편의상 규정의 중복과 번잡을 피하기 위해 기술적 필요에서 행하는 방법이다. 따라서 결국은 각 경우에 관하여 하나하나 따로 규정되어 있는 경우와 같은 것이다. 예를 들면, 우리나라 민법 제10조는 한정치산자(限定治産者)의 능력에 관하여 규정을 두고 있다. 즉, 민법 제10조는 미성년자에 관한 규정 제5조 내지 제8조의 규정을 준용하도록 하고 있다.

준용은 그 성질에 있어서는 유추와 비슷하지만, 유추가 법관이나 기타 법률해석자가 쓰는 해석기술인 데 반하여, 준용은 입법상의 기술이라는 데에 양자의 근본적인 차이가 있다. 그러므로 형벌법규의 해석에 있어서는 죄형법정주의(罪刑法定主義)의 원칙에 입각한 당연한 결과로서 유추가 금지되지만, 준용은 해석기술이 아니고 입법기술이기 때문에 형법의 영역에 있어서도 당연히 허용된다. 예를 들면, 형법 제354조는 사기와 공갈의 죄에 있어서 친족 간의 범행과 동력에 관하여 형법 제328조(친족 간의 범행과 고소)와 제346조(동력)를 준용하도록 규정하고 있다. 준용의 주요 목적은 중복을 피하고 법문을 간소화하는 데 있다. 그러나 한편 그것은 필요한 수정의 유·무나 정도에 관하여 의문을 남기기 쉬운 결점도 가지고 있다.

5. 해석(解釋)의 객관성(客觀性)의 보장(保障)

1) 목적론적 해석(目的論的 解釋)

목적론적 해석이란 법의 목적을 고려하여 법규의 합리적인 의미 내용을 밝히는 것을 말한다. 오늘날의 재판에서 재판관은 어떤 사건에 있어서 법을 적용하는 경우, 기계적·논리적으로 잘 다루는 것뿐만 아니라, 법을 적용한 결과의 타당성(妥當性)을 고려한다. 그 결과 타당한 결론에 이르게 하기 위해서 법이 가지는 말을 확장하고 혹은 제한(축소)하는 것으로 된다. 예를 들면, 출판계약에 있어서 소위 '원고매수'의 문언이 있고, 그것이 저작권 자체의 양도(讓渡)를 의미하는 것인가, 단순히 원고료의 일회 지급을 의미하는 것인가가 분쟁이 되는 경우, 저작권(著作權)을 보호하는 저작권법의 목적규정으로부터 저작자에게 유리한 결론을 도출하는 것으로 된다. 이와 같이 법의 해석은 법의 문리상의 의미를 명확하게 하기 위해서뿐만 아니라 일정의 목적하에 말을 해석하여 두는 것으로 된다. 이와 같은 방법을 '목적론적 해석' 혹은 '합목적적 해석'이라 부른다.

2) 입법자 의사(立法者의 意思)

법률 자체에 목적이 명시되어 있는 경우에는 문제가 적지만, 목적이 명시되지 않거나 혹은 법의 목적이 단일하지 않고 복잡한 목적의 조화를 목적으로 하고 있는 경우도 있다. 이 때문에 법률 자체로부터 목적을 탐구해야 한다고 하는 입장(법률의사설)과 입법자가 무엇을 고려하고 있었는가를 탐구해야 한다고 하는 입장(입법자의사설)이 대립되고 있다. 전자의 경우 법률의 의도가 명확한 경우에는 문제는 없지만, 어떠한 법률의 제정 후 사회의 변화와 경제적 혹은 정치적 변화와 함께 수정이 된 경우 등 그 의도가 반드시 명확하지 않는 경우도 있고, 후자의 경우도 기초자의 의사인가 입법부의 의사인가가 각각 문제로 되고, 특히 과학기술의 진보 등의 이유로 입법 당시 금일의 사태를 예측하지 못한 것이 명확한 경우도 있다. 그러므로 단순하게 결론을 이끌어내기는 어렵다.

3) 체계적 해석(體系的 解釋)

법에 사용되는 말은 무원칙적으로 사용되고 있는 것은 아니고, 법체계 전체를 고려, 사용되고 있다. 따라서 다른 법률과 규정과의 관계도 고려한 후 의미를 명확하게 할 필요가 있다. 예를 들면, 우리나라 민법 제762조에서 손해배상청구권(損害賠償請求權)에 있어서의 태아(胎兒)의 지위에 관하여 "태아는 손해배상의 청구에 관하여는 이미 출생한 자로 본다"고 규정되어 있는데, 이 규정이 의미를 갖기 위해서는 우리나라 민법 제3조의 권리능력(權利能力)의 존속기간에 관한 규정을 고려하여야 한다. 즉 민법 제3조에서 "……생존하는 동안……"이라고 규정되어 권리능력은 시기(時期)[135]와 종기(終期)[136]가 문제가

---

[135] 우리나라의 권리능력의 시기는 진통설, 일부노출설, 전부노출설, 독립호흡설로 나뉜다. 이 중에서 진통설은 형법의 통설이고, 민법은 전부노출설에 따르고 있다.

[136] 종기란 어느 때를 사망의 시점으로 볼 것인가를 말하는 것으로 민법에 있어서 사람의 종기는 매우 중요한 법률문제를 야기한다. 전통적 입장은 심장사설, 즉 호흡과 심장의 박동이 영구적으로 정지한 때를 사망 시기로 파악하는 설이다. 그러나 최근 의학의 발달에 따라 장기이식, 특히 심장이식이 가능하게 되면서 심장사는 새로운 문제를 낳게 되었다. 따라서 최근 의학계를 중심으로 뇌사를 인정하자는 설(뇌사설)

된다. 이 규정에 의하면 태아는 아직 권리능력자가 아니다. 그러나 태아의 권익을 위해 우리나라의 민법은 몇 가지의 경우를 열거하여 태아의 권리를 보호하고 있는데, 이를 고려하여야 비로소 민법 제762조가 의미를 갖는다.

제7장 법의 적용(適用)

1. 법적용의 의미

법의 적용(application of law)이란 추상적(抽象的)인 법규범(法規範)을 개별(個別)·구체적(具體的)으로 확정(確定)시킨 사실(事實)에 적용시켜 법적(法的) 판단(判斷)을 행하는 것을 말한다. 즉, 법의 내용 또는 효력을 구체적 사실에 대하여 실현케 하는 것을 말한다. 법은 사회규범의 하나이고, 사회질서를 유지한다고 하는 목적을 갖고 있지만, 법문(法文) 그것은 일반적·추상적이다. 그러므로 사회질서를 유지한다고 하는 법 본래의 목적을 실현하기 위해서는 법규범의 내용으로 되고 있는 추상적(抽象的)인 의미(意味)를 사회 현실에서 일어나고 있는 구체적(具體的)인 사실(事實)에 적용시켜 적법인가 아닌가 등의 법적 가치판단(價値判斷)을 행하는 것이 필요하다. 이것에 의하여 법규범(法規範)의 내용(內容)을 구체적(具體的)으로 실현(實現)하여 두는 것이다. 이것이 법의 적용이다. 우리들의 일상생활 중에는 예를 들면, 매매계약(賣買契約)의 대상으로 된 주택이 매수인(買受人)의 대금지급이 행해지기 전에 인접 주택의 실화로 소실된 경우도 양수인(讓受人)은 대금지급에 응하지 않으면 안 되는가? A가 운전하는 차에 치인 B가

A에게 병원비의 지급을 요구하였지만, 지급에 응하지 않았다. 부친의 유산(遺産)을 장남이 전부 취해 버려, 다른 형제자매에게 분배하지 않았다. 처가 남편에게 이혼(離婚)을 신청하였지만, 응하지 않는 등 법률상의 문제로 되는 것과 분쟁의 수를 세려면 끝이 없다. 이들의 경우 개개의 구체적인 사실에 대하여 법을 적용하여 법적 판단을 하지만, 실제의 법의 적용은 구체적인 분쟁을 해결하는 법원에 있어서 재판으로 하게 된다. 그러므로 이곳에서는 재판에 의한 법의 적용을 다룬다.

2. 법적용의 3단 논법

재판에 있어서 법의 적용은 적용되어야 하는 추상적인 법을 대전제로 하고, 구체적인 사실을 소전제로 하여, 이 대전제와 소전제로부터 3단 논법으로 판결을 도출한다. 예를 들면, A가 B를 살해하였다고 하는 경우, ① 통상의 살인이라면 형법 제250조 "사람을 살해한 자는 사형, 무기 또는 5년 이상의 징역에 처한다"고 하는 법을 대전제(大前提)로서 ② 'A가 B를 살해하였다'고 하는 구체적 사실을 소전제(小前提)로 하여 ③ 징역 10년이라든가 사형이라고 하는 일정의 판결(判決)을 하게 된다. 그러나 구체적인 사실관계(事實關係)에 대해 추상적인 법을 적용하여 일정의 법적 판단을 하는 것이 용이한 것은 아니다. 왜냐하면 이 과정에서 추상적으로 나타난 적용해야 하는 법의 내용의 해석이 명확하게 행해지지 않으면 안 되고, 대상으로 된 사실의 인정이 정확하게 행해지지 않으면 적정한 법의 적용이라 할 수 없다. 즉, 법을 적용하는 것에 있어서는 형태상으로는 3단 논법으로 행해지게 되고 각각의 단계에서 ① 대상으로 되는 사실을 확정하는 작업과 ② 그 사실관계에 적용하는 법의 의미를 명확하게 할(예를 들면, 사람을 살해한 경우에 형법 제250조의 법문상 '사람'이란 태아를 포함하는가 또한 자기 자신의 살인은 있을 수 있는가 등) 필요가 있다. 전자는 '사실인정(事實認定)'의 문제, 후자는 '법의 해석'의 문제로서 이들이 별개로 행해지는 것은 아니고, 법의 적용의 과정의 일련의 흐름 속에서 행해진다. '법의 해석'은 앞에서 다루었기 때문에 이하에서는 '사실인정'만을 다룬다.

3. 사실인정(事實認定)의 의의(意義)

사안(事案) 중으로부터 법의 요건에 해당하는 사실을 추슬러 이것을 확정하는 작업을 사실인정 혹은 사실의 확정이라 한다. 법을 적용하는 데 있어서는 우선 대상으로 되는 사실의 존부 및 구체적 내용을 정확하게 파악하지 않으면 안 된다. 왜냐하면 사실이 명확하게 되지 않으면 어떤 법을 적용해야 할까 불명하게 되고, 사실의 인정에 정확을 결하면 그것에 대한 법의 적용도 정확하지 않은 것으로 된다. 예를 들면, 우선 'A가 B를 살해하였다'고 하는 사례에 있어서 A가 B를 살해하였는가, 고의(故意)가 있었는가, 과실(過失)로 살해였는가, B로부터 의뢰되었는가, 실행행위 시의 A의 정신상태는 어떠하였는가 등의 많은 점에 있어서의 정확한 사실관계(事實關係)가 파악되지 않으면 안 된다. 이러한 것이 고의에 의한 살인으로 된다면, 형법 제250조(살인죄)가 적용되고, 과실치사(過失致死)로 된다면, 형법 제267조(과실치

사죄)가 적용되고, 촉탁살인(囑託殺人)으로 된다면, 형법 제252조(촉탁, 승낙에 의한 살인 등)가 적용되는 등 적용 조문이 다르고, 물론 형벌도 다르다. 또 원래 실행행위 시에 A가 심신상실(心神喪失)에 있었던 경우에는 형벌의 대상으로 되지 않는 경우도 있다. 이와 같이 'A가 B를 살해하였다'고 하는 사건에서도 사실관계의 차이로 법의 적용에 차이가 나타나게 된다. 그러므로 사실의 인정이 중요한 의미를 가져오는 것이다. 인정해야 하는 사실은 다양하지만, 예를 들면, 'A가 B를 살해하였다'고 하는 사실에 있는 것은 명백하지만, A와 B의 성별(性別)은 이곳에서는 법적 문제로 되지 않는다. 그렇지만 연령에 있어서는 A가 14세 미만의 경우에는 법률적으로 문제로 된다. 왜냐하면, 형법 제9조에 있어서 형사미성년(刑事未成年)으로 형벌의 대상으로 되지 않기 때문이다. 즉, 사실의 인정이란 구체적인 사실 내에 법적으로 의미 있는 사실의 내용을 정확하게 파악하는 것을 말한다.

4. 사실인정(事實認定)의 방법(方法)

일정의 분쟁에 대하여 법원이 법을 적용하는 경우에는 이상 서술한 것과 같이 법적으로 의미 있는 사실을 우선 취하여 확정하는 것이지만, 그 경우 전술한 것과 같이 적용하는 법의 의미 내용을 이해한 후에 법적으로 의미 있는 사실의 존부를 객관화하는 것으로 된다. 현재의 우리나라의 재판제도에서는 사실의 인정은 증거(證據)에 기초를 두어 행하는 것이 원칙이다. 재판에 있어서 사실의 인정에 어떤 증거를 채용하고, 어떠한 심증(판사가 증거로부터 일정의 사실이 존재한다고 인식하는 것)을 얻는가는 판사의 자유로운 판단에 맡겨져 있다. 이것을 자유심증주의(自由心證主義)라 한다. 증거에 의하여 판사가 사실을 인정하는 때의 심증은 구체적 상황에 응하여 다양하지만, 인정하는 자의 주관적 또는 자의적(恣意的)인 판단에 의한 것은 아니고, 증거에 기초한 객관적 동시에 정확하게 파악되지 않으면 안 된다. 판사가 확신을 가지고 사실의 인정의 심증을 얻은 상태를 증명(證明)이라 한다. 또 그 사실을 주장하는 자가 증거를 제출하여 자신의 주장이 이유가 있다는 것을 법원에 이해시키기 위한 작업도 증명(證明)이라 부른다.

판사가 확신을 가지고 사실의 인정의 심증을 얻기 위한 증거는 원칙적으로 그 사실을 주장하는 자의 측에서 하여야 한다. 이것을 입증책임(立證責任) 내지 거증책임(擧證責任)이라 한다. 증명되어야 하는 사실의 범위와 그 증거가치는 형사재판(刑事裁判)과 민사재판(民事裁判)과는 차이가 있다. 민사재판에서는 거증책임은 증명되어야 하는 사실을 주장하는 측, 이것에 대하여 반론하는 측 등 각각의 입장과 상황에 따라서 원고(原告)와 피고(被告)로 나뉘지만, 기본적으로는 자기가 이익을 받는 자가 증명하는 부담을 부과한다. 그 이유는 판사가 어떤 사실의 존부에 있어서 확신을 얻을 수 없는 때는 그 사실에 있어서 증거책임의 어느 당사자가 부담을 하게 된다. 예를 들면, Y가 X를 때려 X에게 부상을 입혔다고 하는 사례에서 X가 Y에 대하여 민법 제750조에 의하여 손해배상(損害賠償)을 청구(請求)하는 소송에서는 피해자(被害者)인 원고 X가 증명하지 않으면 안 되는 것은 손해배상청구권(損害賠償請求權)을 인정하기 위한 전제로 되는 법적 문제인 사실이다. 민법 제750조에 의하면, Y에게 '고의 또는 과실이 있었는가',

'X의 권리를 침해하였는가', 'X에게 손해가 있었는가' 등이다. 피고 Y는 X의 주장에 대립하는 사실, 예를 들면, 'Y는 X와 한 번도 만나지 않았다', 'X의 부상은 Y가 입혔던 것은 아니다' 등 사실을 증명하는 것으로 된다. 이것이 자동차사고의 경우 'Y가 운전하는 차가 X를 치었다'고 하는 사례에서는 X가 Y의 '고의·과실'을 입증하는 것은 아니고, 자동차손해배상보상법(自動車損害賠償保障法)에 의하여 가해자인 Y가 '고의·과실이 없었다'는 것을 입증하여야 한다. Y가 이것을 입증할 수 없다면 가해자가 패소(敗訴)하게 된다. 특히 민사재판에서는 소위 변론주의(辯論主義)137)가 채용되어 당사자로부터 나타난 사실을 증명하는 증거에 기초하여 재판을 하게 된다.

이에 대하여 형사재판(刑事裁判)은 피고인의 인권보호의 견지로부터 당사자 간에 분쟁이 있는지 없는지를 상관하지 않고, 모든 사실이 증명의 대상으로 된다. 또 임의성(任意性)이 없는 자백(自白)은 증거로 되는 것이 가능하지 않고, 자백을 유일의 증거를 가지고 유죄(有罪)로 하는 것은 가능하지 않다. 또 전문증거(轉聞證據)138)는 증거능력의 제한을 받는다. 또 형사재판에서는 피고인의 인권 존중이라고 하는 것에 커다란 배려가 되고 있고, 사실을 증명하는 확신 있는 증거를 얻을 가능성이 없는 때는 '의심 있는 때는 피고인의 이익으로'라는 원칙상 무죄(無罪)로 된다. 즉, 검사 측에서 거증책임(擧證責任)이 있고,

---

137) 변론주의라 함은 소송자료, 즉 사실과 증거의 수집 제출의 책임을 당사자에게 맡기고, 당사자가 수집하여 변론에서 제출한 소송자료만을 재판의 기초로 삼아야 한다는 원칙을 말한다. 이에 대한 반대말은 직권탐지주의이다. 이 경우 책임은 당사자가 아닌 법원이 진다.

138) 전문증거란 사실인정의 기초가 되는 사실을 체험자 자신이 직접 공판정에서 진술하는 대신에 타인의 증언이나 진술서와 같은 다른 형태로 간접적으로 법원에 보고하는 증거를 말한다. 예를 들어 피고인의 살인현장을 목격하였다는 갑이 을에게 그 목격사실을 얘기한 것을 을이 들었다고 법원에서 진술한 경우를 말한다.

일정의 사실이 증명되지 않는 부담은 검사가 부담하게 된다.

5. 사실의 추정과 의제

전술한 것과 같이 법적으로 의미 있는 사실의 확정에 있어서 원칙적으로 당사자의 제출된 증거에 의하여 재판관이 행하는 것이지만, 실제로는 그 사실의 존재를 입증하는 것이 곤란하다든지, 공익적 견지 또는 형평의 관념으로부터 입증시키는 것이 타당하지 않은 경우에 법 정책적으로 일정의 사실의 존재 또는 부존재를 '추정(推定)' 내지 '의제(擬制)'하는 것이 있다.

1) 추정(推定)

사실의 추정이란 주위의 사정이나 사물의 성질에 비추어 일단 사실의 존재 또는 부존재를 추론하는 것을 말한다. 즉, 추정은 어떤 사실이 명백하지 않은 경우에 입증의 번거로움을 덜기 위하여 그 사실의 존재 또는 부존재를 일단 가정하고 그에 따르는 법적 효과를 인정하는 것이다. 법문에서 '추정한다'고 규정하고 있다. 예를 들면, 민법 제30조의 동시사망(同時死亡)에 관한 규정을 보면, "2인 이상이 동일한 위난으로 사망한 경우에는 동시에 사망한 것으로 추정한다"고 규정하고 있다.

사실의 추정은 주로 편의상의 고려에서 잠정적으로 사실의 존부를 인정하는 데 불과한 것이므로 추정된 사실과 다른 사실을 주장하는 자는 반증을 들어 추정의 효과를 전복시킬 수 있다. 예를 들어, 갑이라고 하는 아버지와 갑의 자(子)인 을이 비행기를 타고 제주도로 여행을 가다가 비행기가 사고가 나서 사망한 경우, 우리 민법상 제30조 동시사망에 관한 규정이 적용이 되어 동일 위난으로 동시에 사망한 것으로 추정한다. 따라서 갑과 을을 동시에 사망한 것으로 추정하여 법률적 효력을 발생시킨다. 그러나 동시에 사망한 것으로 추정된 효력이 발생한 이 사건에서 갑이 먼저 사망하였다고 한 사실을 반증을 들어 입증된다면 동시에 사망한 것으로 추정된 효과는 전복하게 된다.

2) 의제(擬制)

사실의 의제를 다른 말로 간주(看做)라고도 한다. 사실의 의제는 공익 그 외의 이유로부터 사실의 존부를 법 정책적으로 확정하여 버리는 것이다. 법문 중에 '……간주한다'고 하는 경우 내지는 '……본다'고 하는 문구를 사용하는 경우가 그것이고, 사실에 반하는 것이어도 반증을 들어 전복될 수 없다. 예를 들면, 우리 민법 제28조에서 "실종선고(失踪宣告)를 받은 자는 전조의 기간이 만료한 때에 사망한 것으로 본다"고 하여 실종선고의 효과를 규정하고 있다. 따라서 갑이라고 하는 사람이 실종선고를 받아 사망한 것으로 간주되었는데, 갑이 비록 살아 있다고 하더라도 혹은 생존하고 있다는 반증만으로 실종선고의 효과가 없어지는 것이 아니다. 이 경우 실종선고의 취소의 법적 절차를 밟지 않으면 안 되는 것이다.

6. 법규범(法規範)의 발견(發見)과 흠결(欠缺)

1) 법규범의 발견

　법을 구체적으로 적용하려면 구체적인 사실을 확정하고 이 사실에 관계되는 법규범을 찾아내야 한다. 법규범을 찾아내는 것은 성문법규의 경우에는 비교적 쉽게 달성될 수 있다. 예를 들어 관계되는 행정법·민법·형사규정을 적용하면 되기 때문이다. 그러나 구체적 사건에 관하여 직접 적용할 만한 성문법규가 없거나 애매모호한 경우에는 쉽지 않을 것이다. 이렇게 모호한 경우에는 다른 여러 가지 사항을 고려하여 합리적으로 판단할 수밖에 없을 것이다. 그러나 성문법규가 아예 없는 경우에는 불문법원에 의지할 수밖에 없다. 따라서 관습법이 있는 경우에는 관습법에 의하게 되고, 관습법에도 없는 경우는 판례나 조리에 의하게 될 것이다. 그러나 앞에서도 살펴보았지만 형법에 있어서 죄형법정주의하에서는 조리에 의하여 범죄를 확정할 수는 없다. 이렇게 구체적인 사건에 관하여 적용할 법규범이 아무리 찾아보아도 없는 것을 법의 흠결이라고 한다. 법실증주의(法實證主義)에 의하면 법의 흠결이라는 문제를 인정하고 있지 않지만, 실제에 있어서는 법이 그 규율대상인 사회현실과 정확하게 일치한다는 것은 하나의 이상(理想)에 불과하며 법의 흠결은 불가피한 것이다. 즉, 성문법 국가에서 아무리 법을 완비하고자 하더라도 새로운 법률문제를 모두 망라하여 규율할 수 없으므로 법의 불완전성(不完全性) 문제가 필연적으로 발생하게 된다. 따라서 법관의 적극적인 법발견작업(法發見作業)이 요구된다. 이러한 법의 흠결이 있게 되는 원인으로는 필요한 모든 사항을 법에 포함할 수 없는 입법기술의 한계, 일부러 법의 흠결로 남겨두는 입법의 보류(保留) 또는 위임(委任), 입법 당시에는 존재하지 않았던 사실의 발생·변경 등을 들 수 있다.

2) 법의 흠결문제(欠缺問題)

법의 흠결이란 구체적 사건에 적용할 법규가 없는 경우이다. 법의 흠결이 문제되는 것은 재판을 하는 법관이 적용법규(適用法規)가 없다는 이유로 재판을 하지 않아도 되는 것인가 하는 문제이다. 즉, 법의 흠결문제는 구체적으로 적용할 법규가 없을 때 어떻게 재판을 하여야 하는가 하는 문제이다.

(1) 법의 흠결과 민법

민법에 있어서 법에서 규율되어 있지 않으나 이에 대한 합리적인 규율이 사회에서 절실히 요구될 때 법관의 법흠결(法欠缺)에 대한 보충작업이 필요하다. 왜냐하면 민사(民事)에 있어서 법이 없다고 재판을 거부할 수 없기 때문이다. 프랑스 민법 제4조는 "법률의 흠결, 불명 또는 불충분을 이유로 재판을 거부하는 법관은 재판거부죄(裁判拒否罪)로 소추할 수 있다"고 규정하고 있다. 또한 오스트리아 민법 제7조는 적용할 법이 없는 경우 종국적으로 자연법원칙(自然法原則)에 따라 재판하여야 한다고 규정하고 있다. 특히 1907년에 제정된 스위스 민법 제1조는 적용할 법규가 없는 경우에 법관은 자기가 입법자였다면 이런 경우에 제정하였을 규칙에 따라 판결하도록 규정하고 있다. 우리 민법 제1조도 법규범이 존재하지 않을 때 최종적으로 조리에 근거하여 재판하여야 한다고 규정하고 있다. 따라서 법관에게는 조리를 통하여 살아 있는 법을 발견하기 위한 작업이 요구된다고 할 것이다.

(2) 법의 흠결과 형법

형법에 있어서는 죄형법정주의(罪刑法定主義)는 자의적인 국가형벌권의 행사로부터 국민의 자유와 권리를 보장하기 위한 근대 시민의 저항·혁명의 산물이다. 죄형법정주의란 범죄와 형벌을 성문의 법률로 미리 정하려는 주의이고, "법률이 없으면 범죄도 없고 형벌도 없다"는 근대형법의 기본원리이기 때문에 법의 흠결이 있다고 해서 조리에 의하여 해결하거나 다른 규정을 유추하여 적용할 수는 없다. 따라서 적용할 법규정이 없다면 범죄가 성립되지 않으며, 따라서 형벌을 과할 수 없는 것이다.

제8장 법률관계(法律關係)

1. 법률관계란

　A(貸主)와 B(借主)와의 사이에 금전임차(金錢賃借)가 발생한 경우에 다양한 입장에서 이것을 평가하는 것이 가능하다. B에 있어 금전을 빌린 것은 경제적으로 플러스가 되지 않고, 오히려 스스로를 위기에 빠뜨리게 된다고 하는 경제적인 판단을 하는 것이 가능하다. A에게는 금전채권(金錢債權), B에게는 반환채무(返還債務)가 발생하고, A는 그가 가지고 있는 채권(債權)을 다른 사람 C에게 양도(讓渡)하는 것도 가능하다고 하는 법률적인 판단도 가능하다. 후자는 말하자면, 법률이라고 하는 입장에서 본 금전대차라고 하는 생활관계(生活關係)이다. 일반적으로 인간의 사회생활관계는 도덕(道德)·종교(宗敎)·관습(慣習)·법률(法律) 등의 여러 가지 사회생활규범에 의하여 규율되고 있다. 이러한 인간의 사회생활관계는 친구관계, 사제관계, 신앙관계 등과 같이 도덕, 종교, 관습의 대상이 되는 사회생활관계가 있고, 앞에서 든 예와 같이 임차관계(賃借關係), 매매관계(賣買關係) 등과 같이 법률적(法律的) 평가(評價)를 한 생활관계가 있는데, 이를 법률관계(法律關係)라 한다.

그런데 위의 예에서 알 수 있는 것은 법률적으로 평가한다고 하는 것은 돈을 빌려준 A는 빌려준 금전의 반환을 청구하는 것이 가능하고, 돈을 빌린 B는 빌린 금전을 반환하지 않으면 안 되는 관계로서 받아들일 수 있다. 이와 같이 A가 B에게 금전반환을 청구할 수 있다고 하는 것이 권리(權利)이고, B가 A에게 금전을 반환하지 않으면 안 되는 것이 의무(義務)이다. 즉, 법률적 평가라고 하는 것은 우리들의 생활관계를 권리·의무의 관계로 파악해 가는 것이다. 결국 법률관계(法律關係)의 내용(內容)은 권리(right)와 의무(duty)와의 결합관계(結合關係)로 이루어지게 된다.

2. 법률관계(法律關係)와 구별되는 호의관계(好意關係)

호의관계(好意關係)란 법률관계와 구별되는 것으로 법률적(法律的) 구속(拘束)을 받으려는 의사가 없는 단순한 사교적(社交的)인 관계(關係)를 말한다. 예를 들면, 저녁식사에 초대하거나, 옆집 아이를 그의 부모가 외출 중에 돌보아 주겠다고 약속하거나, 동창들 모임약속을 하거나, 출퇴근에 자동차를 태워주겠다고 약속하는 등이 호의관계이다. 이러한 호의관계는 아무런 법률문제를 발생시키지 않는 것이 원칙이다. 예를 들면, 갑의 5세의 어린아이 을이 있는데, 갑이 외출을 하기 위해 이웃에 살고 있는 병에게 돌보아 달라고 부탁을 하자, 병이 돌보아 주겠다고 하는 경우, 호의행위는 급부자(병)에게 법률적 의무가 없음에도 불구하고(병이 갑의 5세의 아이 을을 돌보아야 하는 어떠한 이유도 없다) 무상(無償)으로 급부(병이 을을 돌보아 주는)를 하는 데 특징이 있으며, 그 급부(給付)139)를 이행하지 않는다고 하여 상대방에게 급부청구권(給付請求權: 갑이 병을 상대로 을을 돌보아 달라고 하는 청구)이 인정되지 않는다. 따라서 그것을 강제적으로 실현시킬 수 없다.

법률관계와 호의관계는 구별될 수 있지만, 어떤 기준을 가지고 구별할 것인가? 호의관계와 법률관계는 대가(代價)의 지급여부에 의하여 구별될 수 있을 것이라고 하는 설이 있다. 즉, 무상성(無償性)에 의해 대가 없이 급부가 이루어지면 대부분 호의관계라고 한다. 그러나 이 설은 무상으로 급부를 한다고 하여 그것이 항상 호의관계로 되는 것은 아니라고 하는 비판을 받고 있다. 예를 들면, 우리 민법에 증여(贈與)140)와 같이 대가의 지급 없이 이루어지는 무상이 얼마든지 법률관계가 될 수 있기 때문에 대가지급 여부는 법률관계와 호의관계를 구분하는 절대적인 기준이 될 수 없다.141) 따라서 오늘날 법률관계와 호의관계를 구별하는 것은 당사자(當事者)의 의사(意思)와 거래(去來)의 관행(慣行) 등을 고려하여 구체적인 사안에 따라 신중하게 결정하여야 한다고 한다.142)

여기서 주의해야 할 것은 일반적으로 호의관계는 법률관계 외에서 형성되기 때문에 법적 문제가 발생하지 않지만, 그렇다고 해서 항상 법률관계가 발생되지 않는 것은 아니다. 예를 들면, 갑이 출퇴근하면

---

139) 채권은 채권자가 채무자에 대하여 일정한 행위를 청구할 수 있는 권리를 말하는데 이때의 채무자의 행위를 급부라고 한다. 예를 들면, 갑이 을에게 100만 원을 빌리고 갚기로 한 경우, 을을 채무자 갑에게 100만 원을 갚으라고 하는 행위(급부)를 요구할 수 있다.

140) 증여란 당사자의 일방(증여자)이 무상으로 재산을 상대방에게 준다는 의사표시를 하고, 상대방(수증자)이 그것을 승낙함으로써 성립하는 계약(민법 제554조). 예를 들어, 갑이 을에게 자신이 타고 다니던 중고자동차를 무상으로 주겠다고 하고, 을이 좋다고 하는 경우에 성립하는 계약이다.

141) 백태승, 『민법총칙』, 법문사, 2006, 66면.

142) 김준호, 『민법강의』, 법문사, 2001, 32면.

서 을을 자신의 자동차로 동승하기로 한 경우, 갑의 과실(過失)로 자동차 사고가 발생하여 을이 부상을 입은 경우에도 을은 갑에게 치료비(治療費)를 달라고 하는 손해배상청구권(損害賠償請求權)을 행사할 수 없는가? 이 경우에 호의관계라고 해서 을의 손해배상청구권을 인정하지 않는다면 을에게는 부당하게 될 것이다. 따라서 이러한 경우 비록 호의관계에서 출발하였다고 하더라도 손해(損害)가 발생한 경우 그 손해를 누가 부담할 것인가의 법률관계(法律關係)로 전환(轉換)되는 것이다. 따라서 위 사례에서 을은 갑에게 자신의 치료비를 청구할 수 있을 것이다. 다만 여기서 구체적인 사정에 비추어 갑이 전 손해배상책임(全損害賠償責任)을 부담하는 것이 형평에 어긋나면 법원은 신의칙에 의거 손해배상액을 감경(減輕)할 수 있다.[143]

3. 권리(權利)

1) 권리의 의의

권리(權利)란 법익(法益)을 향수(享受)하기 위하여 법에서 부여된 힘이다. 따라서 권리는 법익을 향수하기 위하여 법이 부여한 힘이므로 법과 권리는 매우 밀접한 관계에 있다. 독일어에서는 법과 권리를 다

---

143) 김형배, 『민법학강의』, 신조사, 2000, 21면에서 호의관계가 법률관계로 인정되더라도 면책·감경의 묵시적 합의를 의제하거나 무상계약에 관한 법리 및 불법행위의 과실상계규정을 유추 적용하여 책임의 면책·감경을 인정하는 것이 필요하다고 한다. 우리나라의 판례의 경우도 "동승요구의 목적과 적극성 등의 제반 사정을 고려하여 가해자에게 일반의 교통사고와 같은 책임을 지우는 것이 신의칙이나 형평의 원칙에 비추어 매우 불합리한 것으로 인정되는 경우에는 그 배상액을 감경할 사유로 삼을 수 있다"고 한다(대판 1987. 12. 22, 86다카2994).

같이 Recht(레히트)라고 부르고, 프랑스어에서도 법과 권리를 다 같이 droit(드루아)라고 한다. 다만 영미법에서는 법과 권리를 각각 law와 right로 구별하고 있다. 즉, Recht와 droit를 객관적·추상적으로 파악할 때는 법이고, 이것을 주관적·구체적으로 인식할 때는 권리로 된다. 따라서 일반적으로 법을 객관적 법이라고 부르고, 권리를 주관적 법이라고 부른다.

2) 권리와 구별되는 개념

(1) 권력(勸力)

권력(power)이란 일정한 개인 또는 단체가 공익(公益)을 달성하기 위하여 다른 개인 또는 단체를 강제(强制) 내지 지배(支配)하는 법률상의 힘을 말한다. 즉, 권력은 일반적으로 명령권(命令權)을 가리키며 어떤 자의 의사가 다른 사람을 강제하는 권능을 가지고 있음을 의미한다. 이러한 의미에서 권력은 조직체에서 존재하며, 오늘날에 있어서는 헌법(憲法)에 의하여 조직화된 국가권력(國家權力) 내지 정치권력(政治權力)으로써 나타나 있다.

(2) 권능(權能)

권능이란 권리(權利)의 내용(內容)을 이루는 개개의 기능(機能) 내지 작용(作俑)을 말한다. 예를 들면, 우리 민법 제211조에서는 “소유권(所有權)은 법률의 범위 내에서 그 소유물을 사용(使用)·수익(收益)·처분(處分)할 권리가 있다”고 규정하고 있는데, 소유권은 소유권이라고 하는 권리의 내용을 이루는 개개의 기능 내지 작용으로서 그 소유물에 대한 사용, 수익, 처분할 수 있는 권능을 가지게 된다.

(3) 권한(權限)

권한(competence)이란 공법(公法) 또는 사법상(私法上)의 법인(法人)144)이나 단체(團體) 또는 개인의 대리인(代理人)이 법률상(法律上) 또는 계약(契約)에 의하여 유효(有效)하게 행할 수 있는 행위(行爲)의 범위(範圍)를 말한다. 즉, 본인(本人) 또는 권리자(權利者)를 위하여 일정한 법률효과를 발생케 하는 행위를 할 수 있는 법률상의 자격을 말한다. 예를 들면, 갑은 서울에 살고 있고 정년 후 제주도에서 살고 싶어 주택을 구입하려고 한다. 그러나 갑이 제주도에 내려가서 주택을 보기가 힘들어 그의 친척인 을에게 갑을 대신하여 적당한 주택을 구입해 달라고 하였다. 이러한 경우 을은 갑을 위하여 유효한 행위(주택을 구입하는)를 할 수 있게 된다. 이러한 경우 대리인에게 대리권(代理權)이 발생하게 된다. 이와 같은 사법상의 대리권 이외에도 법인 이사의 대표권(代表權), 사단법인145) 사원의 결의권(決議權)이 있다. 그리고 공법상으로는 대통령의 권한, 국무총리의 권한 등이 있다.

(4) 권원(權原)

권원(title)이란 일정한 법률적(法律的) 또는 사실적(事實的) 행위(行爲)를 하는 것을 정당화하는 법률상(法律上)의 원인(原因) 내지 근거(根

---

144) 법인은 자연인에 의해서는 목적을 달성하기 어려운 사업을 수행할 수 있게 하기 위하여 사람의 결합이나 특정한 재산에 대하여 자연인과 마찬가지로 법률관계의 주체로서의 지위를 인정한 것이다.

145) 사단법인이란 일정한 목적을 위하여 결합한 사람의 단체를 실체로 하는 법인을 말한다. 사단법인은 재단법인에 대립한다. 재단법인은 일정한 목적에 바쳐진 재산(재단)에 법적 인격이 부여된 법인을 말한다. 재단법인에 대표적인 경우 학술, 종교 등의 재단을 들 수 있다.

據)를 말한다. 예를 들면, 甲이 乙 소유의 A라고 하는 토지에 나무를 심으면 당연히 甲은 乙의 소유권을 침해하는 것이다. 그러나 甲이 乙 소유의 A토지에 나무를 심어도 정당화될 수 있는 법률상의 원인 내지 근거가 발생될 수 있는 것으로 타인의 토지에 물건을 부속시키는 권원은 지상권(地上權)146)·임차권(賃借權) 등으로 임차인이 나무를 심거나 농작물을 재배하여 그 수확기를 기다리는 것이 이에 해당된다.

(5) 반사적 이익(反射的 利益)

반사적 이익(reflective interests)이란 어떤 법규(法規)가 권리를 부여했기 때문에 받는 직접적 이익이 아니라, 법규가 사회일반을 대상으로 하고 있는 규정의 반사적 효과로서 받은 간접적(間接的) 이익(利益)을 말한다. 즉, 바꾸어 말하면 법규 실시의 결과 그 반사로서 일정한 이익을 누릴 뿐 개인은 그것을 권리로서 청구할 수 없는 권리를 말한다. 예를 들면, 국가나 공공단체가 도로를 개설한 경우 인근 토지소유자는 지가상승 등의 이익을 얻게 되지만, 소유자가 도로의 개설을 요구할 수는 없는 것이다. 따라서 반사적 이익이 침해되었다 하더라도 이로 인하여 발생한 손해의 배상을 청구할 권리는 생기지 않는다.

3) 권리의 본질(本質)

'권리의 본질이 무엇인가'에 대해서는 일찍부터 학자들 간에 많은 논의가 있어 왔다. 이 질문은 마치 '인간의 본질은 무엇인가'라고 하

---

146) 지상권이란 타인의 토지에 건물, 기타의 공작물이나 수목(樹木)을 소유하기 위하여 그 토지를 사용할 수 있는 물권(物權)을 말한다. 예를 들면, 갑이 을 소유의 토지를 이용하여 관상용 꽃을 심기 위해 당사자 계약으로 을 소유의 토지를 사용하는 경우이다.

는 질문과 같이 정확한 답을 구할 수 없는 것이다. 그래서 권리의 본질이 무엇인가의 질문에 대한 정설(定說)은 없으며, 어떻게 보면 영원히 해결할 수 없는 문제일지도 모르지만, 권리는 법률관계(法律關係)와 더불어 사법의 중심개념이다. 이러한 권리의 본질에 관한 논쟁은 다음과 같은 학설이 있다.

(1) 의사설(意思說)

의사설에 의하면 권리란 법에 의하여 주어진 힘[力] 또는 의사(意思)의 지배(支配)라고 한다. 이 설은 주로 역사학파에 속하는 학자들에 의해 주장되었다. 칸트(Kant)나 헤겔(Hegel)은 '의사의 자유'가 권리의 본질이라고 하였고, 빈트샤이트(Windscheid)는 권리를 '의사의 힘 내지 의사의 지배'라고 설명하였다. 의사설에 의하면 권리 주체(權利主體)가 되기 위해서는 의사 주체(意思主體)가 되어야 한다. 따라서 유아(幼兒)나 심신상실자(心神喪失者)는 의사능력이 없으므로 권리를 가질 수 없다. 그러나 유아나 심신상실자라고 하더라도 민법 제3조에 의하면 "사람은 생존하는 동안 권리와 의무의 주체가 된다"고 규정하고 있어 당연히 권리의 주체자가 된다. 경우에 따라 태아(胎兒)[147]의 경우도 우리 민법은 권리능력(權利能力)을 인정하고 있다. 예를 들면, 민법 제762조에서 불법행위(不法行爲)[148]로 인한 손해배상청구권(損

---

147) 태아란 체내수정에 의하여 발생하고 나서 출생에 이르기 전 단계를 말한다. 우리 민법 제3조에 의하면 "……생존하는 동안……"이라고 하는 규정에 의해 태아는 권리능력자가 아니기 때문에 민법은 개별적으로 태아를 이미 출생한 것으로 보아 권리능력을 인정하고 있다.

148) 불법행위란 고의 또는 과실로 인하여 타인에게 손해를 끼치는 행위를 말한다. 이러한 경우 가해자는 피해자에게 손해배상을 해야 할 책임이 있다(민법 제750조). 예를 들면, 갑이 자동차를 운전하다가 을을 부상을 입힌 경우, 갑이 창가에 놓은 물 컵이 창밖으로 떨어져서 지나가던 을이 옷이 젖은 경우 등을 들 수 있다.

害賠償請求權), 민법 제1000조의 재산의 상속(相續), 민법 제1064조의 유증(遺贈)[149] 등의 경우가 있다. 따라서 의사설에 의하면 이들이 권리능력을 갖는 것에 대해 설명을 할 수 없다.

(2) 이익설(利益說)

이익설에 의할 때 권리란 법률상(法律上) 보호(保護)되는 이익(利益)이라고 한다. 이 설은 의사설의 결함을 보충하려고 예링(Jhering)에 의하여 주창되었다. 이익설에 의할 때 권리 주체(權利主體)와 의사 주체(意思主體)는 반드시 같을 필요는 없으므로, 의사무능력자(意思無能力者)[150]도 권리의 주체가 될 수 있기 때문에 의사설이 가지는 난점을 해결할 수 있다. 그러나 이익설에 의할 때 권리에는 권리자에게 아무런 이익이 없는 경우가 있을 수 있다. 예를 들면, 친권(親權)[151]과 같이 권리자 본인에게 아무런 이익이 없는 권리가 있다. 또한 권리의 본질을 이익에서 구하게 되면, 권리가 아닌 반사적 이익도 권리로 보게 되는 문제점을 가지고 있다.

(3) 권리법력설(權利法力說)

권리법력설은 의사설이나 이익설을 결합하면서 발전시킨 권리학설로서 권리(權利)란 일정한 이익(利益)을 향유(享有)케 하기 위하여

---

149) 유증이란 유언으로써 자기 재산의 일부를 무상으로 타인에게 주는 행위를 말한다.

150) 모든 사람은 평등하게 권리능력을 가지고 있으나, 구체적으로 독자적 판단에 의하여 스스로 법률행위를 하기 위해서는 먼저 그 법률행위의 법적 의미를 변별할 수 있는 의사능력이 있어야 한다. 즉 자기 행위의 의미나 결과를 인식·판단하여 정상적인 의사결정을 할 수 있는 정신능력이 결여된 자를 의사무능력자라고 한다. 이러한 의사무능력자가 한 법률행위는 무효이다.

151) 친권(right and duty of the parent)은 부모가 미성년인 자녀를 보호, 교양하고 그 재산을 관리하는 것을 내용으로 하는 권리·의무를 총칭한다.

법이 부여한 힘이라고 보는 설이다. 이 설은 에넥케루스(Enneccerus), 메르켈(Merkel) 등이 주장하였다. 이 설이 오늘날 지배적인 견해이다. 이 설에 의할 때 의사무능력자(意思無能力者)나 권리의 존재를 알지 못한 자는 권리의 주체가 될 수 있게 되어 의사설이 가지고 있는 난점을 해소시킬 수 있고, 한편 권리는 생활이익 그 자체가 아니고 생활이익의 보호 내지 향수를 가능하게 하는 수단으로서 법에 의하여 주어진 힘이라 하여 이익설이 가지는 결함도 보충하게 된다.

결국 권리라는 것을 권리법력설에 의해 "일정한 이익(利益)의 향수(享受)를 위하여 법(法)에 의하여 주어진 힘[力]"이라고 할 때 다음과 같이 분석할 수 있다.

① '권리(權利)는 힘[力]'이다. 즉, 권리는 타인에 대하여 그 의사에 불구하고 일정한 작위(作爲) 또는 부작위(不作爲)를 강제할 수 있는 힘이다. 여기서 '힘'이란 법에 의하여 주어지는 힘을 말한다.

② '권리(權利)는 법(法)에 의하여 주어지는 것'이다. 즉, 권리는 항상 법의 관념이므로 법이 있어서 비로소 권리가 있게 된다. 따라서 법이 생성되기 전이나 법이 없는 곳에는 권리는 존재하지 아니한다.

③ '권리(權利)는 일정한 이익(利益)의 향수(享受)를 목적(目的)'으로 한다. 즉, 인간은 일정한 이익을 양수하기 위해 활동한다. 그러므로 법은 일정한 자격(資格)을 가지는 자에게 일정한 이익의 향수를 가능하게 하기 위한 수단으로서 권리를 부여한다.

④ '권리(權利)는 타인(他人)에 대한 것'이다. 즉, 권리를 가지는 자는 타인에 대하여 일정한 권리의 향수를 주장할 수 있게 된다. 따라서 권리는 자기에 대한 것도 아니고, 또 물건에 대한 것도

아니며, 오직 타인에게 대한 것이다.

4) 권리의 분류(分類)

권리는 여러 가지 기준에 의하여 분류될 수 있다. 가장 기본적인 분류는 권리의 존립근거인 법의 분류에 따르는 방법이다. 즉, 법을 공법(公法)·사법(私法)·사회법(社會法)으로 구분하는 것에 대응하여 권리도 공권(公權)·사권(私權)·사회권(社會權)으로 나누는 방법이다.

(1) 공권(公權)

공권은 공법관계(公法關係)에 있어서 당사자의 어느 한편이 가지는 권리를 말한다. 이러한 공권에는 국내법상의 공권과 국제법상의 공권으로 나눌 수 있다.

① 국내법상(國內法上)의 공권(公權)

국내법상의 공권이란 국가(國家)·공공단체(公共團體)152) 또는 개인(個人)이 공법관계 특히 통치관계(統治關係)에서 가지는 권리를 말하며, 국법상의 공권이라고 한다. 이 권리는 국가 또는 공공단체가 가지는 국가 공권(국가적 공권)과 국민이 국가 또는 공공단체에 대하여 가지는 국민공권(개인적 공권)으로 나뉜다.

---

152) 공공단체란 공법인(公法人) 또는 자치단체(自治團體)라고도 한다. 자치행정(自治行政)의 주체로서 법인격(法人格)을 가지며, 행정목적을 수행하는 공법인이다. 공공적 성질을 가지므로 국가로부터 그 존립의 목적이 부여되고 그 목적은 대체로 법률에 의해 정해진다.

ⅰ) 국가적(國家的) 공권(公權)

국가 또는 공공단체가 그 자체의 존립(存立)을 위하여 또는 국민을 통치(統治)하기 위하여 가지는 권리로서 그 특색은 국가 또는 공공단체가 우월한 의사 주체(意思主體)로서 원칙적으로 권리(權利)의 내용(內容)을 일방적(一方的)으로 정하고, 국민에 대하여 명령(命令)·강제(强制)할 수 있는 점이 있다. 이러한 국가적 공권은 세부적으로 분류하면 다음과 같다.

(ⅰ) 권리(權利)의 목적(目的)에 의한 분류(分類)

a) 행정조직권(行政組織權)

국가가 행정권(行政權)을 행사하기 위하여 각종 기관의 조직(組織)·권한(權限) 등을 정하는 권리이다. 이 권리에 기하여 국회법(國會法)[153]·행정조직법(行政組織法)[154]·법원조직법(法院組織法)[155] 등이 제정되어 있다.

b) 재정권(財政權)

국가 또는 지방공공단체가 그 존립에 필요한 재력(財力)을 확보하

---

153) 국회법이란 국회의 조직·의사 기타 필요한 사항을 규정함으로써 국민의 대의기관인 국회의 민주적이고 효율적인 운영에 기여함을 목적으로 하는 법률이다.

154) 행정조직법이란 행정기관의 설치·구성·권한 및 행정기관 상호 간의 관계에 관한 법을 말한다. 행정조직법은 넓은 의미에서는 국가 또는 공공단체의 조직에 관한 모든 법으로서, 행정기관의 설치·구성·권한을 정한 법과 행정기관을 구성하는 인적 요소로서의 공무원과 물적 요소로서의 공물·영조물에 관한 법을 포함한다. 그러나 좁은 의미에서는 공무원과 공물·영조물에 관한 법은 제외하고 행정기관의 조직에 관한 행정기구법만을 말한다. 행정조직법은 행정기관에 관한 법이라는 점에서 입법기관 또는 사법기관에 관한 법과 다르며, 행정조직에 관한 법이라는 점에서 행정작용에 관한 법과 다르다.

155) 법원조직법이란 법원의 조직에 필요한 사항을 규정한 법률로서 헌법에 따라 사법권을 행사하는 법원의 조직을 정함을 목적으로 한다.

기 위하여 국민에게 경제적(經濟的) 부담(負擔)을 과하는 권리(權利)로서 조세부과권(租稅賦課權)이 그 대표적인 것이다.

c) 형벌권(刑罰權)

국가가 범죄(犯罪)에 대한 사회방위(社會防衛) 내지 사회보호(社會保護)를 위하여 범죄인(犯罪人)에게 대하여 제재(制裁)를 가하는 권리이다.

d) 군정권(軍政權)

국토방위를 위하여 병력을 확보하고 군을 통수하는 권리이다. 특히 국민에게 병역 기타의 부담을 과하는 것은 이 권리에 기한다.

e) 경찰권(警察權)

사회공공의 안녕질서(安寧秩序)를 유지하기 위하여 일반통치권에 기한 행정작용(行政作用)으로서 국민에 대하여 명령(命令)·강제(强制)함으로써 그 자유(自由)를 제한(制限)할 수 있는 권리이다.156)

f) 공기업권(公企業權)

국가 또는 공공단체가 공공(公共)의 이익(利益)을 위하여 사업(事業)을 경영(經營)하는 권리이다. 공기업에는 영리를 수반하는 영리사업(營利事業)과 비영리사업(非營利事業)이 있다.

---

156) 경찰권은 일반통치권의 행사이므로 내국인·외국인·자연인·법인의 구별 없이 적용된다. 법치국가에서 경찰권의 발동은 반드시 법규의 근거가 있어야 한다. 따라서 경찰권은 무제한으로 발동될 수 없다. 경찰권의 발동은 일반적으로 ① 경찰책임의 원칙, ② 경찰공공의 원칙, ③ 경찰비례의 원칙, ④ 평등의 원칙에 의한다. 만약 이 네 가지 원칙을 벗어나서 경찰권이 행사되어 국민에게 손해를 입혔을 경우, 국민은 일반행정행위의 구제수단과 절차에 의거하여 형사상·민사상·행정상의 손해보상을 받을 수 있다.

(ii) 권리(權利)의 내용(內容)에 의한 분류(分類)

a) 하명권(下命權)

하명권은 다른 말로 명령권(命令權)이라고 한다. 하명권이란 일정한 작위 또는 부작위의 의무를 특정인에게 명하는 권리이다. 예를 들면, 경찰하명(警察下命)157) · 재정하명(財政下命)158) 등이 그것이다. 그리고 부작위를 명하는 것을 특히 금지(禁止)라고 한다. 이 하명에 의한 의무를 이행하지 않을 때에는 행정상(行政上)의 강제수단(强制手段)에 의하여 의무내용을 이행하게 하고 또는 제재를 가한다.

b) 강제처분권(强制處分權)

개인의 신체(身體) 또는 재산(財産)에 대하여 강제처분을 하는 권리로서 대인적(對人的) 강제처분(强制處分)에는 소환(召喚)159) · 체포(逮捕)160) · 구금(拘禁)161) 등이 있고, 대물적(代物的) 강제처분(强制處分)으로서는 압수(押收)162) · 수색(搜索)163) 등이 있다.

---

157) 경찰하명이란 국가의 일반통치권에 의거한 경찰의 목적을 위하여 국민에 대하여 특정한 의무를 명하는 행정행위를 말한다.

158) 재정하명이란 행정 주체가 재정의 수입을 목적으로 재정권에 기하여 국민에게 특정한 작위, 부작위, 급부 · 수인의 의무를 명하는 행위를 말한다.

159) 소환이란 법원이 피고인 · 증인 · 감정인 등에게 일정한 일시에 법원 기타 일정한 장소에 출석을 명하는 일을 말한다.

160) 체포란 피의자의 신체를 구속하는 강제처분이며 행동의 자유를 박탈하는 행위를 말한다.

161) 구금이란 비교적 장기(長期)에 걸쳐서 신체의 자유를 구속하는 강제처분을 말한다. 비교적 단기(短期)의 형벌인 구류(拘留)와 다르며, 또한 그 형이 확정되지 않은 자에 대하여 집행된다는 점에서도 다르다.

162) 압수란 국가기관이 증거물 또는 몰수할 물건으로 인정되는 물건의 점유를 취득하는 강제처분을 말한다.

163) 수색이란 압수(押收)해야 할 물건이나 체포 · 구인(拘引) · 구류(拘留)하여야 할 범인을 발견하기 위해 사람의 신체 · 물건 · 가택을 조사하는 강제처분을 말한다.

c) 공법상(公法上)의 물권(物權)

국가 또는 공공단체가 가지는 물권(物權)으로서 예를 들면, 해양이나 하천 등에 대한 소유권과 같은 공유권(公有權)과 타인의 토지를 공용으로 사용하는 권리인 공용지역권(公用地域權) 및 조세의 담보로서 취득하는 우선특권(優先特權)·유치권과 같은 담보물권(擔保物權) 등이 있다.

ii) 국민공권(國民公權)

국민공권이란 국민이 국가 또는 공공단체에 대하여 가지는 권리를 말한다. 이러한 권리로서 자유권(自由權)·참정권(參政權)·국무요구권(國務要求權) 등이 있다.

a) 자유권(自由權)

자유권이란 법률(法律)에 의하지 아니하고는 국가권력(國家權力)에 의하여 자유를 침해당하지 아니할 권리이다. 이 권리는 국가에 대하여 어떤 작위(作爲)를 요구하는 것이 아니라, 간섭을 하지 말라고 하는 소극적 행위인 부작위(不作爲)를 요구하는 권리이다. 이러한 자유권은 국가권력에 의하여 자유가 위법적으로 침해된 경우에는 적극적으로 배제(排除) 또는 배상(賠償)[164]을 청구할 수 있다. 우리나라 헌법상 인정되고 있는 자유권으로서는 신체(身體)의 자유(自由), 주거

---

164) 일반적으로 배상(賠償)과 보상(報償)은 구별되어야 한다. 배상은 위법한 행위로 손해를 입은 경우에 사용하는 말이며, 보상은 적법한 행위로 손해를 입은 경우에 사용하는 말이다. 예를 들어, 갑이 을의 유리창을 깨뜨린 경우에 유리창을 깨뜨리는 행위는 위법한 행위이고 이로 인하여 을이 손해를 입었기 때문에 배상이라고 해야 한다. 만약 갑이 을의 유리창을 깨뜨린 행위가 공무수행 중에 어쩔 수 없는 행위였다면 을은 보상을 받아야 하는 것이다.

이전(住居移轉)의 자유(自由), 직업선택(職業選擇)의 자유(自由), 주거
(住居)의 자유(自由), 통신(通信)의 자유(自由), 종교(宗敎)의 자유(自由),
양심(良心)의 자유(自由), 언론(言論)·출판(出版)·결사(結社)의 자유
(自由), 학문(學問)·예술(藝術)의 자유(自由) 등이 있다.

b) 참정권(參政權)

국민이 직접·간접으로 국정(國政)에 참여하는 권리이다. 국민주권
주의(國民主權主義)는 국정의 결정은 국민의 의사에 기할 것을 요구하
고 있다. 우리나라는 헌법에 선거권(選擧權)165)·공무담임권(公務擔任
權)166)·국민투표권(國民投票權)167) 등의 참정권을 보장하고 있다. 또
한 소급입법(遡及立法)에 의하여 참정권을 제한할 수 없게 하고 있다
(제13조 제2항).168)

c) 국무요구권(國務要求權)

국민이 국가에 대하여 구체적인 행위를 요구(要求)하는 권리로서
국민의 요구에 의하여 국가는 국무상의 행위를 할 의무를 부담한다.
재판청구권(裁判請求權),169) 청원권(請願權)170)·소원권(訴願權) 등이

---

165) 헌법 제24조 "모든 국민은 법률이 정하는 바에 의하여 선거권을 가진다."

166) 헌법 제25조 "모든 국민은 법률이 정하는 바에 의하여 공무담임권을 가진다."

167) 헌법 제72조 "대통령은 필요하다고 인정할 때에는 외교·국방·통일 기타 국가안위에 관한 중요정책을
국민투표에 붙일 수 있다." 헌법 제130조 제2항 "헌법개정안은 국회가 의결한 후 30일 이내에 국민투
표에 붙여 국회의원선거권자 과반수의 투표와 투표자 과반수의 찬성을 얻어야 한다."

168) 헌법 제13조 제2항 "모든 국민은 소급입법에 의하여 참정권의 제한을 받거나 재산권을 박탈당하지 아
니한다."

169) 재판청구권이란 헌법과 법률에 정한 법관에 의한 재판, 법률에 의한 재판, 신속한 공개재판 등을 받을
권리를 말한다.

170) 청원권이란 국민이 국가기관에 대하여 문서(文書)로써 어떤 희망사항을 청원할 수 있는 기본권을 말한다.

이에 속한다. 그러나 광의에 있어서는 교육을 받을 권리, 근로의 권리, 노동자의 단결권(團結權)·단체교섭권(團體交涉權)·단체행동권(團體行動權) 등을 포함한다.

② 국제법(國際法)상의 공권(公權)

국가는 대외적으로 국제사회에 있어서 권리·의무의 주체가 된다. 국제사회에 있어서 국가에 인정되는 국제법상의 공권으로 독립권·자유권·자위권·자존권·교통권 등이 있다.

a) 독립권(獨立權)

국가가 국제법상 완전한 주권을 보유하고 대내외적으로 구속됨이 없이 자유의사에 의하여 행동할 수 있는 권리이다. 이 권리는 국제법에 의하여 제한을 받지만, 이러한 제한은 국가사회의 공권력에 의하여 배타적으로 강제되는 것은 아니라 자국의 임의적인 동의에 의한 것으로 풀이된다. 이것을 자기구속론(自己拘束論)이라 한다.

b) 평등권(平等權)

국가가 국제법상 차별을 받지 아니하고 평등하게 권리의무를 향유할 수 있는 권리이다. 따라서 국가는 국제법상 상호교섭(相互交涉)에 있어서 평등한 지위에 서게 된다.

c) 자위권(自衛權)

타국의 급박(急迫)·부정(不貞)의 침해에 대하여 자국을 방위하기 위하여 필요한 한도에서 국제법 위반의 행위를 합리적으로 할 수 있는 권리로서 국내법상의 정당방위(正當防衛)에 해당한다. 방위를 위한 필요한 한도를 넘는 경우에는 과잉방위(過剩防衛)라고 하여 위법하게 된다. 일반국제법상 자위권은 현실의 공격에 대해서뿐만 아니라, 공격을 받을 급박한 위험이 있는 경우에도 인정된다. 그러나 유엔에서는 가맹국의 자위권발동(自衛權發動)을 외국의 무력공격을 받은 경우에 한정하고 있다(유엔헌장 제51조).

d) 자존권(自存權)

국가가 그 존립(存立)을 위하여 필요한 행위를 할 수 있는 권리로서 자국의 존립을 위하여 자원개발(資源開發)·군사시설(軍事施設) 등의 행위를 할 수 있는 권리이다. 다만 자존권은 타국의 권리를 침해하지 않는 범위 내에서만 행사할 수 있다.

e) 교통권(交通權)

국가가 타국과 외교관계를 맺고 통상(通商)을 할 수 있는 권리이다.

(2) 사권(私權)

사권이란 사법상의 권리, 즉 사법관계(私法關係)에서 당사자(當事者)인 권리 주체(權利主體)에게 인정된 권리를 말한다. 사권은 사인(私人) 상호 간에 존재하는 것은 물론이고 국가 또는 공공단체가 통치관계를 떠나서 사인과 대등한 지위에서 행위를 하는 경우에 국가·공공단체와 국민 사이에도 존재한다. 이러한 사권은 여러 가지 표준에 의하여 분류할 수 있다.

사권의 분류 도표

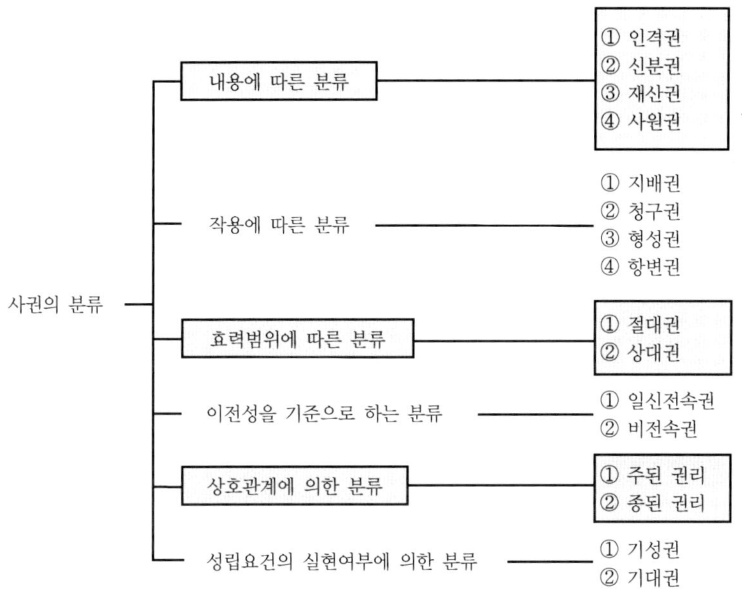

① 권리 내용에 의한 분류

권리 내용에 의한 분류란 권리의 내용인 이익을 표준으로 하는 분류이다. 이러한 권리 내용에 의한 분류에는 인격권·신분권·재산권·사원권이 있다.

ⅰ) 인격권(人格權)

인격권이란 권리자(權利者) 자신의 인격(人格)과 분리하는 것이 가능하지 않은 이익을 내용으로 하는 권리이다. 즉, 그 권리자의 인격과 운명을 같이하는 권리이다. 이러한 인격권으로서 생명(生命)·신체(身體)·자유(自由)·명예(名譽) 등에 관하여서뿐만 아니라, 정조(貞

操)·성명(姓名)·초상(肖像)·신용(信用) 등이 있다. 인격권은 금전적 평가를 할 수 없고 거래의 목적이 될 수도 없다. 인격권은 재산권은 아니지만, 재산권 이상으로 보호될 가치가 있기 때문에 인격권이 침해를 받은 경우에는 민법상 불법행위(不法行爲)로 되어 손해배상책임(損害賠償責任)이 발생하게 된다.

ii) 신분권(身分權)

신분권이란 일정의 신분관계에 기초하여 존재하고, 이것과 분리하는 것이 가능하지 않는 권리이다. 일반적으로 친족권(親族權)과 상속권(相續權)으로 나뉜다. 친족권은 부부(夫婦), 친자(親子), 친족(親族)과 같이 친족인 신분(身分)에 기하여 존재하는 권리로서 신분의 유지를 목적으로 한다. 이러한 신분권에는 친권(親權), 부부간의 동거청구권(同居請求權), 협력부조권(協力扶助權) 등과 같이 순수한 신분적인 것 이외에 부양청구권(扶養請求權), 재산상속권(財産相續權) 등과 같이 재산적 성질을 가지는 것도 있다. 신분권은 일정한 신분을 가지는 자와 분리할 수 없기 때문에 일신전속적(一身專屬的) 권리로서 거래의 객체가 될 수 없고 원칙적으로 포기(抛棄)할 수 없다. 신분권은 의무적 성질이 강하기 때문에 그 부당한 행사는 권리(權利)의 남용(濫用)이 되는 경우도 많다. 상속권(相續權)은 상속인의 신분에 기하여 존재하는 권리이다. 즉, 상속개시(相續開始) 후 상속인(相續人)이 가지는 권리이다. 이러한 상속권에는 재산상속권(財産相續權)이 있다.

iii) 재산권(財産權)

재산권은 경제적(經濟的) 이익(利益)을 내용으로 하는 권리, 즉 재산적 가치를 획득할 가능력으로서의 권리 또는 재산적 이익의 향수를 목적으로 하는 권리를 말한다. 재산권은 인격권이나 신분권 등과 같은 비재산권(非財産權)에 대응하는 권리이다. 재산권은 비재산권과 달리 권리 주체의 인격과 분리하더라도 존재이유를 가지기 때문에 거래의 객체가 될 수 있으며, 재산권은 물권(物權)·채권(債權)·무체재산권(無體財産權)으로 나눌 수 있다.

(i) 물권(物權)

물권이란 물건(物件)[171]을 직접 지배하는 것을 내용으로 하는 배타적(排他的) 권리(權利)로서 그것을 통하여 재산적 이익을 향수하는 권리이다. 여기서 '직접 지배'라고 하는 것은 타인의 행위의 개재 없이 권리를 실현하는 것을 말한다. 그리고 '배타적 권리'라고 하는 것은 동일물건에 관하여 동일내용·동일순위의 두 개 이상의 물권이 동시에 병존할 수 없다는 뜻이다. 이러한 물권으로서 우리 민법은 점유권(占有權),[172] 소유권(所有權), 지상권(地上權), 지역권(地役權),[173] 전세권(傳貰權), 유치권(留置權), 질권(質權), 저당권(抵當權)[174] 등을 인정하고 있다. 물권은 그 지배가 포괄적인가 아닌가에 따라 소유권과 제한물권(制限物權)으

---

171) 물건이란 민법 제97조에서 규정한 것과 같이 "유체물(有體物) 및 전기 기타 관리할 수 있는 자연력"을 말한다. 민법상 물건은 유체물에 한하지 않고 자연력과 같은 무체물(無體物)도 포함한다. 유체물은 형체가 있는 것을 말하며 토지·건물·자동차 등이 그 예이다. 무체물은 형체가 없는 것을 말하며, 전기·열·빛·향기 등이 그 예이다. 물건은 사람의 관리 곧 지배를 통한 사용·수익·처분이 가능한 것이어야 한다. 따라서 관리가 불가능한 것은 물건이 아니다. 해·달·전파 등이 그 예이다. 다만 해양(海洋)이나 공기와 같은 것도 일정한 범위를 정하여 지배할 수 있으면 물건으로 된다.

172) 점유권이란 물건을 사실상 지배하는 사람에게 주어지는 물권을 말한다.

173) 지역권이란 어느 토지의 편익을 위하여 타인의 토지를 이용하는 용익물권을 말한다. 예를 들면, 갑 토지의 소유자가 을 토지를 통행하는 것을 말한다.

174) 저당권은 채권자가 채무자 또는 제3자[物上保證人]로부터 점유를 옮기지 않고 그 채권의 담보로 제공된 목적물(부동산)에 대하여 일반 채권자에 우선하여 변제를 받을 수 있는 약정담보물권을 말한다.

로 나눠지고, 제한물권은 그 내용에 따라 용익물권(用益物權)과 담보
물권(擔保物權)으로 구분된다.

(ii) 채권(債權)

채권이란 특정인이 다른 특정인에 대하여 특정한 행위를 요구할 수
있는 권리를 말한다. 예를 들면, 갑이 을에게 100만 원을 빌려 주고 한
달 후에 100만 원과 이자를 받기로 계약을 체결한 경우를 들어 보면,
여기서 '특정인'이란 바로 갑(채권자)을 말하고, '다른 특정인'이란 을
(채무자)을 말한다. 따라서 갑은 을에게 특정한 행위를 요구할 수 있는
데, '특정한 행위'란 채무자의 행위, 즉 급부(給付)를 청구할 수 있다.
이러한 채권은 채권자가 채무자에게 채무의 이행을 청구하였음에도
불구하고 채무자가 자신의 채무를 채무의 내용에 좇은 이행을 하지
않게 되는 경우 이행을 강제하고, 손해배상을 청구할 수 있다.

(iii) 무체재산권(無體財産權)

무체재산권이란 저작(著作) · 발명(發明) 등과 같은 무체의 지능적
산물에 관하여 독점적으로 지배할 수 있는 권리를 말한다. 이 권리는
사람의 지능적 · 정신적 활동의 소산인 창작물(創作物)을 지배하는 권
리이므로, 지능적(知能的) 소유권(所有權) 또는 정신적(精神的) 소유권
(所有權)이라 한다. 이러한 무체재산권에는 특별법에 의하여 보호되고
있는 특허권(特許權), 실용신안권(實用新案權),[175] 의장권(意匠權),[176]

---

175) 실용신안권이란 공업소유권의 일종으로 실용신안법에 의하여 실용신안을 등록한 자가 독점적 · 배타적
   으로 그 실용신안상에 가지는 지배권을 말한다. 즉, 특허품으로 인정받을 만큼 고도의 기술은 아니지만
   자연기술을 이용한 기술적 사상의 창작인 경우 실용신안으로 등록할 수 있다.
176) 의장권이란 공업 소유권의 일종으로서 의장을 등록한 자가 그 등록의장에 대하여 향유하는 독점적 · 배

상표권(商標權),177) 저작권(著作權)178) 등이 있다. 이 권리의 특징은 존속기간(尊屬期間)이 한정되어 있고, 상속인이 없는 경우에는 그 권리가 소멸하여 국제적으로 보호된다는 점이다.

iv) 사원권(社員權)

사원권이란 사단법인(社團法人)의 사원이 그 법인에 대하여 가지는 권리이다. 예를 들면, 주식회사(株式會社)에 있어서의 주주(株主)의 권리(權利), 비영리사단법인(非營利社團法人)에 있어서의 사원(社員)의 권리(權利)가 여기에 해당된다. 이러한 사원권에는 자익권(自益權)과 공익권(共益權)으로 구별된다. 자익권은 사원 자신의 경제적 이익을 위하여 인정된 권리로서 영리법인에 있어서의 이익배당청구권(利益配當請求權)이나 잔여재산분배청구권(殘餘財産分配請求權), 비영리법인에 있어서의 시설이용권(施設利用權) 등이 여기에 속한다. 그리고 공익권은 법인 자체 또는 사원공동의 목적을 위하여 인정된 권리를 말한다. 즉, 법인 기타 단체의 운영에 참여하는 것을 내용으로 하는 권리이다. 여기에는 의결권(議決權), 소수사원권(少數社員權),179) 업무집행권(業務執行權) 등이 이에 속한다. 이러한 사원권에 대하여 사원권은 권리가 아니라 법률상의 지위라고 하거나 혹은 사원권의 존재를 부정하는 견해도 있지만, 사원권은 사권의 일종이다.180)

타적 권리를 말한다. 즉, 의장권은 디자인(의장)의 경우에 물품의 형상, 모양, 색채 또는 이들의 조합, 다시 말해서 물품의 외관디자인에 대해 보호를 받는 것을 말한다.

177) 상표권이란 등록상표(登錄商標)를 지정상품(指定商品)에 독점적으로 사용할 수 있는 권리를 말한다.

178) 저작권이란 문학 · 학술(學術) 또는 예술의 범위에 속하는 창작물인 저작물에 대한 배타적 · 독점적 권리를 말한다.

179) 소수사원권이란 다수 사원의 횡포를 막아 회사의 공정한 이익을 지키기 위하여 소수의 사원에게 주어진 권리를 말한다. 예를 들면, 사원총회소집요구권이 대표적이다.

② 권리의 작용에 의한 분류

ⅰ) 지배권(支配權)

지배권이란 권리(權利)의 객체(客體)를 직접 지배할 수 있는 권리를 말한다. 즉, 타인의 행위의 개재 내지 간섭을 배제하여 직접(直接) 이익(利益)을 향수(享受)할 수 있는 권리를 말한다. 이러한 권리에는 물권(物權)·무체재산권(無體財産權) 등이 이에 속한다. 지배권은 권리의 실현을 위하여 타인의 협력을 필요로 하지 않고 직접(直接) 자기(自己)의 의사(意思)로서 실현할 수 있는 권리이며, 국가공권력(國家公權力)의 조력(助力)이 필요 없는 점에서 청구권(請求權)과 다르다.

ⅱ) 청구권(請求權)

청구권이란 특정인이 다른 특정인에게 특정(特定)한 행위(行爲)를 요구할 수 있는 청구적인 작용을 내용으로 하는 권리이다. 청구권의 전형적인 예는 채권(債權)이며, 청구권은 특정인의 행위를 대상으로 하기 때문에 권리의 내용을 실현하기 위해서는 타인(他人)의 행위(行爲)가 있음을 요하고, 의무자(義務者)가 특정되어야 하며 동시에 동일(同一)한 내용(內容)의 의무(義務)가 두 개 이상 성립할 수 있다. 앞에서 설명한 바와 같이 청구권의 가장 일반적인 것은 채권이지만, 그 밖에도 물권적 청구권(物權的請求權)181)과 친족권(親族權)에 기하는 청

---

180) 永田菊四郎, 新民法要義 第1卷 總則, 帝國判例法出版社, 1965, 54面.

181) 물권적 청구권이란 물권의 실현이 방해당하고 있거나 방해당할 염려가 있는 경우에 그 제거 또는 예방을 청구할 수 있는 권리를 말한다. 물권적 청구권은 물권의 지배권으로서의 실효성을 확보하기 위하여 인정된다. 물권적 청구권은 점유권에 기한 점유보호청구권(민법 제204조 내지 제206조)과 소유권에 기한 물권적 청구권(213조, 214조)이 있으며, 각각 반환청구권, 방해제거청구권, 방해예방청구권이 있다.

구권(請求權)도 이에 속한다. 민사사례를 해결함에 있어 그 청구권의
기초를 정확하게 파악하는 것이 아주 중요하다.

iii) 형성권(形成權)

형성권이란 권리자(權利者)의 일방적(一方的)인 의사표시(意思表示)
에 의하여 법률관계(法律關係)가 형성되는 권리를 말한다. 즉, 법률관
계가 권리자의 일방적인 의사표시로 인하여 발생(發生)되거나 변경
(變更)되거나 소멸(消滅)되는 권리를 말한다. 이러한 형성권은 권리자
가 일방적으로 법률관계를 변동시킬 가능성이 있는 권리이기 때문에
가능권이라고도 한다.

형성권은 권리자의 일방적인 의사표시만으로써 효과를 발생시키
는 것과 법원의 판결에 의하여 비로소 효과를 발생시키는 것이 있다.
여기서 '법원의 판결'을 형성판결(形成判決)이라 한다. 예를 들면, 법
률행위(法律行爲)의 동의권(同意權)182)·취소권(取消權)·추인권(追認
權)183)·계약의 해지권(解止權)184)과 해제권(解除權)185) 등은 권리자
의 일방적인 의사표시만으로써 효과가 발생하고, 채권자취소권(債權
者取消權)186)·친생부인권(親生否認權)187)·혼인취소권(婚姻取消權) 등

---

182) 민법 제5조 제1항에서 "미성년자가 법률행위를 함에는 법정대리인의 동의를 얻어야 한다"고 규정을 함
　　　으로써 미성년자에 대한 법정대리인의 동의권을 인정하고 있다.

183) 추인권이란 불완전한 법률행위를 사후에 보충하여 확정적으로 유효하게 하는 일방적 의사표시를 말한
　　　다. 예를 들어, 갑이 을에게 제주도에 있는 땅 100평만 구입해 달라고 부탁을 하였는데, 을이 대전에 있
　　　는 땅 100평을 병으로부터 구입한 경우에 을이 갑을 대신하여 땅 100평을 구입해 달라고 부탁받은 지
　　　역은 제주도이기 때문에 제주도 이외의 지역에서 을이 갑을 대신해서 땅을 구입하는 경우는 대리할 권
　　　한이 없는 경우이다. 이 경우에 갑이 을의 행위를 추인하게 되면 대리권 있는 경우와 같은 법률효과가
　　　발생하게 된다.

184) 해지권이란 계속적 계약에서 당사자의 일방적 의사표시만으로 그 효력을 장래에 대하여 소멸시키는 것
　　　을 해지라고 한다. 해제와 해지의 차이는 소급효가 있느냐의 차이이다.

185) 해제권이란 유효하게 성립된 계약의 효력을 일방적인 의사표시에 의하여 소급적으로 소멸시킬 수 있는
　　　권리를 말한다.

은 법원의 판결에 의하여 비로소 효과가 발생한다. 형성권은 새로운 법률관계를 형성한다는 점에서 지배권과 구별되고, 타인의 행위를 요하지 않는다는 점에서 청구권과 구별된다.

iv) 항변권(抗辯權)

항변권이란 타인의 청구권(請求權) 행사(行使)에 대하여 그 청구를 거절(拒絕)할 수 있는 작용을 하는 권리를 말한다. 항변권은 다른 말로 반대권(反對權)이라고도 한다. 항변권은 타인의 청구권의 작용을 일시 정지시키는 데 그치고, 권리 자체를 부인(否認) 또는 변경(變更)·소멸(消滅)시키는 효력을 가지는 것은 아니다. 항변권에는 크게 연기적(延期的) 항변권(抗辯權)과 영구적(永久的) 항변권(抗辯權)으로 나뉜다. 연기적 항변권은 청구권의 행사를 일시적으로 막을 수 있는 권리로서 동시이행의 항변권(同時履行의 抗辯權),188) 보증인(保證人)의 최고(催告)·검색(檢索)의 항변권(抗辯權)189) 등이 있다. 그리고 영구적 항변

---

186) 채권자취소권이란 채권자를 해함을 알면서 행한 채무자의 법률행위(사해행위)를 취소하여 채무자의 재산 회복을 재판상 청구할 수 있는 채권자의 권리를 말한다(민법 제406조·제407조). 예를 들어 갑이 을에게 100만 원을 빌려 주었는데, 을에게 유일한 재산인 중고자동차를 병과 통모하여 처분하는 경우에 만약 을이 채무를 이행하지 않는 경우에는 갑은 자신의 채권 100만 원을 확보하기 위해서는 을의 유일한 재산인 중고자동차를 경매 등의 방법에 의해 확보받아야 한다. 그러나 을이 병과 통모하여 중고자동차를 처분하는 경우 갑은 자신의 채권을 확보받을 기회가 박탈당하기 때문에 을의 사해행위에 대해 갑이 취소하는 것을 말한다.

187) 친생부인권이란 아내가 혼인 중에 가졌다고 추정되는 자식을 남편이 자기의 자식이 아니라고 부인하는 것을 말한다.

188) 동시이행의 항변권이란 쌍무계약(雙務契約)에서 상대방이 채무의 이행을 제공할 때까지 자기 채무의 이행을 거절할 수 있는 권리를 말한다. 예를 들면, 갑이 을에게 중고자동차를 팔기로 하고 을은 그 대가로 500만 원을 주기로 계약을 체결한 경우에 이행기에 을이 갑에게 중고자동차의 인도를 청구하는 경우에 갑은 을에게 500만 원을 이행할 때까지는 자신의 채무를 이행할 수 없다고 하는 항변권을 말한다.

189) 보증인은 주 채무자가 갖는 항변권을 행사할 수 있을 뿐만 아니라, 스스로 최고(催告)의 항변권 및 검색(檢索)의 항변권을 가진다. 최고의 항변권이란 채권자가 주 채무자에게 청구하지 않고 보증인에게 미리 청구해 온 경우에 '먼저 주 채무자에게 최고하라'고 주장하여 그 이행을 거절할 수 있는 권리이고, 검색의 항변권이란 '먼저 주 채무자의 재산에 대하여 집행하라'고 주장하여 그 이행을 거절할 수 있는 권리이다(민법 제437조).

권은 상대방의 청구권의 행사를 저지하여 영구적으로 이행을 거절할 수 있는 항변권으로서 한정상속인(限定相續人)의 항변권(抗辯權)[190] 등이 여기에 속한다.

③ 권리의 효력 범위에 의한 분류

ⅰ) 절대권(絶對權)

절대권이란 널리 일반인(一般人)에 대하여 대항(對抗)할 수 있는 권리를 말한다. 절대권을 대세권(對世權)이라고도 하는데, 타인의 행위를 청구하는 것이 아니라 정적(靜的)인 지배상태(支配狀態)에 관한 것이라는 점에서 상태권이라고도 한다. 이러한 절대권으로서는 물권(物權)·인격권(人格權)·무체재산권(無體財産權) 등이 이에 속한다. 이들의 권리는 특정의 법익에 대한 지배적인 지배를 그 내용으로 하고 있으므로, 일반인의 불가침의무(不可侵義務)를 수반하며, 타인의 침해를 받은 경우에는 불법행위(不法行爲)로 인한 손해배상청구권(損害賠償請求權)이 발생한다. 예를 들면, 갑이 건물을 소유하고 있는 소유자이다. 자신이 소유하고 건물에 대한 지배는 일반인 모두에게 주장할 수 있으며, 그 일반인은 갑이 소유하고 있는 건물에 무단으로 침입을 해서는 안 되는 불가침의무를 가지고 있다. 그리고 갑은 일반인(을)이 침입을 함으로써 받은 손해가 있다면 그 손해에 대해 을을 상대로 손해배상을 청구할 수 있다.

---

190) 상속은 피상속인의 채권 및 채무를 모두 승계하기 때문에 피상속인이 채권보다 채무가 많은 경우 상속인이 이를 상속하게 되면 손해가 발생하게 될 것이다. 이럴 때 한정승인을 받아 상속을 하게 된다. 즉, 한정승인이란 상속인이 상속으로 인하여 얻은 재산의 한도에서 피상속인의 채무와 유증(유언으로 증여를 하는 경우 증여를 이행하는 문제) 변제하는 것을 조건으로 상속을 승인하는 것을 말한다. 이러한 한정승인은 상속받은 적극재산이 채무보다 적을 때, 상속재산의 범위에서만 채무를 변제하면 되고 적극재산을 초과하는 채무에 대하여는 변제책임을 지지 않으며, 한정승인자의 상속재산은 자신의 고유재산과 구분됩니다.

ii) 상대권(相對權)

상대권은 특정인(特定人)을 의무자(義務者)로 하여 그에 대해서만 주장할 수 있는 권리를 말한다. 상대권은 다른 말로 대인권(對人權)이라고도 한다. 채권(債權)이 그 대표적이지만, 부양청구권(扶養請求權)191)·인지청구권(認知請求權)192) 등도 이에 속한다.

④ 권리의 이전성을 기준으로 한 분류

ⅰ) 일신전속권(一身專屬權)

일신전속권이란 권리자(權利者)로부터 분리(分離)할 수 없는 것으로서 권리의 향수나 행사가 그 권리자의 일신에 전속하는 권리이다. 따라서 일신전속권은 양도(讓渡)·상속(相續) 등에 의하여 타인에게 이전할 수 없다. 일신전속권에 속하는 것은 신분권(身分權)·인격권(人格權) 등이 이에 속한다.

ii) 비전속권(非專屬權)

비전속권이란 권리자(權利者)로부터 분리(分離)할 수 있는 권리로서

---

191) 부양이란 자신의 힘만으로는 생활을 유지할 수 없는 사람에 대한 생활상의 원조를 말한다. 이러한 부양에 대해 청구할 수 있는 부양청구권이란 법률의 규정에 의하여 부양을 청구할 수 있는 권리를 말한다. 따라서 민법상 부양청구권은 일정한 신분을 가진 자 사이에서만 발생하게 된다. 즉 ① 직계혈족 및 그 배우자 사이, ② 생계를 같이하는 그 밖의 친족 사이이다(민법 974조). 형제자매 간에는 생계를 같이하지 않는 한, 부양청구권이 없다.

192) 인지청구권은 민법 제863조에서 "자와 그 직계비속 또는 그 법정대리인은 부 또는 모를 상대로 하여 인지청구의 소를 제기할 수 있다"고 규정하고 있다. 일반적으로 법률상 혼인을 한 부부 사이에 아이가 태어나면 당연히 아버지나 어머니와 그 아이 사이에는 부자관계와 모자관계가 발생하게 된다. 그러나 법률상 혼인관계가 없는 사람들 사이에서 아이가 태어나면 모자관계는 일반적으로 인정이 되지만, 부자관계는 설사 생부라고 하더라도 부자관계는 발생하는 것은 아니다. 따라서 부(父)가 아무런 조치를 취하지 않는 이상 부자관계는 발생하지 않는다. 따라서 생부가 자라고 인지하고 인지신고를 하게 되면 부자관계는 발생하게 되는데, 이러한 인지를 자에게 인정자가 생부에게 적극적으로 자신을 인지해 달라고 청구할 수 있는 권리를 말한다.

양도나 상속이 인정된다. 재산권의 대부분은 비전속권에 속한다.

⑤ 권리의 상호관계에 의한 분류

ⅰ) 주된 권리(主된 權利)

주된 권리란 독립하여 존재하는 권리로서 종된 권리에 대한 상대적 개념이다.

ⅱ) 종된 권리(從된 權利)

종된 권리란 주된 권리에 종속하는 권리로서 예를 들면, 채권에 대한 담보물권(擔保物權), 원본채권(元本債權)에 대한 이자채권(利子債權) 등이 그것이다. 종된 권리는 그 발생·변경·소멸에 관하여 원칙적으로 주된 권리와 운명을 같이하나, 주된 권리의 존속 중에 종된 권리만 소멸하는 경우도 있고, 또 이미 발생한 이자채권과 같이 주된 권리로부터 분리되어 독립하여 양도의 목적이 될 수도 있다.

⑥ 권리의 성립요건의 실현여부에 의한 분류

ⅰ) 기성권(旣成權)

기성권이란 권리의 성립요건이 모두 실현되어 완전히 성립된 권리를 말한다. 권리라고 할 때 보통 이 기성의 권리를 말한다.

ⅱ) 기대권(期待權)

기대권이란 장래 일정한 사실이 발생하면 일정한 법적 이익을 향수할 수 있는 희망 내지 기대를 내용으로 하는 권리이다. 즉, 권리의 성립요건 중의 일부가 발생하고, 장차 남은 요건이 실현되면 권리를 취득할 수 있는 경우에 그 기대상태에 대하여 법이 인정한 보호를 말한다. 기대권을 희망권(希望權)이라고도 한다. 조건부 법률행위에서의 조건부 권리(條件附 權利),[193] 기한부(期限附 權利),[194] 상속개시 전의 추정상속인(推定相續人)의 지위(地位) 등이 이에 속한다.

(3) 사회권(社會權)

사회권이란 사회법에 의하여 인정된 권리를 말한다. 즉, 사회권은 국가의 기능이 사회적·경제적 영역에까지 확대되어 국민의 인간다운 생활 보장이 국가 책임으로 된 결과로 생긴 권리이다. 사회법이 공법과 사법의 혼합적(混合的)·중간 영역적(中間 領域的) 지위에서 성립된 것이기 때문에 사회권도 공권과 사권의 혼합적·중간적 성격을 가지고 있다. 특히 현대 복지국가(福祉國家)는 국가가 국민의 생존을 위하여 근로의 기회, 최저생계비의 제공 등 적극적 활동을 하여 국민에게 인간다운 생활을 보장할 의무를 지고 있다. 이러한 바탕에서 국민이 요구할 수 있는 권리가 사회권인 것이다. 사회권의 기초가 되는 사회법에는 노동법(勞動法)·경제법(經濟法)·사회보장법(社會保障法) 등이 있다. 노동법은 근로조건(勤勞條件)의 유지(維持)·개선(改善)과

---

193) 조건부 권리란 예를 들어, 사법시험에 합격하면 자동차 한 대를 증여한다고 한 경우, 수증자는 사법시험에 합격한다는 조건의 성취로 자동차 한 대를 취득할 가능성이 있다. 이를 조건부 권리라 한다.

194) 기한은 법률행위효력의 발생·소멸을 좌우하는 장래의 확실한 사실의 부관을 말한다. 예를 들면, '네가 사법고시에 합격하면 자동차를 사 준다'고 하는 경우에는 법률행위효력의 발생·소멸을 좌우하는 장래의 불확실한 사실의 부관으로 조건에 해당하지만, '네가 가지고 있는 자동차를 3일 후에 사겠다'고 하는 경우는 법률행위효력의 발생·소멸을 좌우하는 장래의 확실한 부관으로 기한에 해당한다. 따라서 기한부 권리란 기한이 되면 일정한 이익을 받을 것을 말한다.

근로자(勤勞者)의 경제적(經濟的)·사회적(社會的) 지위(地位)의 향상(向上)을 목표로 하고, 경제법은 경제적 약자인 소비자(消費者)의 보호(保護)에, 사회보장법은 국가가 국민의 인간다운 생활을 보장함에 각각 그 목표를 두고 있다.

5) 권리의 행사(行使)

(1) 의의(意義)

권리의 행사라 함은 권리(權利)의 내용(內容)을 현실화(現實化)하는 행위(行爲)를 말한다. 예를 들면, 국가가 조세(租稅)를 부과하는 것은 과세권(課稅權)을 행사하는 것이고, 임차인(賃借人)이 빌린 물건을 사용하는 것은 임차권(賃借權)을 행사하는 것이며, 친권자인 부모가 미성년자(未成年者)인 자녀를 보호·부양하는 것은 친권(親權)을 행사하는 것이다. 이러한 권리행사(權利行使)는 권리주장(權利主張)과 구별된다. 권리의 주장은 권리의 존재(存在)에 관하여 다툼이 있거나 권리의 행사가 방해(妨害)당할 염려가 있는 경우에 특정인에게 그 권리의 존재를 인정케 하려는 행위이다. 즉, 권리의 주장은 권리의 내용을 당장에 실현하려는 것이 아니라 권리 자체가 존재함을 특정인에게 승인(承認)시키려고 하는 것이므로 권리의 내용을 구체적으로 실현하려는 행위인 권리의 행사와는 구별된다. 이렇게 일반적으로 권리행사와 권리의 주장은 구별되지만, 청구권의 행사에 있어서는 권리의 행사가 특정인에 대한 것인 때에는 권리의 주장을 수반하게 된다.

(2) 권리행사 자유의 원칙

공법(公法)은 공법관계(公法關係)에서 가지는 권리이기 때문에 그 행사가 의무 있는 경우가 많다. 그러나 사권(私權)은 근대사법이 개인주의 · 자유주의를 기조로 하고 권리본위(權利本位)로 형성되어 있기 때문에 그 행사는 원칙적으로 권리자(權利者)의 자유(自由)에 맡겨져 있다. 즉, 권리의 행사는 권리자의 자유이므로 권리를 행사하건 행사하지 아니하건 불문하며, 이를 포기(抛棄)하는 것도 권리자의 자유에 속한다. 따라서 권리를 행사할 의무가 권리 속에 포함되어 있는 것은 아니다. 다만 민법상의 친권(민법 제913조)의 경우에는 그것이 타인의 이익을 위하여 인정된 것이기 때문에 예외적으로 행사의무(行使義務)를 수반한다. 원래 법질서가 어떤 권리를 준다는 것은 그 권리자의 이익을 위하여 그것과 대립되는 반대이익이 침해된다는 것을 전제로 하고 있으므로, 권리의 행사로 인하여 타인에게 손해를 가하게 되더라도 원칙적으로 배상책임이 없다. 이에 관하여 로마시대 이미 "자기의 권리를 행사하는 자는 누구에 대하여도 불법을 행하는 것은 아니다(Qui iure suo utiur, nemini facit iniuriam)"라고 하는 법 원칙으로 표방하였다. 이러한 권리행사의 자유에 대한 원칙은 근대 시민사회에도 그대로 채용되었다. 특히 사권(私權) 중 민법에 있어서 권리행사의 자유를 인정한 것은 중세의 신분 구속적인 의무본위(義務本位)에서 인간을 해방시키기 위한 목적으로 주장되었다. 즉 인간은 모두 이성적 · 인격적 존재로서, 인격적 존재인 인간이 자유롭게 권리를 행사함으로써 자유로운 인격전개를 가능하게 하였다.[195]

---

195) 백태승, 『민법총칙』, 법문사, 2006, 85면.

6) 권리행사(權利行使)의 제한(制限)

(1) 제한(制限)의 필요성(必要性)

18세기부터 19세기에 걸쳐 개인주의·자유주의를 기조로 하는 법사상의 영향 아래 소유권의 절대성(絶對性)이 인정되고, 권리자는 그가 가지는 권리를 어떠한 방법으로든지 또는 어떠한 한도로 행사하든 자유(自由)이었다. 즉, 이 시대에는 권리의 행사를 권리자 개인에게 맡겨두면 모두 행복하게 살 수 있을 것이라 생각하였다. 그러나 이러한 자유주의적 기대는 얼마 가지 않아 많은 모순을 가져오게 되었다. 권리(權利)는 사회(社會)에 있어서 상호적(相互的) 승인(承認)이 있어야만 존립할 수 있는 것이므로 권리행사의 자유는 권리자의 절대적인 것일 수 없으며 타인의 권리행사와의 상호관계에서 일정한 한계가 필요함을 인식하게 되었다. 즉, 권리행사 자유의 원칙은 이성적으로 정당한 이익의 범위 내에서 행사되어야 하는데도 현실적으로는 권리를 남용(濫用)하는 경우가 발생하였다. 그래서 권리의 사회적 책임성과 권리행사의 정당성을 요구하게 되었으며, 결국 권리는 공익과 사익이 조화되는 범위 내에서 합리적으로 인정되고 또 권리의 행사도 이러한 목적에 의하여 제한받게 되었다. 우리 헌법 제23조 제2항에서도 "재산권의 행사는 공공복리(公共福利)에 적합하도록 하여야 한다"고 규정하여 권리행사의 공공복리에 대한 적합성을 가지도록 선언하고 있으며, 민법 제2조 제1항에서 "권리의 행사와 의무의 이행은 신의에 좇아 성실히 하여야 한다"고 규정하고, 동조 제2항에서 "권리는 남용하지 못한다"고 규정하여 권리행사에 관한 일반적 원칙을 명시하고 있다.

(2) 제한(制限)의 내용(內容)

① 신의성실(信義誠實)의 원칙(原則)

신의성실은 '선(善) 및 형평(衡平)'을 기초로 하는 로마법의 선의소송(善意訴訟) 및 일반적 악의의 항변(抗辯)에 기원을 둔 제도로서 신의성실이란 사회공동생활의 구성원으로서의 사람은 상대방의 신뢰(信賴)를 헛되이 하지 않도록 성실하게 행동함을 의미한다. 이러한 신의성실에 대해 근대법에서 프랑스민법이 계약에 관하여 둔 것이 최초이며, 그 후 독일민법은 이를 계약(契約)의 해석(解釋) 및 채무이행(債務履行)의 원칙에 규정하였다. 그리고 스위스민법 제2조에서 "권리의 명백한 남용은 법률의 보호를 받을 수 없다"고 규정하고 있다. 우리나라의 경우 민법 제2조 제1항에서 "권리의 행사와 의무의 이행은 신의에 좇아 성실히 하여야 한다"고 규정하고 있다.196) 이러한 신의성실의 원칙은 민법의 대원칙인 동시에 모든 법의 지도이념(指導理念)이 되고 있다. 신의성실의 원칙은 권리남용금지(權利濫用禁止)의 원칙(原則)과 더불어 직접적으로 권리행사의 자유의 제한 내지 한계를 설명해주고, 간접적으로 권리의 사회성·공공성의 구체적인 시인 내지 표현이기도 하다.

신의성실의 개념은 '신의(信義)'와 '성실(誠實)'로 나눌 수 있는데, 사람의 행동이나 태도에 대한 윤리적·도덕적 평가를 나타내는 것이

---

196) 대판 1991. 12. 10. 91다3802; 대판 1993. 2. 9. 92다9364에서 판례는 신의칙의 적용요건을 다음과 같이 보고 있다. "민법상의 신의칙은 법률관계의 당사자는 상대방의 이익을 배려하여 형평에 어긋나거나 신뢰를 저버리는 내용 또는 방법으로 권리를 행사하거나 의무를 이행하여서는 안 된다는 추상적인 규범을 말하는데, 신의칙에 위배된다는 이유로 그 권리행사를 부정하기 위해서는 상대방에게 신의를 공여하였다거나 객관적으로 보아 상대방이 신의를 가짐이 정당한 상태에 이르러야 하고 이와 같은 상대방의 신의에 반하여 권리를 행사는 것이 정의관념에 비추어 용인될 수 없는 정도의 상태에 이르러야 한다"고 판시하였다.

다. 이러한 신의성실을 신의칙(信義則)이라고도 하는데, 이를 법적 평가의 한 내용으로 도입한 것이므로 윤리규범성(倫理規範性)을 띠는 일반적·추상적 내용을 선언한 것으로 가치의 보충(補充)을 요하는 '일반조항(一般條項)'이다. 따라서 그 구체적인 내용은 개개의 재판(裁判)을 통해 실현된다. 이러한 신의칙은 강행법규적 성질을 가지고 있기 때문에 당사자가 신의칙을 주장하지 않더라도 법원은 이를 직권(職權)으로 판단할 수 있다.197) 그리고 신의성실을 위반(違反)한 권리의 행사는 권리의 남용(濫用)이 되고, 의무의 이행이 신의성실에 반(反)하게 되면 의무불이행(義務不履行)이 된다. 이러한 신의성실의 원칙은 다음과 같은 파생원칙(派生原則)이 있다.

ⅰ) 금반언의 원칙(禁反言의 原則)198)

금반언의 원칙은 원래 자본주의경제발전에 따라서 거래안전의 요청상 먼저 영미법에서 '금반언(estoppel)의 법리'로서 발전되어 온 것을 독일법이 수용하게 된다. 이러한 금반언의 원칙은 선행행위(先行行爲)와 모순되는 후행 행위는 허용되지 않는다는 원칙이다. 이러한 금반언의 원칙은 권리자의 권리행사, 즉, 후행행위가 그것에 선행(先行)되는 행위와 모순되는 것이어서 그러한 후행행위(後行行爲)대로 법률효과를 인정하게 되면 선행행위로 인하여 야기된 상대방의 신뢰를 해치는 경우 권리자의 그와 같은 권리행사를 제한하는 원칙을 말한다. 즉, 이미 표명한 자기의 인용에 대하여 이와 모순되는 행위를 할

---

197) 지원림, 『민법강의』, 홍문사, 2004, 43면; 대판 1995. 12. 22, 94다42129.
198) 김준호, 『민법강의』, 법문사, 2001, 47면에서 자신의 선행행위와 모순되는 행위는 허용되지 않는다는 원칙을 모순행위금지의 원칙이라고 하며, 영국의 금반언(estoppel)의 법리와 유사하다고 한다. 그러나 우리나라의 판례는 금반언이라는 용어를 더 즐겨 사용하고 있다.

수 없다는 것이다. 우리나라에 있어서는 민법 제452조에서 양도통지(讓渡通知)와 금반언(禁反言)이라고 하여 이 원칙을 기초한 것을 볼 수 있다.[199)]

ii) 실효의 원칙(失效의 原則)

실효의 원칙이란 권리자가 장기간(長期間) 권리(權利)를 행사하지 않았고 그로부터 상대방은 권리자가 권리를 행사하지 않으리라고 신뢰하고 있었는데, 후에 이르러 권리자가 새삼 권리를 행사하는 것이 상대방으로서는 기대 불가능(期待不可能)할 때 권리자의 이와 같은 권리행사를 제한하는 원칙을 말한다. 이에 관하여 예링(Jhering)은 "권리 위에서 잠자는 자는 권리자로서 보호할 가치가 없다"고 말하였다. 이 실효의 원칙은 게르만법상의 권리의 불행사(不行使)로 인한 권리상실(權利喪失)의 제도(制度)나 금반언(禁反言)의 원칙(原則)의 특칙(特則)으로 이해되고 있다.[200)] 본래 권리실효의 법리는 독일의 판례와 학설을 통하여 발전하여 온 이론이다. 독일 민법은 소멸시효(消滅時效)[201)]의 대상을 청구권에 한정하고 또 원칙적으로 30년의 장기이기 때문에 이 법리를 인정할 실익이 크다.[202)] 우리나라의 경우 대법원도 비록 행정사건이기는 하지만 1988년에 실효의 원칙을 처음 언급하였다.[203)] 그러나 이 원칙을 적용함에는 소극적인 태도를 취하다가 1992

---

199) 민법 제452조 제1항에서 "양도인이 채무자에게 채권양도를 통지한 때에는 아직 양도하지 아니하였거나 그 양도가 무효인 경우에도 선의인 채무자는 양수인에게 대항할 수 있는 사유로 양도인에게 대항할 수 있다"고 규정하고 있다.

200) 백태승, 『민법총칙』, 98면.

201) 소멸시효란 권리자가 권리를 행사할 수 있음에도 불구하고 권리를 행사하지 않는 사실상태가 일정 기간 계속된 경우에 그 권리의 소멸을 인정하는 제도를 말한다.

202) 김준호, 『민법강의』, 49면.

년 판례에서 실효의 원칙을 처음 정면으로 인정하였다.204) 이 외에 상법 제26조에 "상호(商號)를 등기한 자가 정당한 사유 없이 2년간 상호를 사용하지 아니한 때에는 이를 폐지한 것으로 본다"고 규정하고 있는데 이 규정이 실효의 원칙에 속한다고 할 수 있다.

iii) 사정변경의 원칙(事情變更의 原則)

일반적으로 사정변경의 원칙이라 함은 법률행위, 특히 쌍무계약(雙務契約)205)의 성립 당시에 있었던 환경 또는 그 기초가 되는 사정이 그 후 현저(顯著)하게 변경되어 당초에 정하였던 행위의 효과 내지 계약의 내용을 그대로 유지하고 강제하는 것이 신의칙과 공평의 원리에 반하는 결과가 되는 경우, 당사자가 그 법률행위의 효과를 신의(信義)·공평(公平)에 맞게 변경하거나 해소할 수 있다는 원칙을 말한다. 현행 우리 민법에서는 이 원칙에 기한 규정이 흩어져 있으나(민법 제218조의 시설변경청구권, 제286조의 지상권에 있어서 지료증감청구권 등) 이 원칙을 직접적으로 규정하는 일반규정은 없다. 한편 판례는 물가변동과 관련하여 사정변경의 원칙의 적용을 부정하고 있다. 예를 들어, 계약체결 후 목적물의 가격이 1,600배 오른 사안에서 계약체결 시와 이행 시의 가격이 현저하게 균형을 잃을지라도 매도인은 사정변경의 원칙을 내세워 매매계약을 해제할 수 없다고 한다.206)

---

203) 대판 1988. 4. 27, 87누915.

204) 대판 1992. 1. 21, 91다30118.

205) 쌍무계약이란 계약당사자가 서로 의무를 부담하는 계약을 말한다. 예를 들면, 매매·임대차·고용 등이 대표적인 쌍무계약이다.

206) 대판 1963. 9. 12, 63다452.

② 권리남용금지의 원칙(權利濫用禁止의 原則)

권리남용을 연혁적으로 보면, 로마법은 개인주의·자유주의적 성격으로 말미암아 권리의 불가침성(不可侵性)·무제약성(無制約性)이 강조되었다. 그러나 로마법에서도 악의(惡意)의 항변(抗辯)에 의거하여 오로지 타인을 해할 목적으로 권리를 행사하는 것은 권리남용으로 금지되었다. 이를 '시카네의 금지(Schikaneverbot)'라 한다. 이러한 시카네의 금지에 관해 프랑스에서는 권리의 절대성이 강조되어 법원의 판결을 통해 인정되고 있으며, 독일민법은 명문화(明文化)하였다. 우리나라에서는 민법 제2조 제2항에서 "권리(權利)는 남용(濫用)하지 못한다"고 규정하여 권리의 사회성·공공성의 구체적인 실천원리로서 신의성실의 원칙과 함께 권리남용금지의 원칙을 규정하고 있다. 권리남용금지의 원칙이란 권리(權利)의 행사(行使)가 외관상(外觀上)으로는 적법한 것으로 보이지만, 실질적으로는 권리(權利)의 사회성(社會性)에 반(反)하여 정당한 권리의 행사라고 할 수 없기 때문에 이를 금지한다는 원칙이다.

권리행사가 남용으로 인정되는 경우에 대한 효과(效果)로서 그 권리행사는 정상적인 법률효과(法律效果)가 발생하지 않는다. 권리행사는 권리의 종류에 따라 다양하게 나타나기 때문에 당연히 권리남용에 대한 구체적인 법적 효과는 행사된 권리의 종류·남용의 유형에 따라 다르다. 첫 번째로 청구권(請求權)을 남용하는 경우에는 그 청구권의 실현에 조력하지 않는다. 두 번째로는 형성권(形成權)이 남용된 경우에는 본래 발생하여야 할 법률효과가 발생하지 아니한다. 세 번째로는 권리남용의 결과 타인에게 손해(損害)를 주게 되면, 위법한 행위로서 불법행위책임(不法行爲責任)을 부담한다. 네 번째로서 권리의 박탈(剝奪)은 법률의 규정이 있는 때에 한하여 인정된다. 예를 들면, 친권의 남용이 있는 경우에는 친권의 상실선고(喪失宣告)를 할 수 있다(민법 제924조). 또한 권리의 남용은 권리의 적법한 행사가 아니므로 위법(違法)한 행위가 되기 때문에 다른 사람에게 손해를 입혔으면 불법행위로 인한 손해배상의 책임을 지게 된다.

③ 재산권(財産權)의 제한(制限)

근대의 개인주의 사상은 재산권의 절대성을 인정하였다. 이러한 법사상을 받아들여 근대 민법의 재산권의 가장 대표적인 소유권에 대하여 소유권(所有權) 절대(絶對)의 원칙(原則)을 강조하였다. 그러나 19세기 말부터 권리행사의 자유에 대한 수정원리는 다시 진전을 보았는데, 그것은 권리의 근거를 사회적(社會的) 승인(承認)에서 구하고, 권리는 사회적으로 시인되는 범위 내에서만 존재하고 행사할 수 있다는 것을 내용으로 한다. 이러한 재산권 수정에 대한 반영은 1919년 독일의 바이마르헌법 제153조 제3항에서 처음 나타났다. 즉 "소유권은 의무지어진다. 소유권의 행사는 동시에 공공의 복리에 대한 봉사이어야 한다"고 규정하고 있다. 오늘날에 있어서 권리의 사회성·공공성이 강조되어 권리행사(權利行使)의 자유(自由)는 사회공공(社會公共)의 복리(福利)의 차원에서 각종의 제약을 받게 되었다. 이러한 원리에 대해 우리 헌법도 제23조 제2항에서 "재산권의 행사는 공공복리에 적합하도록 하여야 한다"고 규정하여 재산권(財産權) 행사(行使)의 절대성(絶對性)을 부정하고 의무성(義務性) 내지 공공성(公共性)을 강조하고 있다.

7) 권리(權利)의 구제(救濟)

　권리자의 권리의 존재(存在)나 작용(作用)을 저해(沮害)하는 것을 권리(權利)의 침해(侵害)라고 한다. 예를 들면, 甲이 乙에게 컴퓨터를 조립해서 약속된 날짜에 인도하기로 계약을 체결하고 乙은 컴퓨터 가격 100만 원을 지급하였다(이때 乙은 甲으로부터 컴퓨터를 인도하라고 하는 권리가 존재한다). 그런데 만약 甲이 약속한 날짜에 인도하지 않은 경우에는 乙의 권리에 침해가 생긴다. 이와 같은 권리의 침해에 대한 배제(排除) 내지 회복(回復)이 권리구제(權利救濟)에 대한 문제이다. 권리침해(權利侵害)에 대해서는 국가권력이 확립되지 않았고, 사법절차(司法節次)가 미비하였던 시대에는 권리자 자신이 실력으로 침해를 배제하거나 손해를 회복하는 사력구제(私力救濟)가 허용되었다. 따라서 자신이 받은 권리의 침해를 자신 스스로 해결할 수 있도록 하였기 때문에 질서의 혼란이 가중하게 되었다. 따라서 근대 법치국가에 있어서는 원칙적으로 사력구제를 금지하고 있으며, 사법절차(司法節次)에 의한 국가적(國家的) 구제(救濟)에 의하도록 하고 있다. 다만 예외적으로 부득이한 경우에 한하여 사력구제는 인정되고 있다.

(1) 공권력(公權力) 구제(救濟)

　공권력 구제란 국가구제(國家救濟)를 말하는데, 권리의 침해가 있는 경우에는 언제나 국가로부터 구제를 받을 수 있다. 이러한 국가구제, 즉 공권력 구제는 재판제도(裁判制度)와 조정제도(調停制度)가 있다.

① 재판제도(裁判制度)

　재판제도란 법원의 정식재판절차에 의한 권리구제제도(權利救濟制度)로서 권리의 침해가 있는 경우에 권리자가 법률이 정하는 절차에 따라 국가기관(법원)에 대하여 권리의 보호를 청구하는 제도이다. 법원은 권리자로부터 권리보호의 청구가 있을 때에는 우선 구체적인 사건의 내용을 확정하고(사실문제), 그 사건에 관한 법규의 내용을 명확히 한 후(법률문제), 추상적인 법규를 대전제로 하고 구체적인 사실을 소전제로 하여 판단한다.

　재판에는 그 형식에 따라 판결(判決)·결정(決定)·명령(命令)의 구별이 있다. 재판이 확정되었음에도 불구하고 의무자가 이행하지 아니할 때에는 그 재판에 기하여 국가권력으로써 권리의 내용을 실현할 수 있게 한다. 이것이 강제집행(强制執行)[207]이다. 그리고 예를 들어, 채무자가 빚을 갚을 능력이 있으면서도 있는 재산을 전부 처분한 후 빚을 갚지 않으려고 하거나 주택을 매수하여 잔금까지 지불했는데도 집을 판 사람이 다시 그 집을 다른 사람에게 판 후 도망가려고 하는 경우에 채권자가 소송을 제기하여 승소한 뒤에 그 판결의 확정(確定)을 기다려 집행을 하면 시간이 걸리게 된다. 따라서 만약 그 사이에 채무자가 그가 가진 재산을 모두 처분(處分)하는 경우에는 비록 채권자가 재판에 이기고도 집행을 하지 못하는 손해를 입게 된다. 즉, 후일 권리의 실현이 불가능하거나 곤란을 가져올 염려가 있을 경우에는 그 집행보전(執行保全)을 위한 조치로서 가압류(假押留)[208]·가처

---

[207] 강제집행이란 사법상(私法上) 또는 행정법상의 의무를 이행하지 않는 자에 대하여, 국가의 강제권력에 의하여 그 의무이행을 실현하는 작용 또는 그 절차를 말한다.

[208] 가압류란 금전 또는 금전으로 환산할 수 있는 청구권을 그대로 두면 장래 강제집행이 불가능하게 되거나 곤란하게 될 경우에 미리 일반담보가 되는 채무자의 재산을 압류하여 현상(現狀)을 보전하고, 그 변

분(假處分)[209]의 제도가 인정되어 있다. 가압류·가처분은 종국적인 판결, 즉 승패가 날 때까지의 임시조치이므로 앞에 '가(假)' 자를 붙인 것이고, 채권자가 제출한 신청서 및 소명자료만을 가지고 법원이 단시일 내에 결정을 내리는 것이 보통이다.

② 조정제도(調停制度)

조정(調停)이란 법관(法官)과 특별한 지식·경험이 있는 자로 구성되는 조정위원회(調停委員會)가 분쟁당사자 사이의 주장을 서로 양보하도록 주선하고, 필요한 경우에는 중재의견(仲裁意見)을 제시하여 합의(合意)에 의해 분쟁을 합리적이고 원만한 해결로 이끄는 절차이다. 조정이 성립되면 재판상(裁判上) 화해(和解)[210]와 동일한 효력이 있다. 그러나 조정은 당사자가 끝내 합의를 하지 않는 한 분쟁을 종결할 수 없는 한계가 있다. 따라서 조정은 국가기관이 개입하는 점에서 보통의 화해(和解)와 다르고, 제3자인 국가기관이 주가 되어 당사자 간에 개입하여 상호를 권유하는 점에 중재(仲裁)와 구별된다.

이러한 조정에 관한 법률로서 민사조정법(民事調停法)이 있으며 모든 민사사건에 대하여 조정을 신청할 수 있다. 그 밖의 법률로는 가사소송법(家事訴訟法), 노동조합(勞動組合) 및 노동관계조정법(勞動關係

경을 금지하여 장래의 강제집행을 보전하는 절차를 말한다. 가압류의 종류는 부동산 가압류, 유체동산 가압류, 채권 가압류가 있다.

209) 가처분이란 금전채권 이외의 특정의 지급을 목적으로 하는 청구권을 보전하기 위해서거나 또는 쟁의(爭議) 있는 권리관계에 관하여 임시의 지위를 정함을 목적으로 하는 재판을 말한다. 가처분의 종류는 부동산점유이전금지 가처분, 부동산처분금지 가처분이 있다.

210) 재판상 화해에는 소송상 화해와 제소 전 화해(提訴前和解)의 두 가지가 있다. ① 소송상 화해는 제소 후 수소법원(受訴法院)·수명법관(受命法官)·수탁판사(受託判事)의 면전에서 당사자가 서로 양보하고, 소송의 전부 내지 일부에 관하여 분쟁을 종식시키는 소송법상의 진술이다. ② 제소 전 화해는 당사자가 소(訴)에 관한 규정에 준하는 서류를 제출하고 법원에 화해신청을 하여 법원이 상대편을 출석시켜 화해를 권고한 결과 화해가 된 경우의 화해이다.

調停法) 등이 있다.

앞에서 살펴본 재판제도(裁判制度)는 패배한 당사자가 법원의 판결에 승복하지 않는 한 감정의 앙금이 오래 지속되는 문제점이 있지만, 조정제도(調停制度)는 당사자의 상호 타협과 양보를 통하여 당사자 모두에게 만족스러운 결과를 초래할 수 있으므로 재판제도가 가지지 못하는 장점을 가지고 있다. 또한 재판제도는 시간과 비용이 많이 들고 전문적이고 까다로운 절차를 거쳐야 하는 반면에 조정은 분쟁을 간편하면서도 경제적으로 원만하게 해결할 수 있다.211)

(2) 사력구제(私力救濟)

앞에서 서술한 바와 같이 권리의 구제는 공권력에 의한 구제수단에 의한 것이 원칙이다. 따라서 사인(私人)이 자기의 실력에 의하여 권리의 침해를 배제하거나 손해의 회복을 꾀하는 사력구제는 원칙적으로 금지된다. 예를 들면, 갑이 을에게 100만 원을 빌려 주었는데, 을이 갑에게 약속된 기일에 100만 원을 갚지 못하자, 갑이 을이 거주하는 집에 무단으로 들어가 100만 원 정도의 을 소유의 물건을 가지고 왔다고 하는 경우에 갑은 자기의 권리(을로부터 100만 원을 받을 권리)를 공권력이 아닌 사력에 의해 실현한 것인데, 이러한 사력구제는 금지한다는 것이다. 그러나 사력구제는 언제나 금지되는 것인가에 대해 권리(權利)의 침해(侵害)가 급박(急迫)하거나 후일 공권력(公權力)에 의한 구제가 불가능하거나 심히 곤란한 경우에는 사력에 의한 구제를 예외적으로 허용하고 있다.

---

211) 일반 민사소송의 1/5의 인지액이 든다.

① 정당방위(正當防衛)

정당방위란 타인(他人)의 불법행위(不法行爲)에 대하여 자기 또는 제3자의 이익을 방위(防衛)하기 위하여 부득이 그 타인에게 가해행위(加害行爲)를 하는 것을 말한다. 이러한 정당방위에 대해 형법과 민법이 규정하고 있는데 정당방위행위는 형법에 의한 범죄 또는 민법에 의한 불법행위가 되더라도 위법성(違法性)이 조각(阻却)되고 책임(責任)이 면제(免除)된다.

ⅰ) 형법상(刑法上)의 정당방위(正當防衛)

형법은 제21조 제1항에 "자기 또는 타인의 법익에 대한 현재의 부당한 침해를 방위하기 위한 행위는 상당한 이유가 있는 때에는 벌하지 아니한다"고 규정하고 있다. 여기서 '법익(法益)'이란 법에 의하여 보호되는 권리를 말한다. 그리고 '타인(他人)의 법익(法益)'이란 개인(個人)의 법익(法益)에 한하지 아니하고 사회적(社會的)·국가적(國家的) 법익(法益)도 이에 포함된다.212) 또한 '현재(現在)'란 침해가 급박하거나 진행 중인 것을 말하고, 장래 또는 과거(過去)의 침해에 대해서는 정당방위가 성립되지 않는다. 그리고 '부당(不當)'이란 위법(違法)과 같은 말이고 침해는 적극적 침해(작위)이든 소극적 침해(부작

---

212) ① 국가적 법익은 국가의 존립과 권위에 대한 죄(내란죄, 외환죄, 국기에 관한 죄, 국교에 관한 죄)와 국가의 기능에 대한 죄(공무원 직무에 관한 죄, 공무방해에 관한 죄, 도주와 범인은닉의 죄, 위증과 증거인멸의 죄, 무고의 죄)가 있고, ② 사회적 법익에 관한 죄는 공공의 안전과 평온에 대한 죄(공안을 해하는 죄, 폭발물에 관한 죄, 방화와 실화의 죄, 일수와 수리에 관한 죄, 교통방해의 죄)와 공중의 건강에 대한 죄(음용수에 관한 죄, 아편에 관한 죄) 및 공공의 신용에 대한 죄(통화에 관한 죄, 유가증권·우표와 인지에 관한 죄, 문서에 관한 죄, 인장에 관한 죄) 그리고 사회의 도덕에 대한 죄(성풍속에 관한 죄, 도박과 복표에 관한 죄, 신앙에 관한 죄)가 있다. ③ 개인적 법익은 생명과 신체에 대한 죄(살인죄, 상해와 폭행의 죄, 과실치사상의 죄, 낙태의 죄, 유기와 학대의 죄)와 자유에 대한 죄(협박의 죄, 강요의 죄, 체포와 감금의 죄, 약취와 유인의 죄, 강간과 추행의 죄) 및 명예와 신용에 관한 죄(명예에 관한 죄, 신용·업무와 경매에 관한 죄) 그리고 사생활의 평온에 대한 죄(비밀침해의 죄, 주거침입의 죄)와 재산에 대한 죄(절도죄, 강도죄, 사기죄, 공갈죄, 횡령죄, 배임죄, 장물에 관한 죄, 손괴의 죄, 권리행사를 방해하는 죄)가 있다.

위)이든 불문하며, '상당한 이유가 있는 때'라 함은 그 방위행위가 유일의 구제수단이어야 한다. 이러한 정당행위가 사회통념상(社會通念上) 정도(程度)를 넘어서는 경우를 과잉방위(過剩防衛)라고 하며, 정당방위의 요건이 구비되지 않았음에도 불구하고 구비되었다고 오신(誤信)하는 것을 오상방위(誤想防衛)이라 한다.

ii) 민법상(民法上)의 정당방위(正當防衛)

민법은 제761조에서 "타인의 불법행위에 대하여 자기 또는 제3자의 이익을 방위하기 위하여 부득이 타인에게 손해를 가한 자는 배상할 책임이 없다. 그러나 피해자는 불법행위에 대하여 손해의 배상을 청구할 수 있다"고 규정하고 있다. 민법상의 정당방위도 형법상의 정당방위와 같다.

② 긴급피난(緊急避難)

긴급피난(緊急避難)이란 자기 또는 타인의 법익에 대한 현재의 위난(危難)을 피하기 위하여 부득이 타인의 법익을 침해하는 행위를 말한다. 긴급피난행위는 범죄 또는 불법행위의 요건에 해당하더라도 위법성(違法性)이 조각(阻却)되어 책임을 면하는 것은 정당방위의 경우와 같다.

i) 형법상(刑法上)의 긴급피난(緊急避難)

형법은 제22조 제1항에서 "자기 또는 타인의 법익에 대한 현재의 위난(危難)을 피하기 위한 행위는 상당한 이유가 있는 때에는 벌하지 아니한다"고 규정하고 있다. 여기서 '위난(危難)'은 사람의 행위뿐만 아니라 자연현상도 포함되며, '법익(法益)'은 생명·신체에 한하지 않고 명예·정조 등 법익일반을 포함한다. 즉, 긴급피난이 정당방위와 차이점은 개인적 법익은 물론 사회적 법익, 국가적 법익을 위한 긴급피난이 가능하다는 점이다. 또 '현재의 위난'이란 법익침해의 위험이 직접 절박되어 있음을 말한다. 그리고 '상당한 이유'가 있기 위해서는 그 피난행위(避難行爲) 이외에 달리 방법이 없을 것, 긴급피난에 의하여 보호되는 법익이 침해되는 법익보다 본질적으로 우월하여야 한다. 우리가 전자를 긴급피난의 보충성(補充性) 원칙(原則)이라 하고, 후자를 긴급피난(緊急避難)의 균형성(均衡性)이라고 한다. 예를 들어, 운전면허를 갖고 있지 않은 의사가 응급한 환자에게 가기 위해 택시를 타고 갈 수 있었음에도 불구하고 자동차를 손수 운전하고 간 경우는 보충성이 결여되어 긴급피난을 인정하지 않는다. 이러한 일반적 긴급피난을 인정하면서도 형법 제22조 제2항에 의하면 업무상(業務上) 특별(特別)한 의무(義務)가 있는 자에게는 긴급피난은 인정되지 아니한다. 예를 들면, 경찰관이나 소방관, 군인과 같은 경우가 여기에 해당된다. 그러나 이 특칙은 특별한 의무로 인하여 일반인과 동일한 조건에서의 긴급피난을 금할 뿐이지 긴급피난을 절대적으로 금지하는 것은 아니다. 따라서 감수해야 할 의무를 넘는 자기의 위난에 대해서는 긴급피난이 가능하다. 긴급피난행위도 정당방위의 경우와 마찬가지로 위법성이 조각되어 책임을 면하게 된다. 다만 피난행위가 상당한 정도를 초과한 경우는 과잉피난(過剰避難)으로, 객관적으로 긴급피난의 요건이 존재하지 아니하는데도 불구하고 그것이 존재한다고 오인(誤認)하고 피난행위를 하는 경우 오상피난(誤想避難)이 된다.

ii) 민법상(民法上)의 긴급피난(緊急避難)

민법 제761조 제2항에 "자기 또는 제3자의 이익에 대한 급박한 위난을 피하기 위하여 부득이 타인에게 손해를 가한 자는 배상할 책임이 없다"고 규정하고 있다. 긴급피난에 의한 가해행위(加害行爲)도 위법성(違法性)이 없어서 불법행위가 성립되지 않는다. 다만 정당방위에서의 침해는 위법한 것이어야 하지만, 긴급피난에서의 침해는 반드시 위법한 것이어야 하는 것은 아니다.

③ 자력구제(自力救濟)

자력구제란 법정절차(法定節次)에 의한 권리의 보전이 불가능한 경우 또는 권리에 대한 부정한 침해(侵害)나 방해(妨害)에 대하여 국가기관의 구제를 기다릴 여유가 없을 때에 사력(私力)으로 구제하는 행위를 말한다. 정당방위나 긴급피난이 현재(現在)의 침해(侵害)에 대한 구제행위임에 반하여 자력구제는 주로 과거(過去)의 침해(侵害)에 대한 자력행위라는 점에서 차이가 발생한다. 민법은 자력구제(自力救濟)라고 하는 것에 대해 형법에서는 자구행위(自救行爲)라고 한다.

ⅰ) 형법상(刑法上)의 자구행위(自救行爲)

형법 제23조 제1항에서 "법정절차에 의하여 청구권을 보전하기 불능한 경우에 그 청구권의 실행불능 또는 현저한 실행곤란을 피하기 위한 행위는 상당한 이유가 있는 때에 벌하지 아니한다"고 규정하고 있다. 예를 들어, 갑이 을에게 돈을 1000만 원을 빌려 주었는데, 채무자 을이 돈을 갚지 않고 외국으로 도망가기 위해 출국하는 을을 잡아두는 경우와 같이 법정절차(法定節次)에 의해 청구권(請求權)을 보전하기 불가능한 경우 청구권의 실행불능 또는 현저한 실행곤란을 피하기 위해 채무자 을을 잡아 둔 경우에 자구행위가 성립하게 된다. 이때의 청구권이란 타인에게 일정한 행위를 요구하는 사법상(私法上)의 권리를 말한다. 따라서 재산상(財産上)의 청구권(請求權)은 물론 친족권(親族權)·상속권(相續權)에 기한 청구권(請求權)도 포함된다. 형법상 자구행위는 자기의 청구권에 한하여 인정되기 때문에 정당방위(正當防衛)·긴급피난(緊急避難)에서의 자기 또는 타인을 위한 모든 법익에서 인정되는 법익과 비교를 하면 범위가 가장 좁다. 따라서 친족을 위한 자구행위, 어머니를 위한 자구행위, 친구를 위한 자구행위 등은 위법성조각사유(違法性阻却事由)가 아니다. 자구행위의 경우 위법성이 조각되어 범죄가 성립되지 않는다. 다만 자구행위가 상당성을 초과하는 경우는 과잉자구행위(過剩自救行爲)가 되고, 자구행위의 객관적 요건이 존재하지 아니함에도 불구하고 그것이 존재한다고 오신(誤信)하고 자구행위를 한 경우에는 오상자구행위(誤想自救行爲)가 된다.

ii) 민법상(民法上)의 자력구제(自力救濟)

민법은 점유(占有)의 침탈(侵奪)에 대해서만 자력구제를 규정하고 있을 뿐이다.213) 즉, 민법상 점유에서 인정되는 자력구제는 국가구제가 불가능하거나 극히 곤란한 경우에 예외적으로 인정되며, 질서교란행위가 계속되는 동안 종전의 상태를 유지하려는 전화(轉化)의 단계에서만 인정된다. 반면 질서교란행위가 끝나 새로운 지배상태가 확립

---

213) 김준호, 『민법강의』, 1414면에서 민법은 점유의 침탈의 경우에 한해 점유자의 자력구제를 규정할 뿐이고(민법 제209조), 자력구제 일반에 관한 규정을 두고 있지는 않다. 그러나 형법 제23조가 자구행위를 위법성조각사유로 규정하고 있는 점에 비추어, 상당한 이유가 있는 때에는 이를 허용하는 것으로 해석한다고 한다.

되면 자력구제권은 인정되지 않고 점유보호청구권(占有保護請求權)만 인정된다.214) 이러한 민법상 점유에서 인정되는 자력구제권의 유형은 자력방위권(自力防衛權)과 자력침탈환권(自力奪還權)이 있다. 자력방위권이란 점유에 대한 부정한 침탈 또는 방해행위에 대하여 자력으로 방위하는 권리를 말한다(민법 제209조 제1항). 자력탈환권이란 점유침탈 후에 이를 탈환할 수 있는 권리를 자력탈환권이라고 한다(민법 제209조 제2항). 그런데 자력탈환권은 사회관념상 점유회복이 필요하고 상당하다고 인정되는 시간의 범위 내에서 인정될 뿐이다. 시간적 범위를 넘어서게 되면 권리는 행사할 수 없다.215)

4. 의무(義務)

1) 의무(義務)의 의의(意義)

의무란 일정한 행위를 하여야 할 또는 하지 아니하여야 할 법률상(法律上)의 구속(拘束)을 의무라 한다. 즉, 의무는 법인격(法人格)을 가진 자에게 과해지는 법상의 구속으로서 그 내용은 작위(作爲) 또는 부작위(不作爲)이다. 여기서 "의무는 법인격을 가진 자에게 과한다"고

---

214) 지원림, 『민법강의』, 홍문사, 2002, 479면.

215) 대판 1993. 3. 26, 91다14116. "민법 제209조 제2항에 규정된 점유자의 자력탈환권은 점유가 침탈되었을 때 시간적으로 좁게 제한된 범위 내에서 자력으로 점유를 회복할 수 있다는 것으로서, 위 규정에서 말하는 '직시'란 '객관적으로 가능한 한 신속히' 또는 '사회관념상 가해자를 배제하여 점유를 회복하는 데 필요하다고 인정되는 범위 안에서 되도록 속히'라는 뜻으로 해석할 것이므로 점유자가 침탈사실을 알고 모르는 것과는 관계없이 침탈을 당한 후 상당한 시간이 흘렀다면 자력탈환권을 행사할 수 없다"고 판시하였다.

하는 것은 법인격을 가진 자인 자연인(自然人)과 법인(法人)에게 과해
지는 구속이다. 그리고 '의무상의 구속'이란 의무자의 의사 여하에 불
구하고 따르도록 법에 의하여 강요되는 것을 말한다. 따라서 단순한
종교적 · 도덕적 복종은 여기서 말하는 의무가 아니다. 또한 "의무는
작위 또는 부작위를 내용으로 한다"고 할 때 작위(作爲)란 적극적으로
일정한 행위를 하는 것을 말한다. 따라서 작위의무(作爲義務)라고 할
때에는 적극적으로 일정한 행위를 하여야 할 의무를 말한다. 예를 들
면, 갑 소유의 중고자동차를 을에게 매매하기로 계약을 체결한 경우
에 을의 입장에서 살펴보면 갑은 을에게 자동차를 인도해야 할 의무
를 지고 있고, 갑의 입장에서는 을은 자동차를 인도(引渡)받는 대가로
금전(金錢)을 지급해야 하는 의무를 지고 있다. 이때 갑이 지고 있는
작위의무(作爲義務)란 자신 소유의 자동차를 을에게 인도해야 하는 의
무를 말한다. 그리고 부작위(不作爲)란 적극적으로 행위를 하지 않는
것을 말한다. 이러한 부작위의무(不作爲義務)는 단순부작위의무(單純
不作爲義務)와 수인의무(受忍義務)로 나뉜다. 단순부작위의무란 예를
들면, 갑이 유명한 가수이기 때문에 A라고 하는 방송국에 출연을 하
기로 하면서 B방송국에는 출연하지 않기로 계약을 하였다고 할 때
갑은 B방송국에 출연하지 않으면 되는 의무를 말한다. 그리고 수인의
무란 예를 들면, 자기소유의 토지의 통행을 타인에게 허용하는 경우
에 타인의 일정한 행위를 인용(認容)하는 것을 말한다.

2) 의무(義務)와 권리(權利)와의 관계(關係)

　보통 의무는 권리의 반면(反面)이며, 권리와 의무는 서로 대응하는

것이 보통이다. 예를 들면, 갑이 을에게 중고자동차를 사는 경우 갑은
을에게 대금을 지불할 의무가 있고, 동시에 자동차를 을에게 인도받
을 권리가 있게 된다. 그러나 언제나 권리와 의무가 상응하는 것은
아니다. 즉, 의무만 있고 권리가 없는 경우가 있고, 권리만 있고 의무
가 없는 경우도 있다.

(1) 의무만 있고 권리가 없는 경우

의무만 있고 권리가 없는 경우로는 예를 들면, 민법 제50조 내지
제52조, 제85조, 제94조 등의 등기의무(登記義務)와 제88조, 제93조의
고지의무(告知義務) 그리고 제755조의 감독의무(監督義務) 등이 있다.
예를 들면, 갑은 7세의 자(子)인 을이 있는데, 을이 야구공을 가지고
놀다가 병의 집 유리창을 깨뜨리게 된 경우, 민법 제755조에 의하여
미성년자 을을 감독하는 갑은 병에게 손해를 배상해야 한다. 이때 민
법 제755조는 의무만이 존재하고 권리가 없는 경우에 해당한다.

(2) 권리만 있고 의무가 없는 경우

권리만 있고 의무가 없는 경우로 취소권(取消權)이나 추인권(追認
權)·해제권(解除權)과 같은 형성권에 있어서는 그에 대응하는 의무는
존재하지 않는다. 예를 들면, 갑과 을이 물건을 매매하기로 계약을 체
결하였는데, 갑이 미성년을 이유로 계약을 취소할 경우 갑의 일방적
의사표시로서 계약은 취소되는데, 갑에게 어떠한 의무도 존재하지 않
는다. 또한 법이 사회 전반의 이익보호를 위하여 의무를 과하고 있는
경우에는 그 반사로서 개인이 이익을 받는 반사적 이익이 있는데, 이
때에도 권리는 존재하지 아니한다.

3) 의무(義務)의 분류(分類)

앞에서 살펴본 바와 같이 의무는 권리의 반면이고 권리와 의무는 서로 대응하는 것이기 때문에 권리의 공법(公法)·사법(私法)·사회법(社會法)에 대응하여 공법상(公法上)의 의무(義務), 사법상(私法上)의 의무(義務), 사회법상(社會法上)의 의무(義務)로 나눌 수 있다.

(1) 공법상(公法上)의 의무(義務)

공법상의 의무는 다른 말로 공의무(公義務)라고 하는데, 공의무는 공법관계에서 인정되는 의무로서 국내법상의 공의무와 국제법상의 공의무로 나눌 수 있다.

① 국내법상(國內法上)의 공의무(公義務)

국내법상의 공의무로는 국가적 공의무와 국민적 공의무가 있다. '국가적 공의무(國家的 公義務)'는 국민적 공권에 대응하는 의무로서 국가가 국민에 대하여 부담하는 의무를 말한다. 예를 들면, 국민에게 보장되는 자유와 평등을 국가가 보장해야 하는 의무 등이 여기에 속한다. '국민적 공의무(國民的 公義務)'는 국가적 공권에 대응하는 의무로서 국민이 국가에 대하여 부담하는 의무이다. 이러한 예로서는 노동(勞動)의 의무(義務), 납세(納稅)의 의무(義務), 국방(國防)의 의무(義務) 등이 있다.

② 국제법상(國際法上)의 공의무(公義務)

국제법상의 공의무란 국제법의 주체로서 부담하는 의무를 말한다.

가장 기본적인 것으로 국내문제(國內問題) 불간섭(不干涉)의 의무(義務)와 조약이행의무(條約履行義務) 등이 있는데, 전자는 국가 또는 국제조직이 국제법에 위반하여 타국의 국내문제에 간섭하지 않을 국제법상의 의무이며, 후자는 국가가 타국과 체결한 조약상의 부담을 이행할 의무를 말하는 것으로 이에 위반한 경우에는 국제법상의 국가책임(國家責任)이 발생한다.

(2) 사법상(私法上)의 의무(義務)

사법상의 의무는 다른 말로 사의무(私義務)라고 하는데, 사의무는 사법관계에서 인정되는 의무로서 사인 상호 간에 성립하는 것이 보통이나, 국가 또는 공공단체가 통치관계를 떠나서 사인과 대등한 지위에서 법률행위를 하는 경우에는 국가 또는 공공단체와 사인 사이에도 성립한다. 예를 들면, 채권(債權)에 있어서 채무(債務), 물권(物權)에 있어서 불가침의무(不可侵義務) 등이 사의무에 속한다.

(3) 사회법상(社會法上)의 의무(義務)

사회법상의 의무는 사회법상의 권리에 대응하는 의무로서 우리 헌법상 국가가 부담하는 것으로 사회보장증진의무(헌법 제32조 제2항), 생활무능력자보호의무(헌법 제32조 제3항), 노동자의 단결권(團結權)·단체교섭권(團體交涉權)·단체행동권(團體行動權) 보장의무(헌법 제31조 제4항),[216) 여자·소년노동특별보호의무(헌법 제30조 제4항) 등이

---

216) 근로자는 근로조건의 향상을 위하여 자주적인 단결권·단체교섭권·단체행동권을 가지는데, 이를 근로3권이라 한다. '단결권'은 근로조건의 유지개선을 목적으로 사용자와 대등한 지위에서 교섭하기 위한 단체를 구성하는 권리이다. '단체교섭권'은 근로자의 단체가 사용자와 근로조건에 관하여 교섭하는 권리이다. '단체행동권'은 근로자가 그들의 주장을 관철하기 위하여 합법적인 수단을 통한 쟁의를 할 수 있는

있다. 그리고 노동법상 사용자와 노동자가 부담하는 각종의 의무도
사회법상의 의무에 속한다.

권리이다. 이러한 근로자의 권리가 모든 근로자에게 적용되는 것은 아니다. 예를 들면, 공무원인 근로자
는 법률이 정하는 자에 한하여서만 근로3권을 가지며, 법률이 정하는 주요 방위산업체에 종사하는 근로
자의 단체행동권은 법률의 규정에 따라 제한하거나 인정하지 않을 수 있다(헌법 제33조 제2항, 제3항).

제9장 사법적(司法的) 구제(救濟)

1. 사법적(司法的) 구제(救濟)의 의의(意義)

대개 사람이 공동하여 사회생활을 영위하는 경우 그곳에서는 필연적으로 다양한 분쟁(紛爭)이 생기게 된다. 예를 들면, 어떤 사람이 집을 매매(賣買)하기로 하였는데, 매수인(買受人)[217)이 그 대금을 지급하지 않는다든가, 타인의 재물을 절도(竊盜)하는 사건이 일어나는 것은 어떤 의미에서는 피할 수 없는 것이다. 그러나 이들의 분쟁을 해결하지 않으면 사람들은 안심하고 거래를 행할 수 없고, 평화로운 생활을 하는 것은 불가능할 것이다. 따라서 분쟁의 해결은 반드시 필요한 것이다. 그러나 앞에서 든 예에서 매도인(賣渡人)이 상대방에게 가서 대금을 힘으로 빼앗지 않으면 안 된다고 하든지, 재물을 절도당한 자가 재물을 훔쳐간 상대방에게 자신의 힘으로 반환하지 않으면 안 된다고 하는 등, 분쟁의 해결을 개인이 스스로 실력에 의하여 하지 않으면 안 된다고 한다면, 힘이 강한 자는 자기의 스스로 해결할 수 있겠지만, 반면에 힘이 약한 자는 정당한 권리를 갖고 있는 경우에도 해

---

217) 갑이 을에게 자동차를 500만 원에 팔기로 계약을 체결한 경우에 을은 자동차를 받기로 하는 매수인이 되는 것이고, 갑은 자동차를 넘기는 매도인이 되는 것이다.

결할 수 없을 것이다. 이와 같이 자력구제(自力救濟)를 인정한다면, 사람들은 사회에서 안심하고 생활하는 것이 불가능할 것이다.

그러므로 법은 이와 같은 자력구제를 원칙적으로 금지하고 있다. 그렇다고 해서 언제나 자력구제를 금지하는 것은 아니다. 국가권력에 의한 구제 절차를 기다리는 것이 불가능한 정당방위나 긴급피난 및 물건의 점유 상태에 대한 침해에 대해서는 현장에서 침해된 점유 상태를 회복(소매치기를 따라가서 자신의 물건을 다시 찾는 경우)하는 경우는 예외적으로 인정된다. 이렇게 국가는 개인의 권리 및 사회질서의 유지를 최종적으로 보호하고, 실현하는 것으로 분쟁을 공정하게 해결하기 위하여 재판(裁判)이라고 하는 분쟁해결제도(紛爭解決制度)를 두고 있다. 그렇다면, 재판이란 무엇인가? 재판[218]이란 구체적인 분쟁사건에 대하여 사법기관인 법원이 일정한 절차를 걸쳐서 종국적으로 내리는 공적인 판단 작용을 말한다. 이하에서는 재판을 담당하는 재판기관(裁判機關)의 종류(種類)와 조직(組織) 그리고 각종의 재판제도(裁判制度)를 살펴보기로 한다.

---

218) 일반적으로 재판과 소송이라는 용어의 사용을 같은 용어로 사용하는 경우가 있다. 그러나 재판과 소송은 엄격하게 구별되는 개념으로 재판은 법원이 소송에서 내리는 판단을 말한다. 가장 일반적인 형태가 판결이다. 그리고 소송은 소제기나 기소, 변론 등이 행하여지는 일련의 절차를 말한다.

2. 재판기관(裁判機關)의 종류(種類)와 조직(組織)

1) 헌법재판소(憲法裁判所)

사람은 살아가면서 다른 사람과 일정한 생활관계를 맺게 된다. 이 가운데 한 사람이 권리(權利)를 가지고 다른 사람은 그에 상응하는 의무(義務)를 가지는 관계도 나타나는데, 이러한 관계는 그 권리와 의무가 모두 법적인 근거에 의하여 정해지므로 이를 일반적으로 법률관계(法律關係)라고 한다. 이러한 법률관계에 대하여 다툼이 발생한 경우에는 대체로 법원(法院)의 재판(裁判)을 통하여 누구에게 어떠한 내용의 권리가 있는지를 확정하여 그 다툼을 해결하게 된다.

그런데 그러한 법률관계의 근거가 되는 법률이 헌법(憲法)에 위반(違反)되는 잘못이 있다고 주장하거나, 국민에게 의무(義務)를 지우거나 국민의 자유(自由)를 제한(制限)하는 국가 공권력(公權力)의 작용(作用)이 헌법에 위반된다고 다투는 경우에는 일반적인 경우처럼 법원의 재판을 통하여 해결하는 것이 아니라, 헌법이 정한 권한(權限) 있는 재판기관(裁判機關)이 그 분쟁에서 과연 무엇이 헌법에 합치(合致)되는 것이고 무엇이 헌법에 합치되지 않는 것인지 판단하여 헌법에 반하는 법률조항(法律條項)이나 공권력(公權力) 행사(行使)를 바로잡음으로써 해결하게 되는데 바로 이러한 것이 헌법재판(憲法裁判)이다. 우리 헌법은 이러한 헌법재판(憲法裁判)을 전담할 기관으로 독립(獨立)한 헌법재판소(憲法裁判所)를 두고 있다.219)

---

219) 허영, 『한국헌법론』, 박영사, 2007, 820면 이하에서 헌법재판은 사법작용이 아닌 제4의 국가작용이라고
이해하면서 헌법재판이 가지는 여러 가지 제도 및 기능상의 특징을 감안할 때 헌법재판은 역시 일반법

우리나라 헌법재판소는 위헌법률심판(違憲法律審判), 탄핵심판(彈劾審判), 위헌정당해산심판(違憲政黨解散審判), 권한쟁의심판(權限爭議審判), 헌법소원심판(憲法訴願審判)을 담당하는 헌법기관이다. 헌법재판소는 법관(法官)의 자격(資格)을 가진 9인의 재판관(裁判官)으로 구성하며, 재판관은 대통령(大統領)이 임명(任命)한다. 재판관 중 3인은 국회(國會)에서 선출(選出)하는 자를, 3인은 대법원장(大法院長)이 지명하는 자를 임명하며, 헌법재판소의 장은 국회의 동의(同意)를 얻어 재판관 중에서 대통령이 임명한다(헌법 제111조). 헌법재판소의 재판관의 임기(任期)는 6년이지만 연임(連任)[220]이 가능하다. 헌법재판소의 재판관은 정당에 가입하거나 정치에 관여할 수 없으며, 탄핵 또는 금고(禁錮) 이상의 형의 선고에 의하지 아니하고는 파면(罷免)되지 아니한다(헌법 제112조).

2) 법원(法院)

법원조직법 제3조에서 법원은 대법원(大法院)을 최고법원으로 하여 고등법원(高等法院), 특허법원(特許法院), 지방법원(地方法院)·가정법원(家庭法院) 및 행정법원(行政法院)의 여섯 종류로 구분하였다. 그리고 지방법원 및 가정법원의 관할구역 안에서 지원(支院)과 가정지원(家庭支院), 시법원(市法院) 또는 군(郡)법원(시·군법원) 및 등기소(登記所)를 둘 수 있도록 했다.

원이 아닌 독립한 기관에서 맡는 것이 더 바람직하며, 헌법재판을 전담할 기관으로 독립한 헌법재판소를 따로 설치하였다는 것은 유럽대륙형 모델에 따른 것이라 한다.

220) 연임(連任)과 중임(重任)은 구별되어야 한다. 연임은 2회 이상 연속하여 계속적으로 임명되는 것을 말하고, 중임은 연속하여 계속적으로 임명되지 않더라도 2회 이상 임명되는 경우를 말한다. 예를 들어 초대, 2대 회장을 하는 경우를 연임이라고 하고, 초대, 3대 회장을 하는 경우 중임이라고 한다.

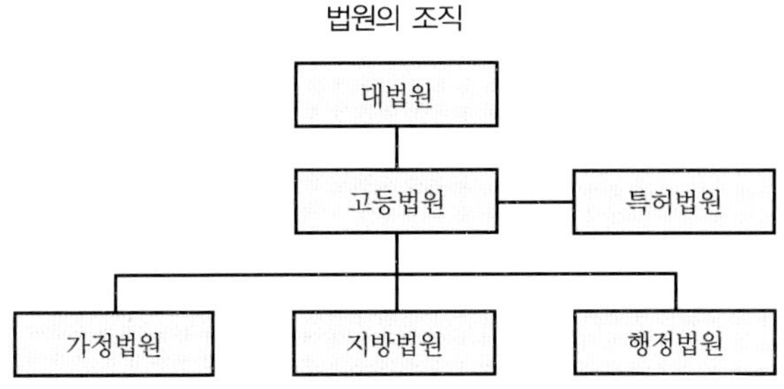

(1) 대법원(大法院)

우리 통치구조(統治構造) 내에서 대법원은 최고법원으로서 기본권적 가치를 실현 내지 보호하며 법률에 대한 최종적인 유권해석(有權解釋)을 통해 법질서의 확립 내지 법적 평화에 기여하는 법적 평화보장기관으로서의 지위를 갖는다.221)

우리 헌법은 대법원을 최고법원으로 밝히고 있기 때문에(헌법 제101조 제2항) 대법원은 최고법원으로서의 지위를 가지며 사법부(司法府) 내의 법원조직(法院組織)은 마땅히 대법원을 최고법원으로 하고 있다. 이러한 최고법원으로서의 지위는 특별법원(特別法院)과의 관계에서도 존중되기 때문에 특별법원인 군사법원(軍事法院)의 상고심(上告審)을 대법원으로 하고 있다(헌법 제110조). 이러한 대법원의 구성은 헌법에서 직접 규정하고 있는데, 대법원은 대법원장(大法院長)과 대법관(大法官)으로 구성되며, 대법관의 수는 대법원장을 포함하여 14인이다.222) 대법원장은 대통령이 국회(國會)의 동의(同意)를 얻어 임

---

221) 허영, 『한국헌법론』, 1007면.

222) 허영, 『한국헌법론』, 1009면에서 우리 헌법은 대법원구성원의 수를 명기하지 않고 법원조직법 제4조 제2항에서 정하고 있다. 헌법에서 대법원구성원의 수를 명기하지 않는 것은 사법권의 독립을 위해서 필요하다고 한다.

명하고, 대법관은 대법원장의 제청(提請)으로 대통령이 국회의 동의를 얻어 임명한다. 대법원장과 대법관은 15년 이상의 법조경력이 있어야 한다. 즉, 15년 이상 판사(判事)·검사(檢事)·변호사(辯護士)를 하거나 변호사의 자격이 있는 자로서 국가기관, 지방자치단체, 국·공영기업체, 정부투자기관 기타 법인에서 법률에 관한 사무에 종사한 자, 변호사의 자격이 있는 자로서 공인된 대학의 법률학 조교수 이상의 적에 있던 자로서 40세 이상의 자 중에서 임명한다.

대법원장은 대법원의 일반사무(一般事務)를 관장하며, 대법원의 직원과 각급 법원(各級法院) 및 그 소속기관의 사법행정사무에 관하여 직원을 지휘(指揮)·감독(監督)한다(법원조직법 제13조). 따라서 대법원장은 대법원의 최고책임자인 동시에 사법부(司法府)를 대표한다. 대법원장은 대법관회의의 의장인 동시에 대법관전원합의체의 재판장이 된다. 그리고 대법원장은 대법관임명제청권(大法官任命提請權), 헌법재판소재판관(憲法裁判所裁判官) 3인과 중앙선거관리위원회위원(中央選擧管理委員會委員) 3인의 지명권(指名權)을 행사할 수 있으며, 법관(法官) 및 예비판사임명권(豫備判事任命權)과 보직권(補職權)을 갖는다.

대법원은 헌법에 의해서 명령(命令)·규칙(規則)에 대하여 최종적인 위헌(違憲)·위법심사(違法審查)(헌법 제107조 제2항)를 하며, 군사법원(軍事法院)의 상고심(上告審)(헌법 제110조 제2항)으로 기능한다. 그리고 법률에 저촉되지 아니하는 범위 내에서 소송(訴訟)에 관한 절차(節次), 법원의 내부규율(內部規律)과 사무처리(事務處理)에 관한 규칙(規則)을 제정(制定)할 수 있는 규칙제정권(規則制定權)(헌법 제108조)을 갖는다. 이러한 헌법상의 관할(管轄)과 권한(權限) 이외에 법률상의 관할과 권한으로서 대법원은 법원조직법 제14조에 의하여 ① 고등법원(高等法院) 또는 항소법원(抗訴法院)·특허법원(特許法院)의 판결에 대한 상고사건(上告事件), ② 항고법원·고등법원 또는 항소법원·특허법원의 결정·명령에 대한 재항고사건(再抗告事件), ③ 다른 법률에 의하여 대법원의 권한에 속하는 사건의 종심재판권(終審裁判權)을 갖는다. 여기서 다른 법률에 의하여 대법원의 권한에 속하는 사건으로 선거법(選擧法)에 의한 대통령·국회의원선거소송사건과 시·도지사 선거소송사건, 비례대표 시·도의원선거소송사건(선거법 제222조), 지방교육자치법에 의한 교육감선거소송(제132조 제1항과 제133조 제1항), 국민투표법 제92조에 의한 국민투표무효소송사건, 주민투표법 제25조 제2항에 의한 광역자치단체 주민투표소송사건, 지방자치법에 의한 기관소송사건(제157조 제2항과 제157조의 2 제3항 및 제159조 제3항과 제4항)이 있다.

(2) 고등법원(高等法院)[223]

고등법원은 판사(判事)로 구성하는데 고등법원장(高等法阮長)과 부장판사(部長判事)를 둔다. 법원조직법 제44조 제2항은 고등법원장과 부장판사의 경우에 10년 이상의 법조경력을 요구하고 있다. 고등법원장은 그 법원의 사법행정사무를 관장하며 소속공무원을 지휘·감독하게 된다(법원조직법 제26조 참조). 고등법원에는 부(部)를 두는데 부장판사가 그 부의 재판에 있어서 재판장(裁判長)이 된다(법원조직법 제27조 참조). 고등법원의 심판권(審判權)은 판사 3인으로 구성된 합의부(合議部)에서 행한다.

---

223) 현재 우리나라의 고등법원은 서울고등법원, 대전고등법원, 대구고등법원, 부산고등법원, 광주고등법원이 있다.

고등법원은 항소심기관(抗訴審機關)으로서 ① 지방법원합의부·가정법원합의부 또는 행정법원의 제1심판결·심판·결정·명령에 대한 항소 또는 항고사건, ② 지방법원단독판사·가정법원단독판사의 제1심판결·심판·결정·명령에 대한 항소 또는 항고사건으로서 형사사건을 제외한 사건 중 대법원 규칙으로 정하는 사건, ③ 다른 법률에 의하여 고등법원의 권한에 속하는 사건을 관할한다(예를 들면, 선거법에 의한 지방선거소송사건 등이 있다).

(3) 특허법원(特許法院)

특허법원은 판사(判事)로 구성하는데 특허법원장(特許法院長)과 부장판사(部長判事)를 둔다(법원조직법 제28조의 2 및 제28조의 3). 법원조직법 제44조 제2항은 특허법원장과 부장판사의 경우에 10년 이상의 법조경력을 요구하고 있다. 특허법원은 기술심사관(技術審查官)을 두는데 그 자격 등 필요한 사항은 대법원규칙(大法院規則)으로 정한다.

특허법원장은 그 법원의 사법행정사무를 관장하며 소속공무원을 지휘·감독한다. 특허법원은 부(部)를 두는데 부장판사가 그 부의 재판에 있어서 재판장이 되며 특허법원장의 지휘에 의하여 그 부의 사무를 감독한다(법원조직법 제28조의 3). 특허법원의 심판은 판사 3인으로 구성된 합의부(合議部)에서 행하는데, 필요하다고 인정하는 경우 기술심리관(技術審理官)을 소송의 심리에 참여하게 하거나 재판의 합의에서 의견(意見)을 진술(陳述)하게 할 수 있다(법원조직법 제54조의 2).

특허법원은 특허법(特許法),224) 실용신안법(實用新案法),225) 의장법

---

224) 특허법이란 발명을 보호·장려하고 그 이용을 도모함으로써 기술의 발전을 촉진하여 산업발전에 이바지함을 목적으로 하는 법을 말한다.

(意匠法),226) 상표법(商標法)227)이 정하는 1심사건과 다른 법률에 의하여 특허법원의 권한에 속하는 사건을 관할한다.

(4) 지방법원본원(地方法院本院), 지방법원지원(地方法院支院) 및 시·군법원(市·郡法院)

① 지방법원본원(地方法院本院)228)

지방법원은 판사로 구성하는데 지방법원장(地方法院長)과 부장판사(部長判事)를 둔다(법원조직법 제29조). 지방법원장은 그 법원과 소속지원, 시·군법원 및 등기소의 사법행정사무를 관장하며, 소속공무원을 지휘·감독한다(법원조직법 제29조 참조). 지방법원에 부(部)를 두는데 부장판사가 그 부의 재판에 있어서 재판장(裁判長)이 되며 지방법원장의 지휘에 의하여 그 부의 사무를 감독한다(법원조직법 제30조).

지방법원의 심판권(審判權)은 단독판사(單獨判事)가 행하는 것이 원칙이지만(법원조직법 제7조 제4항), 합의심판(合議審判)을 요하는 경우에는 판사 3인으로 구성된 합의부에서 이를 행한다(법원조직법 제7조 제5항).229) 그런데 지방법원본원합의부는 제1심 법원으로서의 관

---

225) 실용신안법이란 실용적인 고안(考案)을 보호·장려하고 그 이용을 도모함으로써 기술의 발전을 촉진하여 산업발전에 기여하기 위하여 제정한 법을 말한다.

226) 의장이란 시각을 통하여 미감(美感)을 일으키는 것, 즉 물품의 형상, 모양, 색채 또는 이들을 결합한 것으로서 의장법이란 바로 이러한 의장의 보호 및 이용을 도모함으로써 의장의 창작을 장려하여 산업발전에 이바지함을 목적으로 하는 법을 말한다.

227) 상표법이란 상표를 보호함으로써 상표사용자의 업무상의 신용유지를 도모하여 산업발전에 이바지함과 아울러 수요자의 이익을 보호함을 목적으로 하는 법을 말한다.　·

228) 현재 우리나라 지방법원은 서울고등법원 하에 서울중앙지방법원·서울가정법원·서울행정법원·서울동부지방법원·서울남부지방법원·서울북부지방법원·서울서부지방법원·의정부지방법원·인천지방법원·수원지방법원·춘천지방법원이 있고, 대전고등법원 하에 대전지방법원·청주지방법원이 있다. 그리고 대구고등법원 하에 대구지방법원과 부산고등법원 하에 부산지방법원·울산지방법원·창원지방법원이 있고, 광주고등법원 하에 광주지방법원·전주지방법원·제주지방법원이 있다.

할과 제2심 법원으로서의 관할이 다르다. 제1심 법원으로서는 ① 합의부에서 심판할 것을 합의부가 결정한 사건, ② 대법원규칙으로 정하는 민사사건, ③ 사형·무기 또는 단기 1년 이상의 징역 또는 금고에 해당하는 사건, ④ 사형·무기 또는 단기 1년 이상의 징역 또는 금고(禁錮)230)에 해당하는 사건과 동시에 심판할 공법사건, ⑤ 지방법원판사에 대한 제척(除斥)231)·기피(忌避)232)사건, ⑥ 다른 법률에 의하여 지방법원합의부에 속하는 사건 등을 관할한다(법원조직법 제22조 제1항).

제2심 법원으로서는 지방법원단독판사의 판결(判決)·결정(決定)·명령(命令)에 대한 항소사건(抗訴事件)과 항고사건(抗告事件) 중 법원조직법 제28조 제2호233)에 해당하지 아니하는 사건을 심판한다(법원조직법 제32조 제2항). 지방법원단독판사는 ① 대법원규칙이 정하는 민사사건과 ② 절도·폭행사건 등과 단기 1년 미만의 징역(懲役)이나 금고(禁錮)·벌금형(罰金刑)에 처할 형사사건 등 합의부의 심판권에 속하지 않는 형사사건에 관한 심판권을 갖는다(법원조직법 제32조 제1항 제3호 단서). 또 소속지방법원장의 명을 받아 소속법원의 관할

---

229) 법원조직법 제42조의 3에서 법조경력이 7년 미만인 판사는 원칙적으로 변론을 열어서 판결하는 사건(소액사건과 즉결사건 제외)을 단독으로 재판할 수 없고 또 합의부의 재판장이 될 수 없게 했다.

230) 금고는 징역과 같이 형법이 규정하는 자유형의 일종이다. 정역(定役)에 의무적으로 복무하지 않는 점에서 징역과 구별된다. 그러나 본인이 희망하면 작업을 과할 수 있다(행형법 제67조·제68조).

231) 제척이란 공정한 재판이 이루어질 수 있도록 특정한 사건의 당사자 또는 사건의 내용과 특수한 관계를 가진 법관 등을 그 직무의 집행에서 배제하는 것을 말한다.

232) 기피란 당사자의 신청에 의하여 법관 또는 법원의 사무관·서기관 등을 그 직무집행에서 배제하는 것을 말한다.

233) 第28條 (審判權) 高等法院은 다음의 事件을 審判한다
　1. 地方法院合議部·家庭法院合議部 또는 行政法院의 제1심 판결·심판·결정·명령에 대한 항소 또는 항고사건
　2. 지방법원단독판사·가정법원단독판사의 제1심 판결·심판·결정·명령에 대한 항소 또는 항고사건으로서 형사사건을 제외한 사건 중 대법원규칙으로 정하는 사건
　3. 다른 法律에 의하여 高等法院의 權限에 속하는 事件

사건과 관계없이 즉결심판청구사건(卽決審判請求事件)을 심판할 수 있다(즉결심판법 제3조의 2).

② 지방법원지원(地方法院支院)[211]

지방법원의 사무의 일부를 처리하게 하기 위하여 그 관할구역 안에 지방법원지원을 설치할 수 있다. 지원에는 지원장(支院長)을 두어 소속 지방법원장의 지휘를 받아 그 지원과 관할구역 안에 위치한 시·군법원의 사법행정사무를 관장하고, 소속공무원을 지휘·감독한다.

지방법원지원의 합의부(合議部)는 지방법원본원합의부가 제1심 법원으로서 갖는 관할권(管轄權)과 같은 심판권(審判權)을 가지며, 특히 서울지방법원의정부지원과 춘천지방법원강릉지원의 합의부는 지방법원단독판사의 판결·결정·명령에 항소 또는 항고사건 중 법원조직법 제28조 제2호에 해당하지 아니하는 사건을 제2심으로 심판한다(법원조직법 제32조 제2항). 지방법원지원의 단독판사의 심판권도 본원단독판사의 경우와 같다.

③ 시·군법원(市·郡法院)[234]

시·군법원의 관할사건은 시·군법원의 판사(判事)가 심판하는데, 대법원장이 지방법원 또는 그 지원소속 판사 중에서 그 관할구역 안에서 위치한 시·군법원 판사를 지명한다. 대법원장은 1인의 판사를

---

234) 현재 우리나라 지방법원지원은 의정부지방법원 하의 고양지원, 인천지방법원 하의 부천지원, 수원지방법원 하의 성남지원·여주지원·평택지원·안산지원, 춘천지방법원 하의 강릉지원·원주지원·속초지원·영월지원, 대전지방법원 하의 홍성지원·공주지원·논산지원·서산지원·천안지원, 청주지방법원 하의 충주지원·제천지원·영동지원·가정지원, 대구지방법원 하의 서부지원·안동지원·경주지원·포항지원·김천지원·상주지원·의성지원·영덕지원·가정지원, 부산지방법원 하의 동부지원·가정지원, 창원지방법원 하의 진주지원·통영지원·밀양지원·거창지원, 광주지방법원 하의 목포지원·장흥지원·순천지원·해남지원·가정지원, 전주지방법원 하의 군산지원·정읍지원·남원지원이 있다.

2 이상의 시·군법원의 판사로 지명할 수 있다. 시·군법원 판사는 관할사건의 심판 외에도 소속지방법원장 또는 그 지원장의 지휘를 받아 시·군법원의 사법행정사무를 관장하며 그 소속직원을 지휘·감독한다. 다만 가사사건(家事事件)235)에 관하여서는 관할 가정법원장 또는 그 지원장의 지휘를 받는다(법원조직법 제33조).

시·군법원은 ① 소액사건심판법(少額事件審判法)236)의 적용을 받는 민사사건, ② 화해(和解)·독촉 및 조정에 관한 사건, ③ 20만 원 이하의 벌금(罰金)237) 또는 구류(拘留)238)나 과료(科料)239)에 처할 범죄사건, ④ 호적법에 의한 협의상 이혼의 확인사건에 관한 심판권(審判權)을 갖는다.

(5) 가정법원(家庭法院)

가정법원은 판사로 구성하는데 가정법원장(家庭法院長)과 부장판사(部長判事)를 둔다. 가정법원장은 10년 이상의 법조경력자 중에서 임

---

235) 가사사건이란 가족 또는 친족 사이의 분쟁 사건이나 그 밖의 가정에 관한 사건. 가정법원이 관할하는데, 성격에 따라 가사 소송 사건과 가사 비송 사건으로 나눈다.

236) 소액사건심판법이란 제1심에서의 소액의 민사사건을 신속하게 처리하기 위해 제정한 법률을 말한다. 2,000만 원을 초과하지 아니하는 금전지급을 목적으로 하는 청구와 같이 비교적 단순한 사건에 대하여 보통재판보다 훨씬 신속하고 간편하며 경제적으로 재판을 받을 수 있도록 만든 제도이다.

237) 벌금은 흔히 과태료와 혼동하는 경우가 적지 않은데, 벌금은 형벌의 하나의 종류이기 때문에 범죄에 해당하지만, 과태료는 형벌의 성질을 가지지 않는 법령위반에 대하여 과해지는 금전벌(金錢罰)에 불구하다. 벌금은 과료(科料)·몰수(沒收)와 더불어 재산형의 일종으로 그 금액이 많다는 점에서 과료와 다르고, 재산권을 일방적으로 국가에 이전시키는 물권적 효과를 수반한 부과형의 성질을 가진 몰수와 구별된다. 형법상 벌금은 5만 원 이상으로 한다(제45조). 벌금은 판결 확정일로부터 30일 이내에 납입하여야 하며, 벌금을 선고할 때에는 동시에 그 금액을 완납할 때까지 노역장에 유치할 것을 명할 수 있다(형법 제69조 제1항).

238) 구류란 1일 이상 30일 미만의 기간 동안 교도소 또는 경찰서 유치장에 구치하는 형벌을 말한다.

239) 과료란 범인으로부터 일정액의 금액을 징수하는 형벌이다. 벌금보다는 그 금액이 적고 비교적 경미한 범죄에 대해서 과해진다는 점에서 벌금과 다르다. 그러나 형벌이 아닌 과태료(過怠料)와는 엄연히 구분된다.

명하는데(법원조직법 제44조 제2항), 그 법원과 소속 지원의 사법행정사무를 관장하며, 소속공무원을 지휘·감독한다. 가정법원에 부(部)를 두는데 부장판사가 그 부(部)의 재판장이 되며 가정법원장의 지휘에 의하여 그 부의 사무를 감독한다(법원조직법 제38조).

가정법원은 사무의 일부를 처리하기 위하여 그 관할구역 안에 지원(支院)을 둘 수 있는데(법원조직법 제3조 제2항), 지원에는 지원장을 두어 그 지원의 사법행정사무를 맡기고 소속공무원의 지휘·감독권을 준다(법원조직법 제39조).

가정법원 및 가정법원지원의 합의부는 제1심 법원으로서 ① 가사소송법에서 정한 가사소송과 마류(類)가사비송사건240) 중 대법원규칙으로 정하는 사건, ② 가정법원판사에 대한 제척·기피사건, ③ 다른 법률에 의하여 가정법원합의부에 속하는 사건을 관할한다(법원조직법 제40조 제1항). 가정법원본원합의부 및 서울가정법원의정부지원과 춘천지방법원강릉지원합의부는 제2심 법원으로서 가정법원단독판사의 판결·심판·결정·명령에 대한 항소 또는 항고사건 중 법원조직법 제28조 제2항에 해당하지 아니하는 사건을 제2심으로 심판한다(법원조직법 제40조 제2항).

가정법원 및 가정법원지원의 단독판사는 가사소송법에서 정하는 라류(類)가사비송사건과 합의부에 권한에 속하지 아니하는 마류(類)가사비송사건 그리고 가사조정사건(家事調停事件)을 관할한다.

---

240) 가사사건은 가정법원의 전속관할에 속하며, 그 성질에 따라 가사소송사건과 가사비송사건(家事非訟事件)으로 나눌 수 있다. 가사소송사건은 가류(類)·나류·다류로 나뉘며, 가사비송사건은 라류 및 마류로 세분된다. 그 가운데 나류·다류·마류의 사건은 가사조정(家事調停)의 대상으로 한다. 가사소송사건 주로 무효에 대한 가류사건, 주로 취소에 대한 나류사건, 주로 손해배상 및 원상회복의 청구에 대한 다류사건, 주로 무능력·부재·실종의 선고 또는 후견과 상속에 대한 라류사건, 주로 혼인생활과 친권에 대한 마류사건으로 구분된다.

(6) 행정법원(行政法院)

　행정법원은 판사로 구성하는데 행정법원장(行政法院長)과 부장판사(部長判事)를 둔다. 행정법원장은 10년 이상의 법조경력자 중에서 임명한다(법원조직법 제44조 제2항). 행정법원장은 그 법원의 사법행정사무를 관장하며, 소속공무원을 지휘·감독한다. 행정법원에 부(部)를 두고, 부에는 부장판사를 두는데 부장판사가 그 부의 재판장이 되며 행정법원장의 지휘에 의하여 그 부의 사무를 감독한다(법원조직법 제40조의 3). 행정법원의 심판권은 판사 3인으로 구성된 합의부에서 행한다. 다만 행정법원 합의부의 결정으로 사건의 심판권을 단독판사가 행하게 할 수도 있다(법원조직법 제7조 제3항 참조). 행정법원은 행정소송법에서 정한 행정사건과 다른 법률에 의하여 행정법원의 권한에 속하는 사건을 제1심으로 심판한다(법원조직법 제40조의 4).

　이렇게 구성되는 행정법원은 행정재판을 담당하게 된다. 행정재판이란 국가나 지방자치단체인 행정청의 잘못으로 국민의 권리나 이익이 침해당했을 때 행정청을 상대로 잘못된 행정작용의 시정을 청구하는 재판을 말한다. 행정소송도 당사자 간의 구체적인 법률상의 분쟁을 해결하기 위한 사법작용이라는 점에서 민사소송과 같지만, 행정소송이 행정작용에 대한 재판절차라는 점에서 차이가 있다. 그래서 행정소송은 심리를 하는 데에도 민사소송과 다른 점이 있다.[241]

---

241) 박성혁·곽한영·김현철·박준석·임상혁·송성민·김자영, 『청소년이 꼭 알아두어야 할 법원과 재판 이야기②-재판의 모습 재판의 상식』, 사법발전재단, 2009, 34-35면(이하 박성혁 외 7인, 재판의 상식이라 함).

(7) 군사법원(軍事法院)

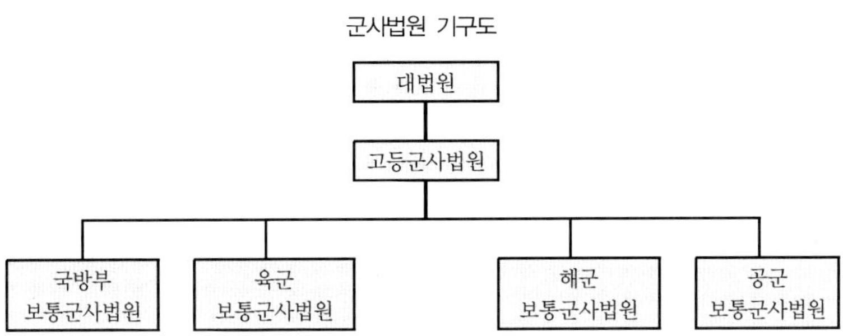

　군사법원은 우리 헌법상의 유일한 특별법원(特別法院)이다. 군사법원은 보통군사법원(普通軍事法院)과 고등군사법원(高等軍事法院)의 두 종류가 있다(군사법원법 제5조). 보통군사법원은 ① 국방부본부 및 국방부직할통합부대, ② 각 군 본부 및 편제상 장관급장교가 지휘하는 예하부대에 설치하는데 그 설치되는 부대와 지역의 사령관·장 또는 그 책임지휘관이 관할관(管轄官)이 되어 군사법원의 행정사무를 관정한다(군사법원법 제6조 내지 제8조). 보통군사법원은 재판관 1인 또는 3인으로써 구성하는데 재판관은 군판사(軍判事)와 심판관(審判官)으로써 하고 재판장은 선임재판관이 된다(군사법원법 제22조). 군판사는 군법무관(軍法務官) 또는 군법관(軍法官) 중에서 임명되지만 심판관(審判官)은 법에 관한 소양이 있고 인격과 학식을 갖춘 장교 중에서 임명한다(군사법원법 제23조와 제24조). 보통군사법원은 제1심으로서 군인·공무원 등의 군형법위반사건(軍刑法違反事件) 및 그들의 그 신분취득 전의 범죄사건(犯罪事件), 국군부대의 간수하에 있는 포로가 범한 죄, 군사기밀보호법 제13조의 죄와 그 미수범(未遂犯), 계엄

법위반사건(戒嚴法違反事件) 등에 관한 재판권을 갖는다(군사법원법 제2조, 제3조, 제11조).

　고등군사법원은 국방부본부에 설치하는데 국방부장관이 관할관이 되어 그 군사법원의 행정사무를 관장하며 국방부직할통합부대와 각 군 본부 보통군사법원의 행정사무를 지휘·감독한다(군사법원법 제6조 내지 제8조). 고등군사법원은 재판관 3인 또는 5인으로써 구성하는데 재판관은 군판사와 심판관으로 하고 재판장은 선임재판관이 된다(군사법원법 제25조). 고등군사법원은 보통군사법원의 재판에 대한 항소사건(抗訴事件)·항고사건(抗告事件) 기타 법률에 의하여 고등군사법원의 권한에 속하는 사건에 대한 심판권을 갖는다(군사법원법 제10조).

3. 심급제도

　심급제도란 국민의 자유와 권리보호에 신중을 기하고, 공정하고 정확한 재판을 받게 하기 위하여 소송당사자나 소송관계인이 같은 사건에 대해서 서로 다른 종류의 법원, 즉 심급(審級)을 달리하는 법원에서 두 번 또는 세 번까지 재판을 받을 수 있게 하는 제도이다. 민사사건이나 형사사건 중 판사 1명이 재판을 진행하는 것을 단독사건이라 하며, 단독사건은 1심이 지방법원단독판사가, 2심은 지방법원 본원 합의부(항소부)가, 3심은 대법원이 된다. 도한 민사사건이나 형사사건 중 판사 3명이 재판을 진행하는 합의사건은 1심이 지방법원(지원)합의부가 2심은 고등법원이 3심은 대법원이 된다. 군사재판은

1심이 보통군사법원이, 2심은 고등군사법원이, 3심은 대법원이 된다. 행정소송은 법률에 특별한 규정이 없는 한 행정심판 없이 행정소송을 제기할 수 있는데, 1심이 행정법원이 2심은 고등법원, 3심은 대법원이 된다. 특허법원은 1심 특허법원이 2심 대법원의 2심제가 된다. 선거재판은 선거무효와 당선무효를 다루는 선거소송사건에 대한 재판이다. 대통령·국회의원 선거소송은 대법원이 제1심 겸 종심으로 재판한다. 지방의회의원 선거소송은 고등법원이 제1심으로 대법원이 최종심으로 재판한다. 지방자치단체의 장 선거소송은 시·도지사 선거에 관하여는 대법원이 제1심 겸 종심으로, 구·시·군의 장 선거에 관하여는 고등법원이 제1심으로 대법원이 최종심으로 재판한다.

4. 재판(裁判)의 종류(種類)

1) 헌법재판(憲法裁判)

(1) 의의(意義)

헌법재판이란 헌법의 규범내용(規範內容) 기타 헌법문제에 관한 다툼이 생긴 경우에 이를 유권적(有權的)으로 해결함으로써 헌법의 규범적 효력을 지키고 헌정생활(憲政生活)의 안정을 유지할 것을 목적으로 하는 재판이다.

(2) 헌법재판(憲法裁判)의 유형(類型)

① 위헌법률심판(違憲法律審判)

위헌법률심판이란 법원에서 재판242) 중인 구체적인 소송사건에서 그 사건에 적용될 법률이 위헌인지 아닌지가 문제되어 법원이 직권으로 혹은 소송당사자(訴訟當事者)의 신청(申請)을 받아들여 법률의 위헌여부를 심판하여 줄 것을 헌법재판소에 제청(提請)하면, 헌법재판소가 그 법률이 위헌인지 아닌지를 결정하는 심판(審判)을 말한다. 위헌법률심판을 제청하기 위해서는 그 법률이 '재판의 전제'가 되어야 하며, 따라서 아직 문제되는 소송이 없는 경우나 재판과는 관련이 없는 법률조항에 대하여는 위헌법률심판의 제청을 신청할 수 없다.243) 위헌법률 제청 결정이 내려지면 헌법재판소의 최종 결정이 날 때까지 재판은 중단(中斷)된다. 그리고 헌법재판소에서 위헌결정(違憲決定)과 동시에 해당 법률은 그 효력을 상실(喪失)하고, 소송당사자는 위헌법률의 적용을 받지 않게 된다.

② 탄핵심판(彈劾審判)

탄핵제도(彈劾制度)는 형벌 또는 보통의 징계절차(懲戒節次)로는 처벌하기 곤란한 고위 공무원이나 특수한 직위에 있는 공무원, 예컨대 대통령(大統領), 국무총리(國務總理), 국무위원(國務委員), 행정각부(行政各部)의 장(長), 헌법재판소(憲法裁判所) 재판관(裁判官), 법관(法官),

---

242) 재판은 법원이 행하는 모든 형태의 법인식 기능을 다 포함한다. 따라서 본안재판·소송절차재판·종국재판·중간재판을 가리지 아니하고, 판결·결정·명령 등 재판의 형식도 따지지 아니한다(헌재결 1994. 2. 24, 헌가3 참조).

243) 허영,『한국헌법론』, 박영사, 2005, 830면 참조(법원의 위헌심사는 현재 시행 중인 형식적 의미의 법률을 대상으로 한다. 폐지된 법률은 재판의 전제성 요건을 충족하는 경우에만 예외적으로 위헌심사의 대상이 된다. 긴급명령을 비롯해서 형식적 의미의 법률과 동일한 효력을 갖는 조약 및 일반적으로 승인된 국제법규 등은 위헌심사 대상이 된다).

중앙선거관리위원회(中央選擧管理委員會) 위원(委員), 감사원장(監査院長), 감사위원(監査委員) 등이 맡은 직무와 관련하여 헌법이나 법률에 어긋나는 행위를 하였을 경우 국회가 그 공무원을 탄핵하기로 의결하면(이를 탄핵소추라고 한다) 헌법재판소가 재판을 통하여 그 공무원을 해당 공직에서 파면(罷免)하는 제도로서, 이때 헌법재판소가 국회의 탄핵소추(彈劾訴追)244)에 따라 그 공무원을 탄핵할 것인지 여부를 재판하는 것이 바로 탄핵심판이다.

③ 위헌정당해산심판(違憲政黨解散審判)

위헌정당해산심판(違憲政黨解散審判)은 어떤 정당(政黨)의 목적(目的)이나 활동(活動)이 헌법이 정하는 민주적(民主的) 기본질서(基本秩序), 예컨대 기본권의 존중, 권력분립, 의회제도, 복수정당제, 선거제도, 사유재산제도 등을 인정하지 아니하는 경우 정부(政府)의 청구에 의하여 그 정당을 해산할 것인지 여부를 심판하는 것이다.245) 오늘날의 정치는 정당정치이므로 올바른 정당을 보호·육성하는 것은 참된 의회민주주의(議會民主主義)를 뿌리내리게 하는 지름길이지만, 자유민주주의체제를 파괴하려는 정당까지 국가가 보호할 수는 없기 때문에 정당을 보호하면서 동시에 위헌정당으로부터 자유민주주의를 지키기 위하여 정당을 오직 헌법재판에 의해서만 해산시킬 수 있도록 한 것이 정당해산심판제도이다.246)

---

244) '탄핵소추'는 국회재적의원 1/3 이상의 발의가 있어야 하고, 그 의결은 재적의원 과반수의 찬성이 있어야 한다. 다만 대통령에 대한 탄핵소추는 요건이 엄격하여 국회재적의원 과반수의 발의와 재적의원 2/3 이상의 찬성이 있어야 한다(헌법 제65조 제2항).

245) 허영, 『한국헌법론』, 841면(현행헌법은 제소권자를 정부로 국한하고 있는데, 정부의 제소권행사는 정치적 재량에 속하는 일로서 위헌정당의 해산을 제소하는 것이 정부의 기속적인 의무는 아니다).

246) 허영, 『한국헌법론』, 841면에서 헌법이 제정하는 제소사유는 엄격하게 해석하여야 한다. 위헌정당해산

④ 권한쟁의심판(權限爭議審判)

권한쟁의심판이란 국가기관(國家機關) 상호 간이나 지방자치단체(地方自治團體) 상호 간 또는 국가기관과 지방자치단체 사이에 권한(權限)이 누구에게 있는지 또는 권한이 어디까지 미치는지에 관하여 다툼이 생길 수 있다. 이러한 다툼에는 어떤 권한이 서로 자신에게 있다고 주장하는 경우와 어떤 권한이 서로 자신에게 속하지 않는다고 주장하는 경우가 있다. 이러한 다툼을 그대로 놓아두면 서로 권한을 행사하려 하거나 아무도 권한을 행사하려 하지 아니하여 국가의 기능이 마비될 뿐만 아니라 국가의 기본질서가 어지러워지고 결과적으로 국민의 기본권이 침해당할 우려가 높기 때문에 이를 조정할 필요가 있다. 권한쟁의심판은 바로 이러한 다툼을 해결하기 위하여 어떤 권한이 누구에게 있고 어디까지 미치는지를 명백히 밝힘으로써 국가의 기능이 원활하게 수행되도록 하는 재판이다.247)

⑤ 헌법소원심판(憲法訴願審判)

헌법소원심판에 있어 헌법소원(憲法訴願)이란 국가권력(國家權力)이 헌법상 보장된 국민의 기본권(基本權)을 침해(侵害)하는 경우에 기본권이 침해된 국민이 헌법재판소에 자신의 기본권을 침해하는 국가권력의 행위가 헌법에 위반되는지를 가려내어 그 행위의 효력을 없애

제도가 야당 탄압의 수단으로 악용될 위험이 있고, 자유민주주의를 지키기 위한 제도가 오히려 자유민주주의를 파괴하는 제도로 역기능할 가능성이 있기 때문이라고 한다.

247) 허영, 『한국헌법론』, 843면(권한쟁의심판제도는 우리 헌정사상 제2공화국헌법에 이어 두 번째로 권한쟁의제도를 채택하고 있다. 현행의 제도는 심판사항을 국가기관과 지방자치단체 간 및 지방자치단체 상호 간의 권한쟁의까지 포함시키고 있는 제도이기 때문에 제2공화국헌법에 비해 확대된 것이다).

줄 것을 요청하는 제도이다. 이러한 헌법소원심판은 공권력(公權力)248)의 행사(行使) 또는 불행사(不行使)로 인하여 헌법상 보장된 기본권을 침해받은 자가 제기하는 권리구제형(權利救濟型) 헌법소원(憲法訴願)과 법원에 위헌법률심판제청신청을 하였으나 기각된 경우에 제청신청을 한 당사자가 헌법재판소에 제기하는 규범통제형(規範統制型) 헌법소원(憲法訴願)으로 나뉜다.

2) 민사재판(民事裁判)

(1) 의의(意義)

문화가 발달하지 못하였던 시대에서는 사권(私權)의 침해에 대한 해결방법은 권리자 자신의 자력구제(自力救濟)에 의존하였다. 그러나 이는 강자(强者)에게만 유리하고 약자(弱者)에게는 불리할 뿐 아니라 사회적 불안을 가져올 우려가 있다. 따라서 근대 국가는 사회질서를 유지하기 위해 자력구제를 인정하지 않고 국가기관인 법원(法院)에 사권(私權)의 보호(保護)를 일임함으로써 민사소송(民事訴訟)이 성립하였다. 민사소송은 사인 간의 권리 또는 법률관계(法律關係)를 둘러싼 분쟁(紛爭)을 법원의 공권적인 판단에 의해 해결하여 권리를 보호하는 것을 목적으로 하는 절차이다. 예를 들면, 甲이 乙에게 돈을 1000만 원을 빌렸는데, 甲이 돈을 갚지 않으면, 乙은 빌려준 돈 1000만 원을 돌려 달라고 甲에게 주장할 수 있을 것이다. 원칙적으로 甲이 乙에게 돈을 돌려주기로 한 날짜에 돌려준다면 아무런 문제가 발생하지

---

248) 여기서 공권력이란 입법ㆍ행정ㆍ사법권에 의한 모든 행사를 포함한다.

않을 것이다. 그러나 乙은 甲이 돈 1000만 원을 갚지 않았다고 주장하거나 甲이 乙에게 빌린 돈 1000만 원을 갚았다고 주장하는 경우가 발생한다면, 소송을 통해 분쟁을 해결할 수밖에 없는데, 이것이 바로 민사재판(民事裁判)이라고 한다.

(2) 민사재판(民事裁判)의 원칙

민사재판은 갈등하는 두 당사자가 첨예하게 대립하기 때문에 원고와 피고의 주장을 잘 듣고 합리적으로 분쟁을 해결하여야 한다. 따라서 공정한 재판을 위해 민사재판은 몇 가지의 원칙이 있다. 우선, 공개심리주의(公開審理主義)가 있다. 공개심리주의란 소송의 심리[249] 과정과 판결을 일반인들에게 공개하여야 한다는 것을 말한다. 또한 공정한 재판을 위해 공개심리주의와 함께 쌍방심리주의(雙方審理主義)가 있다. 쌍방심리주의란 소송의 심리에서 당사자 양쪽에 평등하게 진술할 기회를 주는 것을 말한다. 이를 "무기평등의 원칙"이라고 한다. 그리고 법원은 당사자가 심판해 달라고 한 범위까지만 심판하여야 한다. 당사자가 소송을 제기하지도 않았는데 법원이 먼저 나서서 재판을 할 수도 없고, 당사자가 해결해 달라고 하지도 않은 문제들까지 나서서 결정해 줄 수 없는 당사자처분권주의(當事者處分權主義)가 있다. 당사자처분권주의와 관련하여 일단 소송이 제기되면 소송자료의 수집과 제출은 당사자가 하고, 당사자가 제출한 자료만을 가지고 심리하는 원칙으로 변론주의(辯論主義)가 있다. 그리고 법정에서 변론이나 증거조사를 말로 하여야 하는 원칙으로 구술주의(口述主義)와 법

---

249) 심리(審理)란 재판의 내용에 대해서 공식적으로 이를 심사하는 행위를 말한다.

정에서 직접 조사한 증거만을 재판의 기초로 삼을 수 있다는 원칙으로 직접주의(直接主義)가 있다.

(3) 소송(訴訟)의 주체(主體)

민사소송의 당사자는 자기의 이름으로 적극적으로 재판권(裁判權)의 행사를 요구하는 자와 그 상대방 당사자이다. 즉, 민사소송을 제기하는 사람과 당하는 사람이 당사자이다. 전자를 원고(原告)라고 하고, 후자를 피고(被告)라고 한다. 민사소송에 있어서는 각 소송절차에 따라서 명칭은 다르지만, 대립하는 두 당사자의 존재를 전제로 한다. 따라서 자신에 대한 소송이라는 것이 존재할 수 없음이 원칙이다. 물론 소송이 성립된 뒤에 상속(相續) 또는 법인의 합병(合倂) 등으로 대립되는 당사자의 지위에 혼동이 생긴다든가 또는 사망 등으로 당사자 관계가 소멸된 뒤 소송물(訴訟物)의 성질상 이를 승계(承繼)할 자가 존재하지 않는 경우에도 소송은 소멸한다.250) 민사소송법상 개인이나 법인은 물론 종중, 동창회, 학교육영회 같은 사실상의 단체도 민사소송의 원고·피고가 될 수 있다. 판결절차에 있어서 당사자는 자기의 이름으로 판결을 요구하고 요구받는 자이다. 따라서 미성년자(未成年者)의 친권자(親權者), 법인의 대표이사(代表理事) 등의 법정대리인(法定代理人)이나 소송대리인(訴訟代理人)은 타인의 이름으로 판결을 요구하거나 요구받는 자이기 때문에 당사자는 아니다.251)

(4) 어느 법원에 소송을 제기하는가?

재판권을 행사하는 여러 법원 사이에서 어떤 법원이 어떤 사건을

---

250) 최평오, 『신민사소송법강의』, 문성, 2005, 116면.

251) 홍기문, 『민사소송법』, 대명출판사, 2005, 110면.

담당 처리하느냐의 재판권의 분담관계(分擔關係)를 정해 놓은 것을 관할(管轄)이라고 한다. 이것은 특정의 법원에서 보면 어느 범위의 사건에 대하여 재판권을 행사할 수 있는가의 문제이고, 특정의 사건에서 보면 관할법원(管轄法院)이 어느 법원인가의 문제, 즉 원고는 어느 법원에 소(訴)를 제기하고 피고는 어느 법원에서 응소(應訴)하여야 하는지의 문제가 된다.252)

원칙적으로 어느 법원에 소를 제기하여야 하는가는 피고(被告)의 주소지(住所地)를 관할하는 법원의 소송을 제기하여야 한다. 다만 원고의 편의 등을 위하여 여러 가지 예외가 인정되고 있다. 예를 들면, 대여금, 물품대금, 손해배상 등 청구의 경우 그 채무이행지(債務履行地)인 원고의 주소지를 관할하는 법원에도 소송을 제기할 수 있도록 하고 있다. 그리고 교통사고를 당한 피해자가 사고 장소(事故場所)를 관할하는 법원에도 소송을 제기할 수 있도록 하고 있다. 또한 소송물의 액수에 따라 1억 원을 초과하는 사건은 판사 3인으로 구성되는 재판부가 관할하며, 그 이외의 사건은 단독판사(單獨判事)가 관할한다. 다만 예외적으로 소송물의 액수가 1억 원을 초과하더라도 자동차사고 또는 산업재해로 인한 손해배상청구사건과 어음·수표 청구사건 등은 단독판사가 관할한다.

---

252) 최평오, 『신민사소송법강의』, 53면.

(5) 소(訴)의 제기(提起) 및 심리절차(審理節次)

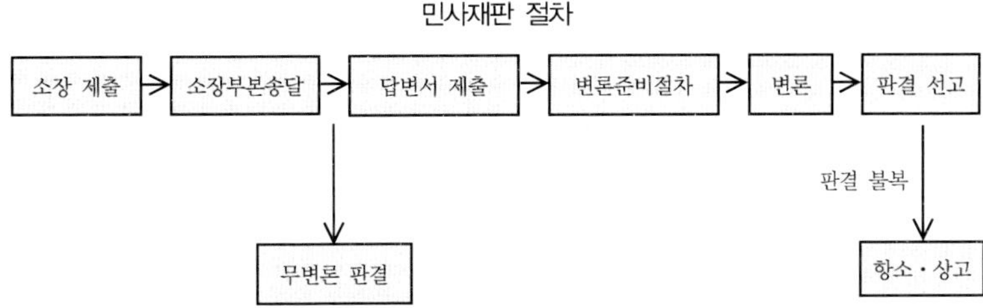

민사재판 절차

① 소장(訴狀)의 접수 및 답변서제출의무(答辯書提出義務)

소(訴)라 함은 원고가 법원에 대하여 일정한 내용의 판결을 바라는 신청이다. 민사재판은 원고 또는 그의 대리인이 제1심 법원인 지방법원, 지방법원지원과 시·군법원에 소장(訴狀)253)을 작성하고 인지(印紙)254)를 붙여서 관할 법원에 제출함으로써 시작된다. 원고는 소에 의해서 피고에 대한 관계에서 권리주장을 하고 법원에 대하여 권리보호를 요구한다. 따라서 소는 권리보호를 구하는 신청의 의미를 갖고, 그것은 처분권주의의 하나로서 법원이 권리보호활동을 하기 위한 요건으로 된다.255) 이렇게 소장이 접수되면 법원은 피고에게 소장부본(訴狀副本) 및 소송절차안내서(訴訟節次案內書)를 피고에게 송달하여

---

253) 소장의 기재사항 ① 원고, 피고의 주소(특히 집 전화번호 이외에도 일과 중 전화가 가능한 사무실전화번호 또는 휴대전화번호, 팩스번호, E-mail 주소), ② 성명이 명확히 기재되어야 한다. 피고가 있는 곳을 알 수 없을 때에는 소명자료를 첨부하여 공시송달을 신청할 수 있다. ③ 청구취지를 특정하여 기재하여야 한다("피고는 원고에게 돈 천만 원을 지급하라"는 식으로 원고가 판결을 통하여 얻어내려는 결론을 기재하여야 한다). ④ 청구원인을 기재하여야 한다("원고는 2007. 1. 1. 피고에게 돈 천만 원을 빌려 주었으나, 피고는 이를 갚지 않고 있다"는 식으로 판결을 구하게 된 원인이 무엇인가를 구체적으로 기재한다).

254) 인지란 국가가 세입금 징수의 한 방법으로서 발행하는 일정의 금액을 표시한 증표(證票)를 말한다. 소장에는 소가에 따라 다음 금액상당의 인지를 붙이거나 현금을 납부하여야 한다. ① 소가 1천만 원 미만 소가×(50÷10,000), ② 소가 1천만 원 이상 1억 원 미만 소가×(45÷10,000)+5,000, ③ 소가 1억 원 이상 10억 원 미만 소가×(40÷10,000)+55,000, ④ 소가 10억 원 이상 소가×(35÷10,000)+555,000.

255) 홍기문, 『민사소송법』, 173면.

피고를 상대로 어떠한 소송이 제기되었는가를 미리 알려 주고, 아울러 자세한 소송절차에 대해서도 알려 준다. 원고의 소장을 받은 피고가 원고의 청구를 다투고자 하는 경우에는 피고는 소장부본을 송달받은 날로부터 30일 이내에 답변서(答辯書)를 제출하여야 한다. 만일 피고가 30일 이내에 답변서를 제출하지 아니하면, 피고는 원고의 청구원인사실에 대해 자백한 것으로 보아 변론을 거치지 않고 원고의 청구를 인용하여 무변론판결(無辯論判決)256)을 할 수 있다(민사소송법 제257조 제1항).

② 변론준비절차(辯論準備節次)

변론준비란 변론의 집중적·계속적 심리(審理)를 위하여 주로 쟁점과 증거의 정리를 목적으로 행해지는 절차를 말한다. 소송절차에 있어서 본격적인 심리는 변론에서 행해지는 것이지만, 소를 제기한 뒤에 바로 변론이 개시되어 당사자로부터 공격·방어방법이 제출되면 법원은 사건의 쟁점을 명확히 파악하기 어렵고 당사자도 상대방의 주장을 이해하여 초점에 맞는 응답을 하는 데 곤란을 겪게 되어 기일을 헛되이 낭비하게 되어 소송의 지연을 가져올 염려가 있다.257) 따라서 재판장이 무변론판결을 하는 경우 이외의 사건 중 특히 변론준비절차(辯論準備節次)를 거칠 필요가 없다고 인정하는 때를 제외하고 합의사건(合議事件)과 단독사건(單獨事件)을 막론하고 사건을 지체 없

---

256) 김용진, 『민사소송법』, 신영사, 2005, 283면(피고의 방어의사가 없음이 확인된 경우에는 변론 없이 판결을 내릴 수 있다. 피고의 방어의사를 확인할 수 있도록 제256조는 피고에게 일정한 기간 내의 답변서제출의무를 부과하고, 이를 통하여 피고의 방어의사가 없음이 확인된 때에는 변론기일을 열지 않고 원고승소판결을 함으로써 원고의 기일출석부담을 줄이고 소송의 촉진을 도모하였다).

257) 김홍규, 『민사소송법』, 삼영사, 2004, 431면.

이 변론준비절차에 회부하도록 하고 있다.[258]

변론준비절차라 함은 변론기일을 열기에 앞서 변론이 효율적이고 집중적으로 실시될 수 있도록 당사자의 주장(主張)과 증거(證據)를 정리하여 소송관계를 뚜렷하게 하는 절차를 말한다(민사소송법 제279조 제1항). 피고가 30일 이내에 답변서를 제출하면 법원은 원칙적으로 사건을 6월 한도의 변론준비절차(辯論準備節次)에 회부한다. 변론준비절차는 서면에 의한 변론준비절차(민사소송법 제280조 제1항)와 기일을 지정하여 당사자를 출석하게 한 후 법원과 쌍방 당사자가 구술(口述)로 쟁점을 정리하는 변론준비기일(辯論準備期日)(민사소송법 제282조)이 있다.

서면에 의한 변론준비절차란 기간을 정하여 준비서면(準備書面) 등을 제출하게 하거나 당사자 간에 이를 교환(交換)하게 하여 쟁점(爭點)을 미리 정리하는 것이다. 민사소송법상 변론준비절차는 서면공격절차(書面攻擊節次)인 것이 원칙이지만, 재판장이 쟁점을 정리하고 확인하는 데 당사자의 출석(出席)이 필요하다고 인정하는 경우에는 변론준비기일(辯論準備期日)을 열 수 있다. 당사자는 변론기일이 끝날 때까지 변론의 준비에 필요한 주장과 증거를 정리하여 제출하게 하고, 이를 제출하지 않은 채 변론준비절차가 종료되면 원칙적으로 더 이상 새로운 공격방어방법을 제출할 수 없게 하였다.

③ 변론(辯論)

변론(辯論)이라 함은 협의(俠義)로는 변론기일에 법원에서 당사자가

본안(本案)의 신청과 이를 이유 있게 하는 공격·방어방법(법률상의 진술, 사실상의 진술, 증거의 신청)을 제출하는 것을 말하고, 광의(廣義)로는 이들 당사자의 소송행위(訴訟行爲) 외에 법원이 행하는 소송 지휘·증거조사를 포함한다. 그리고 최광의(最廣義)로는 여기에 다시 판결의 선고(宣告)까지 포함시켜 말하는 경우도 있다. 이러한 의의 중에서 민사소송법상은 기일에 당사자가 소송자료를 제출하는 행위를 지칭하는 협의의 것을 말한다.259)

변론준비절차를 거치지 아니하는 경우 또는 변론준비절차가 끝난 경우에는 바로 재판장은 변론기일을 정하고 당사자에게 이를 통지(通知)하여야 한다(민사소송법 제258조 제2항). 재판장이 지정한 첫 변론기일에 변론준비절차에서 정리된 결과에 따라 바로 증거조사(證據調査)를 시행하여야 하고, 당사자본인신문(當事者本人訊問)도 이와 함께 변론이 1회에 완료하도록 집중해서 하도록 하여야 한다(민사소송법 제287조). 변론이 1회의 기일에 완료하지 아니하는 경우는 속행기일(續行期日)을 지정해서 심리를 계속한다.

만약 원고·피고 중 어느 한쪽이 기일통지서(期日通知書)를 송달(送達)받고도 불출석(不出席)하면 출석한 쪽이 주장하는 사실을 자백(自白)한 것으로 간주된다. 양쪽 당사자가 모두 2회에 걸쳐서 적법한 소환을 받고도 불출석하거나 변론을 하지 아니한 때에는 그 후 1개월 내에 기일지정신청을 하지 아니하면 소가 취하(取下)된 것으로 간주(看做)한다. 증인의 경우 정당한 사유 없이 변론기일에 출석하지 아니하는 경우에는 500만 원 이하의 과태료에 처하게 되고, 소송비용(訴訟

---

259) 김홍규, 『민사소송법』, 382면.

費用)을 부담하게 되며, 과태료의 재판을 받고도 정당한 사유 없이 다시 변론기일에 출석하지 아니하는 때에는 7일 이내의 감치(監置)260)에 처하게 된다(민사소송법 제311조). 또한 법원은 정당한 사유 없이 불출석한 증인의 구인(拘引)261)을 명할 수 있다(민사소송법 제312조).

④ 판결(判決)

법원이 사건에 대해 판단하기에 족한 경우에는 변론을 종결하고 보통 2주일 후에 판결을 선고하고 판결문을 원·피고에게 송달한다. 원고의 청구가 이유 있어 이를 받아들이는 판결을 청구인용판결(請求引用判決)이라고 한다. 반면에 원고의 청구가 이유가 없어 이를 배척하는 판결을 청구기각판결(請求棄却判決)이라고 한다. 청구인용판결은 판결이 확정될 때까지 집행력(執行力)262)을 갖지 않지만, 법원은 재산권의 청구에 관한 청구인용판결에는 상당한 이유가 없는 한 가집행(假執行)할 수 있음을 선고한다. 판결이 확정되기 전이라도 원고는 피고의 재산에 대해 가집행할 수 있다. 그 밖에 소송절차가 적법하게 진행되기 위한 요건, 즉 소송요건을 흠결(欠缺)한 경우(예를 들면, 소제기 전에 사망한 자를 피고로 삼아서 제소한 경우 등)에는 법원은 사건 자체에 대해 판단하지 않는 소각하판결(訴却下判決)을 하게 된다.

---

260) 감치란 법정의 질서를 문란하게 하는 자에 대하여 과하는 제재를 말한다. 감치는 경찰서 유치장·교도소 또는 구치소에 유치하여 집행한다.

261) 구인이란 피고인 또는 증인을 일정한 장소에 인치(引致)하는 것을 말한다.

262) 집행력이란 판결 또는 그 급부의무를 강제로 실현시키는 효력 혹은 강제력으로 행정행위의 내용 역시 실현할 수 있는 효력을 말한다.

(6) 상소(上訴) 및 재심(再審)

상소(上訴)라 함은 재판의 확정(確定) 전(前)에 당사자가 상급법원에 대하여 그 취소·변경을 구하는 불복신청방법(不服申請方法)을 말한다. 즉, 상소가 제기되면 재판의 확정은 차단되고, 종전의 소송절차의 속행으로서 당해 재판의 당부를 판단하기 위하여 심리(審理)와 판결(判決)이 행해진다.263) 현행법에서 인정되고 있는 상소에는 항소(抗訴)·상고(上告)·항고(抗告)의 세 종류가 있다. 항소와 상고는 판결에 대한 불복방법이고, 항고는 결정(決定)과 명령(命令)에 대한 불복방법이다.

항소(抗訴)는 제1심의 종국판결에 대한 상소로서 원판결(元判決)에 대한 사실상·법률상 이유에 기인하는 불복신청이다. 상고(上告)는 원칙상 항소법원(제2심으로서의 고등법원과 지방법원본원합의부)의 종국판결(終局判決)에 대한 상소로서 원심판결에 대한 법률상의 이유에 기인하는 불복신청이다. 항소심 재판절차는 제1심 재판절차와 거의 동일하다. 항소심 판결의 법률판단에 대하여 불복하는 당사자는 판결문을 송달받은 날로부터 2주일 이내에 대법원에 상고할 수 있다. 상고사건에 대한 재판절차는 제1심 및 제2심의 재판절차와는 다르게 상고장, 상고이유서, 답변서 기타 소송기록에 의하여 변론 없이 재판할 수 있도록 되어 있다.

이에 대해 재심(再審)이란 확정된 종국판결에 중대한 흠(欠)이 있는 경우에 판결을 법원에 대하여 그 판결의 취소(取消)와 사건의 재심판(再審判)을 구하는 비상의 불복신청방법이다. 판결은 그 효력으로서 일단 확정되면 법적 안정성을 근거로 다시 다툴 수 없는 기판력(旣判

---

263) 김홍규, 『민사소송법』, 772면.

力)264)이 발생하지만, 그 취소와 변경을 요구하도록 하기 위하여 마련된 제도가 재심제도이다.265) 재심은 예외적인 권리구제절차(權利救濟節次)로써 재심을 제기할 수 있는 사유와 재심 기간이 민사소송법에 별도로 규정되어 있다.266)

(7) 소송(訴訟)의 종료(終了)

소송은 법원의 판결(判決)이 확정(確定)되면 종료하게 된다. 여기서 판결이 확정된다고 하는 것은 판결을 상소에 의해 다툴 수 없는 상태를 말한다. 이렇게 정식적으로 개시된 소송절차가 법원의 소송행위(종국판결)에 의하지 아니하고 당사자의 행위나 일정한 사유에 의해 종료되는 경우가 있다.

당사자 소송행위에 의한 소송절차종료(訴訟節次終了)의 경우로서는 소의 취하(訴의 取下), 청구의 포기(請求의 抛棄)·인낙(認諾), 재판상의 화해(裁判上의 和解)가 있다. 여기서 소위 취하라 함은 원고가 판결의 확정에 이르기까지 소에 의한 심리·재판 신청의 전부 또는 일부를 철회(撤回)하는 취지의 법원에 대한 일방적인 의사표시이다. 따라서 철회를 하게 되면 처음부터 소의 제기가 없었던 상태로 된다. 다만 피고가 본안(本案)에 관한 준비서면을 제출하거나 준비절차에서 진술한 후에는 피고의 동의를 얻어야 소를 취하할 수 있다(민사소송법 제

---

264) 기판력이란 확정된 재판의 판단 내용이 소송당사자와 후소법원(後訴法院)을 구속하고, 이와 모순되는 주장·판단을 부적법으로 하는 소송법상의 효력을 말한다.

265) 홍기문, 『민사소송법』, 745면.

266) 민사소송법 제451조에 재심사유가 규정되어 있다. 재심사유를 총괄적으로 보면 ① 소송절차상의 중대한 흠(제451조 제1항 제1호 내지 제3호 및 제11호), ② 판결의 기초자료에 관한 범죄와 관련된 중대한 결함(동조 제1항 제4호 내지 제7호), ③ 다른 재판과의 저촉(동조 제1항 제8호, 제10호), ④ 중요사항에 관하여 판단을 누락한 흠(동조 제1항 제9호).

266조). 소(訴)의 취하(取下)에 의하여 소송은 소제기 시(訴提起時)에 소급하여 없었던 것이 되므로 다시 같은 소를 제기하더라도 무방하다.267) 그러나 본안에 대한 종국판결이 있은 뒤에 소를 취하하였을 경우에는 같은 소를 다시 제기할 수 없다(민사소송법 제267조 제2항).

청구(請求)의 포기(抛棄)란 변론이나 변론준비절차에서 원고가 자기의 청구가 이유 없다는 것을 인정하는 법원에 대한 소송상의 진술이다. 청구(請求)의 인낙(認諾)이라 함은 원고가 자기에 대한 원고의 청구인 권리주장이 이유 있다는 것을 인정하는 법원에 대한 소송상의 진술이다. 청구를 포기하는 경우 청구포기조사가 작성되는데, 이는 원고패소(原告敗訴)의 확정판결과 같은 효력이 있다. 청구인낙의 경우도 청구인낙조서가 작성되고 이는 피고패소(被告敗訴)의 확정판결과 같은 효력이 있다.

소송상(訴訟上)의 화해(和解)란 소송계속 중에 양쪽 당사자가 소송물에 관하여 주장을 상호 양보하여 소송을 종료시키는 행위를 말한다. 화해가 이루어지면 법원은 화해조서를 작성하는데 화해조서는 법원의 확정판결과 동일한 효력을 가진다.

---

267) 김홍규, 『민사소송법』, 535면.

(8) 간이한 민사소송절차(民事訴訟節次)

① 소액사건심판절차(少額事件審判節次)

소액사건심판절차 흐름도

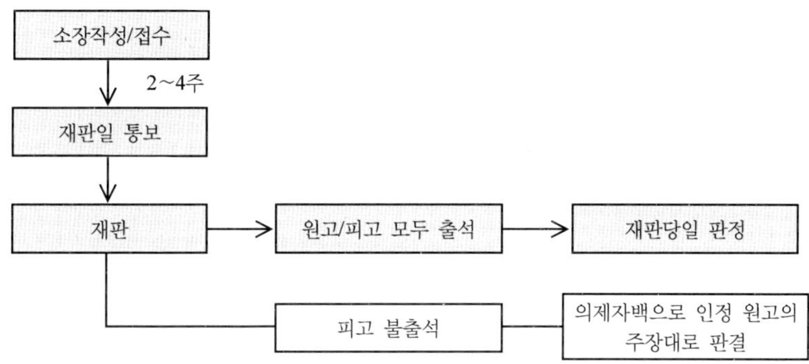

가) 제도(制度)의 취지(趣旨)

민사소송은 절차가 번거롭고 복잡하기 때문에 개인이 변호사나 법무사의 도움 없이 직접 소송에 참가하기가 어렵다. 그리고 소송비용(訴訟費用)과 소송기일(訴訟期日)이 오래 걸리기 때문에 재판을 꺼리는 경우도 있다.

따라서 소송물가액(訴價)이 2,000만 원을 넘지 아니하는 금전 기타 대체물(代替物)[268] 또는 유가증권(有價證券)[269] 등의 지급을 목적으로 하는 소액의 민사사건은 지방법원, 지방법원지원, 시·군법원[270]에

---

268) 대체물이란 다른 물건으로 바꾸어도 당사자에게 영향을 주지 않는 물건을 말한다. 즉, 물건의 개성이 중요시되지 않으며 같은 종류·품질·수량의 다른 물건으로 바꿀 수 있는 것을 말한다.

269) 유가증권이란 권리와 증권과의 결합을 기초로, 권리의 이전·행사를 원활·안전하게 함으로써 증권의 유통성을 확보하려는 근대자본주의에 의하여 발달한 법기술 제도로서 재산적 가치를 가지는 사권(私權)을 표시하는 증권을 말한다. 이러한 유가증권의 대표적인 것이 상품권이나 어음·수표 등이 있다.

서 일반 민사소송절차보다 훨씬 간이하고 신속한 심판절차에 의하여 재판을 받을 수 있도록 만든 것이 바로 소액사건심판절차이다(소액 사건심판규칙 제1조의 2 참조).

여기서 소액사건의 범위를 "2,000만 원을 넘지 아니하는 금전 기타 대체물 또는 유가증권"이라고 하였기 때문에 부동산 등 특정물(特定 物)에 관한 청구는 소가(訴價)가 2,000만 원 이하라도 소액사건이 아 니다.271) 다만 주택임대차보호법상 보증금반환청구사건은 소송물 값 의 다과를 불문하고 소액사건에 준한다(주택임대차보호법 제13조).

나) 소송개시(訴訟開始)에 관한 특례(特例)

소액사건에서는 소장에 의한 제소 이외에 구술제소(口述提訴)와 당 사자 쌍방이 임의출석(任意出席)에 의한 소제기(소액사건심판법 제4 조와 제5조 참조) 등 두 가지 방식을 인정하고 있다. 이는 소장 작성 의 기술성을 고집하지 아니하여 소송절차 대중화를 위하여 바람직한 특칙인데,272) 민사소송법 제248조의 소장제출주의(訴狀提出主義)에 대 한 특칙이다. 구술에 의한 제소의 경우에는 법원사무관 등이 제소조 서(提訴調書)를 작성한다.273)

또한 소액사건의 경우 소를 제기하면 지체 없이 변론기일이 지정 되며, 변호사가 아니라도 법원의 허가 없이도 당사자의 배우자, 직계 혈족, 형제자매, 호주는 소송대리인(訴訟代理人)이 될 수 있다(소액사

---

270) 1995년 9월 1일부터 시 · 군법원이 설치되어 시 · 군법원 관할 소액사건에 대해서는 소장을 지방법원이
　　나 지방법원지원에 제출하여서는 안 된다.

271) 송상현, 『민사소송법』, 박영사, 2004, 773면.

272) 송상현, 『민사소송법』, 774면.

273) 정동윤 · 유병현, 『민사소송법』, 법문사, 2006, 993면.

건심판법 제8조 제1항). 이것은 민사소송법 제87조 내지 제89조에 대한 특례이다.

다) 소송심리(訴訟審理)에 관한 특례(特例)

소액사건은 신속처리를 위하여 소의 제기가 있으면 판사는 지체 없이 변론기일(辯論期日)을 지정해야 한다. 그리고 가능한 한 1회의 변론기일로 심리를 종결하도록 해야 한다(소액사건심판법 제7조). 이같은 목적을 달성하기 위해서는 지체 없는 소장송달(訴狀送達), 기일 전의 입증촉구 및 최초의 기일소환장(期日召喚狀)에 의한 사전준비촉구와 증거신청방식의 고지 등을 규정하여 변론의 집중을 도모하고 있다(소액사건심판법 제6조, 제7조 제3항, 제5조 제1항 참조). 이것은 일종의 집중심리주의라고 할 수 있다.274)

판사는 필요한 경우에는 근무시간 외 또는 공휴일에도 개정(開廷)할 수 있다(소액사건심판법 제7조의 2). 이것은 직장인들의 편의를 도모하기 위한 것이다.

라) 이행권고제도(履行勸告制度)

종래의 소액사건의 경우 당사자 사이에 다툼이 없어서 변론기일에 피고가 결석하고 자백간주(自白看做)가 되어 원고승소판결로 종료되는 경우가 많았다. 따라서 소액사건심판법에 이를 반영하여 법원은 재량에 의하여 변론 없이 피고에게 이행권고결정을 보내고 이에 대하여 이의신청(異議申請)이 없으면 바로 집행력(執行力)을 부여하여 강제집행(强

---

274) 정동윤 · 유병현, 『민사소송법』, 995면.

制執行)을 할 수 있도록 하였다(소액사건심판법 제5조의 3 이하 참조).

피고는 이행권고결정서를 송달받은 날로부터 2주 이내에 서면으로 이의신청(異議申請)을 할 수 있다. 만약 피고가 이행권고결정서를 등본을 송달받은 때부터 2주 이내에 이의신청을 하지 아니하거나 이행권고결정에 대한 각하결정(却下決定)이 확정된 때, 이의신청이 취하된 때에는 이행권고결정은 확정판결(確定判決)[275]과 같은 효력을 가진다(소액사건심판법 제5의7 제1항). 이행권고결정으로 강제집행을 할 때에는 별도의 집행문(執行文)을 부여받을 필요 없이 결정서 정본에 의한다(소액사건심판법 제5의8 제1항).

② 독촉절차(督促節次)

가) 제도(制度)의 취지(趣旨)

독촉절차라 함은 금전, 그 밖의 대체물이나 유가증권의 일정 수량의 지급을 목적으로 하는 청구권에 관하여 채무자가 다투지 않을 것으로 예상될 경우 채권자에게 통상의 판결절차보다 간이하고 신속하며 저렴하게 집행권원(執行權原)을 얻게 하는 절차이다.

이러한 간이절차는 채권자의 신청에 의하여 채무자를 심문(審問)함이 없이 일방적 서면심리로서 지급명령(支給命令)을 발하는 절차이다. 독촉절차는 법원의 분쟁해결절차 중 가장 간단하고, 비용이 싸며 당사자가 법정에 출석할 필요가 없는 편리한 절차이다.

---

275) 확정판결이란 판결이 내려도 그 판결에 불복신청(상소)이 가능한 사람이 상급법원에 재심사를 청구하면 (항소·상고), 그 판결에 잘못이 있는 경우에는 상급법원은 그 판결을 취소·변경하지 않으면 안 된다. 이와 같이 판결의 취소·변경은 그 소송절차에서 당사자가 상급법원에 불복을 신청한 경우에 이루어지는데, 그 판결을 취소할 수 없는 상태를 확정판결이라 한다.

지급명령 흐름도

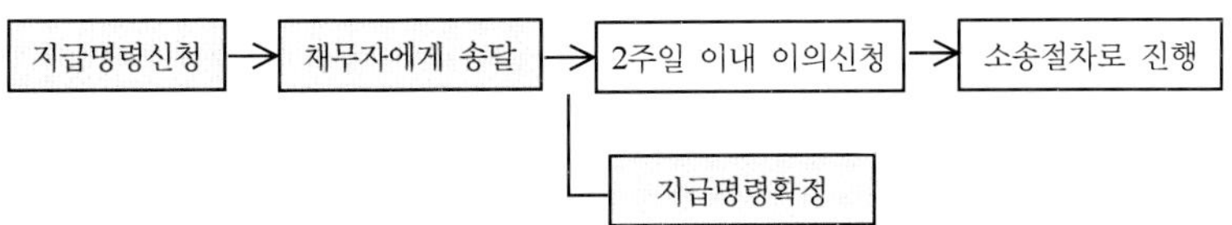

나) 지급명령(支給命令)의 신청(申請)

지급명령을 신청할 수 있는 청구는 금전, 그 밖의 대체물이나 유가증권의 일정한 수량의 지급을 목적으로 하는 것이어야 한다(민사소송법 제462조). 이렇게 신청을 제한하는 이유는 채권자의 신청에 의해 채무자를 심문함이 없이 일방적 서면심리(書面審理)로 지급명령을 하기 때문에 채무자에게 회복할 수 없는 손해를 끼치는 일이 없어야 한다. 따라서 민사소송법 제462조에서 적용요건을 둔 이유는 이러한 청구는 집행이 용이하고 잘못 집행된 경우에도 원상회복이 가능하기 때문이다.276)

독촉절차는 채권자의 지급명령의 신청에 의하여 개시된다. 그 신청에는 그 성질에 어긋나지 아니하면 소(訴)에 관한 규정이 준용된다(민사소송법 제464조). 지급명령은 한국에서 공시송달(公示送達)277)에 의하지 아니하고 송달을 할 수 있는 경우에 한한다(민사소송법 제462조 단서).

신청이 적법하고 신청의 취지에 의하여 청구가 이유 있다고 인정되면 더 나아가 청구의 내용에 관하여 증거조사(證據調査)·채무자심

---

276) 정동윤·유병현, 『민사소송법』, 999면.

277) 공시송달이란 상대방의 행방을 알 수 없는 경우나 주소가 일정하지 않는 경우 등의 사유로 상대방에게 통상의 방법으로 송달을 할 수 없는 경우 당사자의 신청 또는 법원의 직권으로 법원사무관 등이 송달할 서류를 보관하고, 그 사유를 법원게시판에 게시하거나 그 밖에 대법원규칙이 정하는 방법에 따라서 하는 송달방법이다.

문(債務者審問) 등을 할 필요가 없이 지급명령을 발하여야 한다. 지급명령은 양 당사자에게 송달하여야 한다(민사소송법 제469조 제1항). 지급명령278)에는 당사자, 법정대리인, 청구의 취지와 원인을 적고, 채무자가 지급명령을 송달받은 날로부터 2주 이내에 이의신청을 할 수 있다는 것을 덧붙여 적어야 한다(민사소송법 제468조).

다) 지급명령(支給命令)에 대한 채무자(債務者)의 이의(異議)

채무자는 지급명령을 발한 법원에 대하여 지급명령이 송달된 날로부터 2주일 이내에 서면 또는 구술(口述)로 불복취지(不服趣旨)를 표시하여 신청한다. 여기서 2주일의 이의신청기간은 불변기간이므로(민사소송법 제470조 제2항) 이의신청기간을 도과한 것이 채무자에게 귀책사유(歸責事由)가 없을 경우에는 채무자가 비용과 입증책임(立證責任)을 부담하는 청구이의(請求異議)의 소(訴) 대신에 이의신청의 추후보완제도(推後補完制度)를 이용할 수 있다. 채무자가 지급명령을 송달받은 날로부터 2주일의 불변기간 내에 이의신청을 한 때에는 지급명령은 그 범위 내에서 효력을 잃는다.

라) 지급명령(支給命令)의 확정(確定)

지급명령에 대하여 이의신청이 없거나 이의신청(異議申請)을 취하(取下)하거나 그 각하결정(却下決定)이 확정된 때에는 지급명령은 확정판결과 같은 효력이 있다(민사소송법 제474조). 확정된 지급명령은 집행력이 발생하여 집행권원(執行權原)279)이 된다(민사집행법 제58

---

278) 정동윤 · 유병현, 『민사소송법』, 1001면에서 지급명령은 명칭은 명령(命令)이지만, 그 성질은 결정(決定)이라고 한다.

조). 지급명령은 채무자를 심문(審問)하지 아니하고 채권자의 신청에 기하여 일방적으로 발해지는 것이므로 여기에 기판력(旣判力)[280]은 인정되지 아니한다(민사집행법 제58조 제3항 참조).

3) 형사재판(刑事裁判)

(1) 의의(意義)

형사재판이란 검사에 의하여 기소(起訴)된 피고인(被告人)에 대하여 유죄(有罪)·무죄(無罪)를 판단하고, 유죄로 인정되는 자에 대해서 형벌(刑罰)을 과하는 재판이다. 즉, 범죄가 구체적으로 발생한 경우 형법이 정하는 바에 따라 범죄사실(犯罪事實)과 범죄자(犯罪者)를 확인하고 이 자에 대해서 형벌을 과하는데, 이러한 국가형벌권(國家刑罰權)을 실현하는 절차가 형사소송이며, 형사소송사건에 대한 재판이 형사재판이다.

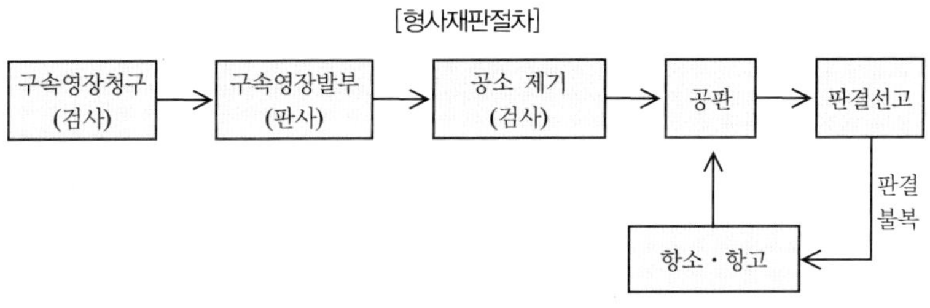

---

279) 집행권원이란 일정한 사법상의 급부의무의 존재를 증명하는 것으로서 법률에 의하여 집행력이 부여된 공증의 문서이다. 집행권원은 집행명의 또는 채무명의라고도 한다.

280) 기판력이란 확정판결을 받은 사항에 대해서는 후에 다른 법원에 다시 제소되더라도 이전 재판내용과 모순되는 판단을 할 수 없도록 구속하는 효력을 말한다.

(2) 형사재판의 원칙

형사재판은 형벌권을 가진 국가로부터 시민의 권리가 함부로 침해되어서는 안 되기 때문에 이를 위해 정해둔 원칙들이 있다. 우선 "적정절차(適正節次)의 원칙"이 있다. 적정절차의 원칙이란 형사절차가 적법하면서도 공정한 법적 절차에 따라 이루어져야 한다는 원칙이다. 이러한 적정절차의 원칙이 실제로 구현되는 모습으로 불리한 진술거부권(陳述拒否權)과 영장주의(令狀主義) 및 변호인의 조력을 받을 권리 등이 있다. 다음으로 "신속(迅速)한 재판(裁判)의 원칙"이 있다. 신속한 재판의 원칙이란 재판이 적정한 기간 내에 종료되어야 한다는 것이다. 그리고 "무죄추정(無罪推定)의 원칙"이 있다. 무죄추정의 원칙이란 형사절차에 있어서 피의자와 피고인이 유죄 판결이 확정되기 전까지는 무죄를 본다. 피고인이 무죄로 추정되기 때문에 특별한 사유가 없으면, 불구속된 상태로 재판을 진행하여야 하는데, 이를 "불구속(不拘束)의 원칙"이라 한다.

(3) 국민참여재판제도

2008년 형사소송법이 개정이 되면서 새롭게 받아들인 제도 중의 하나가 "국민참여재판"이다. 기존의 형사재판은 판사가 유·무죄의 판결을 하였던 것과 달리 국민들이 배심원 또는 예비배심원으로서 참여하는 형사재판을 의미한다. 특히 배심원으로 선정된 국민은 피고인의 유무죄에 관하여 평결을 내리고, 유죄 평결이 내려진 피고인에게 선고할 적정한 형벌을 토의하는 등 재판에 참여하는 기회를 갖게 된다. 판사는 배심원의 평결과 양형에 관한 의견에 반드시 따라야 하는 것은 아니다. 왜냐하면, 법률은 배심원의 평결과 양형에 관한 의견이 법원을 기속하지 않는다고 규정하고 있기 때문이다. 다만, 법원은 배심원이 법정 공방을 지켜보고 토론을 거쳐 내린 평결과 양형의견을 최대한 존중할 것이다.

또한 모든 형사재판이 국민참여재판으로 열리는 것은 아니다. 일정한 요건을 갖추고 피고인이 신청한 사건에 한해서 열리게 된다. 이 제도의 적용되는 대상은 형법에서 규정된 ① 특수공무집행방해치사 등의 사건, ② '특정범죄가중처벌 등에 관한 법률'에 규정된 뇌물 등의 사건, ③ '특정경제범죄 가중처벌 등에 관한 법률'에 규정된 배임수재 등의 사건, ④ '성폭력범죄의 처벌 및 피해자보호 등에 관한 법률'에 규정된 특수강도강간 등의 사건들이다.

국민참여재판이 열리게 되면 법원에서는 미리 만들어 놓은 배심원 후보 예정자 명부에서 무작위로 배심원 후보자를 뽑고, 재판에 나와 달라고 연락하게 된다. 배심원은 만 20세 이상 대한민국 국민이면 누구나 배심원이 될 수 있고, 특별한 자격은 필요하지 않다. 다만 배심원은 공무를 수행하게 되므로 일정한 전과가 있는 사람은 제외되고, 변호사·경찰관 등 일정한 직업을 가진 사람도 배심원이 될 수 없는 제한이 있다. 배심원후보자는 부득이한 사정이 없는 한 선정기일에 출석하셔야 한다. 만약 건강이 좋지 않거나 간호, 양육, 출장 등과 같이 재판에 참여할 수 없는 부득이한 사정이 있는 때에는 법원에 배심원 직무 면제를 신청할 수 있다.

(4) 소송(訴訟)의 주체(主體)

① 검사(檢事)

검사는 검찰권(檢察權)을 행사하기 위해 형사소송에 있어서 원고인 당사자로서의 지위를 가진다. 검사가 행사는 검찰권은 행정권에 속한다. 따라서 검사는 법무부(法務部)에 소속된 행정기관(行政機關)으로서 국가의 행정목적을 위하여 활동하지 않을 수 없다. 그러나 검찰권은 그 내용에 있어서 사법권(司法權)과 밀접한 관계를 맺고 있기 때문에 검사는 행정기관이면서 동시에 사법기관인 이중성격을 가지고 있는 기관이며 엄격히 볼 때 사법기관은 아니지만 오로지 진실과 정의에 따라야 할 의무를 가지고 있는 준사법기관(準司法機關)이다.281) 따라서 검사는 공익의 대표자로서 ① 범죄수사(犯罪搜査)·공소제기(公訴提起)와 그 유지에 필요한 사항, ② 범죄수사에 관한 사법경찰관리(司法警察管理)의 지휘·감독, ③ 법원에 대한 법령의 정당한 적용의 청구, ④ 재판집행(裁判執行)의 지휘·감독, ⑤ 국가를 당사자 또는 참가인(參加人)으로 하는 소송과 행정소송의 수행 또는 그 수행에 관한 지휘·감독, ⑥ 다른 법령에 의하여 그 권한에 속하는 사항 등을 그 직무(職務)와 권한(權限)으로 하고 있는 국가기관이다(검찰청법 제4조 제1항). 그러나 검사는 그 직무를 수행할 때 국민 전체에 대한 봉사자로서 정치적 중립을 지켜야 하며 주어진 권한을 남용하여서는 아니 된다(검찰청법 제4조 제2항).

검찰청은 검사의 사무를 통할하는 기관이다(검찰청법 제2조 제1

---

281) 이재상, 형사소송법, 박영사, 2006, 83－84면.

항). 단독제(單獨制)의 관청(官廳)인 검사의 검찰사무를 통할할 뿐이며, 그 자체로 아무런 권한도 가지지 않는 관서(官署)에 불과하다. 따라서 단독관청이기 때문에 검찰조직(檢察組織) 내부의 방침이나 결재 등을 거치지 않고 검사가 대외적으로 의사표시를 하였다면 그 의사표시는 단독관청의 처분(處分)으로서 대외적(對外的) 효력(效力)을 가진다.[282] 검찰청에는 대검찰청(大檢察廳)·고등검찰청(高等檢察廳) 및 지방검찰청(地方檢察廳)이 있고, 각 대법원·고등법원·지방법원 및 가정법원에 대응하여 설치한다(검찰청법 제3조 제1항). 다만 지방법원지원 설치구역에는 이에 대응하는 지방검찰청지청(地方檢察廳支廳)을 둘 수 있다(검찰청법 제3조 제2항). 따라서 검찰청은 법원에 부속되는 보조기관(補助機關)이 아니라 법원에 대치하여 설치된 독립(獨立)된 행정기관(行政機關)임이 명백하게 된다.[283]

② 피고인(被告人)

피고인이라 함은 검사에 의하여 형사책임을 져야 할 자로 공소(公訴)가 제기된 자 또는 공소가 제기된 자로 취급되어 있는 자를 말한다. 피고인은 공소가 제기된 자라고 하는 점에서 공소제기 전에는 피의자(被疑者)와 구별된다. 또한 유죄판결이 확정된 수형자(受刑者)와도 구별된다.

피고인은 검사에 대립하는 당사자(當事者)이다. 현행 형사소송법은 당사자주의(當事者主義)를 대폭 도입하여 검사와 피고인의 공격(攻擊)과 방어(防禦)에 의하여 공판절차(公判節次)를 진행하도록 규정하고

---

282) 신동운, 『형사소송법』, 법문사, 2005, 41면.
283) 이재상, 『형사소송법』, 85면.

있어 피고인이 형사소송의 주도권을 가지고 있는 당사자로서의 지위를 가지는 것은 당연하다.[284] 즉, 피고인은 검사의 공격에 대하여 자기를 방어하는 수동적 당사자라는 점에서 검사는 공소권(公訴權)의 주체라고 하고, 피고인은 방어권(防禦權)의 주체라고 할 수 있다. 그러나 실질적으로 피고인이 형사소송에 있어서 당사자의 지위를 가지고 있다고 해서 검사에 맞서서 다투는 것을 기대하기는 어렵다. 왜냐하면 검사가 법률의 전문가로서 국가권력이라는 강력한 강제력을 배경으로 하고 있음에 반해서 피고인은 법률의 문외한으로서 자기에게 이익이 되는 증거(證據)를 수집·제출·평가할 수 없음은 물론 심리적으로 범죄 혐의에 대한 불안과 공포에 빠져 있기 때문에 무기평등의 원칙(武器平等의 原則)을 보장할 수 없다. 따라서 피고인의 방어력을 보충하는 자로서 변호인(辯護人)이 있다. 변호인은 소송의 주체가 아니라 소송(訴訟)의 주체(主體)인 피고인(被告人) 또는 피의자(被疑者)의 보조자(補助者)인 것이다. 피고인에게는 수사단계뿐만 아니라 공판절차에서도 변호인의 도움을 받을 권리가 있다. 그리고 피의자에게도 장차 소송에서 당사자가 될 소송의 주체로서 방어에 필요한 여러 가지 권리를 보장받고 있다. 피고인이 사형·무기 또는 단기 3년 이상의 형에 해당하는 죄로 기소된 경우에는 변호인 없이 재판을 할 수 없다. 또한 일정한 경우에는 국선변호인(國選辯護人)이 선임되어야 한다. 즉, 피고인이 미성년자, 70세 이상 고령자, 농아자(聾兒者) 또는 심신장애의 의심이 있는 자인 때와 빈곤하여 변호인을 선임할 수 없는

---

284) 이재상, 『형사소송법』, 99면; 신동운, 『형사소송법』, 484면에서는 피고인을 당사자라고 표현하는 것에 반대하고 있으며, 소송법적 권리를 적극적·주도적으로 행사하는 주체라는 의미와 헌법이 보장하고 있는 각종 기본권의 향유주체라는 의미에서 보면 피고인을 소송 주체라고 표현해야 한다고 한다.

때에는 직권으로 변호인을 선정하여야 한다.

(5) 수사(搜査) 및 공소제기(公訴提起)

① 수사기관(搜査機關)

수사(搜査)란 범죄의 협의 유무를 명백히 하여 공소의 제기와 유지여부를 결정하기 위하여 범인(犯人)을 발견·확보하고 증거(證據)를 수집·보전하는 수사기관의 활동을 말한다. 여기서 수사기관(搜査機關)이라 함은 법률상 수사의 권한이 인정되어 있는 국가기관을 말한다. 현행법상 수사기관에는 검사와 사법경찰관리(司法警察官吏)가 있다. 검사(檢事)는 수사의 주재자(主宰者)이고 사법경찰관리는 검사의 지휘를 받아 수사를 행한다(형사소송법 제196조 제1항). 사법경찰관리에는 일반사법경찰관리와 특별사법경찰관리가 있다. 일반사법경찰관리(一般司法警察官吏)는 사법경찰관과 사법경찰관리가 있다. 사법경찰관(司法警察官)은 수사관·경무관·총경·경정·경감·경위가 있고, 사법경찰리(司法警察吏)는 경사·경장·순경이 있다(형사소송법 제196조 제1항·제2항). 사법경찰리는 검사나 사법경찰관의 지위를 받아 수사를 보조하는 데 그친다(형사소송법 제196조 제2항). 특별사법경찰관리(特別司法警察官吏)는 특수 분야의 수사를 담당하는 사법경찰관리로서 삼림·해사·전매·세무·군사수사기관 등이 있다.

② 체포(逮捕)·구속(拘束)

수사기관은 피의자를 체포·구속하지 않고 수사하는 것이 원칙이다. 체포는 피의자에 대한 단기간의 신병확보를 가능하게 하기 위한 제도로서 영장에 의한 체포와 긴급체포 및 현행범인의 체포가 있다. 한편 피의자 또는 피고인을 비교적 장기간에 걸쳐 구금하는 제도인 구속은 반드시 법관이 사전에 발부한 구속영장에 의하여서만 가능하다. 체포와 구속은 피의자에게 신체의 자유를 제한하는 수사상 강제처분(强制處分) 가운데 강력한 의미를 갖는다. 따라서 우리 헌법은 수사기관의 신체구속(身體拘束)에 대하여 적법절차(適法節次)의 준수(遵守)를 요구하고 법관에 의한 영장(令狀)을 필수적 요건으로 설정하고 있다(헌법 제12조 제3항).

체포는 형사소송법 제200조의 2 제1항에서 피의자가 죄를 범하였다고 의심할 만한 상당한 이유가 있고, 정당한 이유 없이 수사기관의 출석요구(出席要求)에 응하지 아니하거나 응하지 아니할 우려가 있을 때 검사는 관할 지방법원판사에게 청구하여 체포영장(逮捕令狀)을 발부받아 피의자를 체포할 수 있다(형사소송법 제200조의 2 제1항).285) 체포한 피의자에 대해 48시간 내에 구속영장(拘束令狀)을 청구하지 아니하면 즉시 석방하여야 한다(형사소송법 제200조의 2 제5항).

현행 형사소송법은 피의자의 체포에 관하여 체포영장(逮捕令狀)을 원칙으로 한다. 그러나 긴급체포(緊急逮捕)와 현행범인의 체포와 같이 영장 없이 체포를 인정하고 있다. 여기서 긴급체포는 ① 피의자가 사형·무기 또는 장기 3년 이상의 징역이나 금고에 해당하는 죄를 범하였다고 의심할 만한 상당한 이유가 있는 때, ② 피의자가 증거(證據)를 인멸(湮滅)할 염려가 있거나 도망 또는 도망할 염려가 있는 때는

---

285) 이은모, 『형사소송법』, 박영사, 2010, 219면 각주1)에서 영장에 의한 체포제도는 1995년 개정에 의하여
    형사소송법에 도입된 제도로서 관행적으로 행하여진 임의동행이나 보호실유치와 같은 탈법적인 수사방
    법을 근절하고 적법한 신병확보를 가능하게 하기 위한 목적을 가지고 있다고 한다.

영장 없이 피의자를 체포할 수 있다(형사소송법 제200조의 3). 또한 현행범인이란 범죄의 실행 중이거나 실행의 즉후(卽後)286)인 자를 현행범이라고 한다(형사소송법 제211조 제1항). 즉, 현행법이란 모든 범죄에 있어서 일정한 시간적 단계에 있는 범인을 의미하는 개념이다.

구속(拘束)이란 피의자 또는 피고인의 신체의 자유를 체포에 비하여 장기간(長期間) 걸쳐 제한(制限)하는 강제처분(强制處分)이다. 피의자의 구속이란 수사기관이 판사가 발부한 구속영장에 의하여 피의자를 구인(拘引)287) 또는 구금(拘禁)288)하는 것이며 반드시 체포된 피의자임을 요하지 않는다. 피고인의 구속이란 공소 제기된 후에 법원이 구속영장에 의하여 피고인을 구인(拘引) 또는 구금(拘禁)하는 것을 말한다. 이렇게 구속은 사전(事前)에 발부된 구속영장(拘束令狀)에 의한 구속(拘束)만 인정된다. 따라서 피의자를 구속하기 위해서는 ① 죄를 범하였다고 의심할 만한 상당한 이유가 있고, ② 일정한 주거(住居)를 갖지 않거나, ③ 증거를 인멸할 염려가 있는 때, ④ 도망하거나 도망할 염려가 있는 때에는 검사는 관할지방법원판사에게 청구하여 구속영장을 받아 피의자를 구속할 수 있다(형사소송법 제201조 제1항). 이경우에 피의자는 수사과정에서 변명의 기회를 가지는 것은 물론이고, 구속여부가 결정되기 전에 판사 앞에서 변명의 기회를 가지는데, 이 제도가 영장실질심사제도(令狀實質審查制度)이다. 형사소송법 제201조의 2 제1항에서 피의자들 중 현행범인이나 체포영장, 긴급체포의 방식으로 수사기관에 체포된 피의자에 대하여 구속영장을 청구받은 지

---

286) 형사소송법 제211조 제1항에서는 "실행즉후"란 용어를 쓰는데, 실행직후와 같은 말이다.
287) 구인이란 피고인 또는 피의자를 법원 기타 장소에 인치하는 강제처분이다.
288) 구금이란 피의자 또는 피고인을 교도소 또는 구치소 등에 감금하는 강제처분이다.

방법원판사는 피의자 또는 그 변호인, 법정대리인, 배우자, 형제자매, 호주, 가족이나 동거인 또는 고용인의 신청이 있는 때에는 피의자를 심문할 수 있다. 또한 피의자가 체포되지 아니한 상태에서 구속영장이 청구되는 경우에는 피의자나 변호인, 가족 등에게 심문청구권(審問請求權)을 부여하지 않고, 판사가 직권(職權)으로 심문실시 여부를 결정하여 심문이 필요하다고 판단되는 사안에 대하여 심문을 실시한다(형사소송법 제201조의 2 제3항).

사법경찰관이 피의자를 구속한 때에는 10일 이내에 피의자를 검사에게 인치(引致)289)하지 아니하면 그를 석방(釋放)하여야 하며(형사소송법 제202조), 검사가 피의자를 구속한 때 또는 사법경찰관으로부터 피의자의 인치를 받은 때에는 10일 이내에 공소(公訴)를 제기하지 않으면 석방하여야 한다(형사소송법 제203조). 다만 지방법원판사의 허가를 얻어 10일을 초과하지 않는 한도에서 구속기간을 연장할 수 있다(형사소송법 제205조).

③ 체포(逮捕)·구속적부심사(拘束適否審査)제도

체포·구속적부심사제도란 수사기관에 의하여 체포 또는 구속된 피의자(被疑者)290)에 대하여 법원이 체포(逮捕) 또는 구속(拘束)의 적법여부(適法與否)와 그 필요성을 심사하여 체포 또는 구속이 부적법·부당한 경우에 피의자를 석방시키는 제도를 말한다. 수사단계에서 체포 또는 구속된 피의자를 석방케 하기 위한 제도인 점에서 법원이 구

---

289) 인치란 사람을 강제로 끌어내거나 끌어 들임을 말한다.

290) 수사기관에 의하여 범죄의 혐의를 받고 수사의 대상으로 되어 있는 사람을 피의자라고 한다. 피의자는 수사종결 후 검사가 법원에 공소제기(기소)를 한 피고인과 구별된다.

속된 피고인의 석방을 결정하는 보석(保釋)과 구별된다.

체포·구속적부심사의 청구권자는 체포영장 또는 구속영장에 의하여 체포 또는 구속된 피의자, 그 피의자의 변호인·법정대리인·배우자·직계친족·형제자매·호주·가족 및 동거인 또는 고용주이다(형사소송법 제214조의 2 제1항). 만약 체포영장 또는 구속영장이 발부되지 않고 불법하게 체포 또는 구속된 피의자의 경우에도 청구권이 인정되는가에 대해 학설은 긍정설과 부정설로 나뉘어 있다. 그러나 우리 헌법상 누구든지 체포·구속을 당한 때에는 적부의 심사를 법원에 청구할 권리를 가진다(헌법 제12조 제6항)고 하고 있기 때문에 당연히 적부심을 청구할 수 있다고 하는 긍정설이 타당하다.[291] 여기서 동거인이란 주민등록부에 등재된 자임을 요하지 않고 사실상의 동거하는 자이면 족하다.[292] 그리고 고용주는 일용노동자라 할지라도 어느 정도 계속적인 고용관계에 있는 자를 포함한다.[293]

체포·구속적부심사 청구사건은 지방법원합의부(合議部) 또는 단독판사(單獨判事)가 심사한다. 체포영장 또는 구속영장을 발부한 법관은 관여하지 못한다. 체포·구속적부심사의 청구를 받은 법원은 지체없이 심문기일을 지정하여야 한다. 심문기일(審問期日)은 청구한 때로부터 체포적부심사의 경우는 24시간 이내로, 구속적부심사의 경우에는 3일 이내로 정하여야 한다. 체포·구속적부심사의 청구를 받은 법원은 심문기일에 피의자를 심문하고 조사관계서류와 증거물을 조사한다(형사소송법 제214조의 2 제3항). 법원은 체포 또는 구속된 피의

---

291) 이재상, 『형사소송법』, 251면; 신동운, 『형사소송법』, 188면; 배종대·이상돈, 『형사소송법』, 2004, 273면; 신양균, 『형사소송법』, 2004, 187면; 차용석·최용성, 『형사소송법』, 2004, 238면.

292) 백형구, 『형사소송법강의』, 2001, 274면.

293) 이재상, 『형사소송법』, 252면.

자에 대한 심문이 종료된 때부터 24시간 이내에 체포·구속적부심사 청구에 대한 결정을 하여야 한다. 따라서 법원의 심사 결과 청구가 이유가 없다고 인정된 때에는 결정으로 청구를 기각(棄却)하여야 한다(형사소송법 제214조의 2 제3항 전단). 그러나 심사 결과 청구가 이유 있다고 인정된 때에는 체포 또는 구속된 피의자의 석방을 명하여야 한다(형사소송법 제214조의 2 제3항 후단). 법원은 일정한 경우에 구속된 피의자에 대하여 피의자의 출석을 보증(保證)할 만한 보증금(保證金)의 납입(納入)을 조건으로 하여 구속된 피의자의 석방(釋放)을 명할 수 있다.

④ 보석(保釋)

보석이란 일정한 보증금(保證金)의 납부를 조건으로 하여 구속(拘束)의 집행(執行)을 정지(停止)함으로써 구속된 피고인을 석방하는 제도이다. 보석은 구속의 집행을 정지하는 것이라 할 수 있지만, 구속의 집행을 정지하는 데 불과하므로 구속영장의 효력에 영향을 미치지 않는다. 따라서 보석이 취소된 때에는 정지되어 있던 구속영장의 효력이 당연히 부활된다는 점에서 구속의 취소와 다르다. 피고인의 구속(拘束)은 공판절차(公判節次)의 원활한 진행과 형집행(刑執行)의 확보를 위해 행해지는 것이므로 피고인에게 공판절차 및 형집행의 출석을 심리적(心理的)으로 강제(强制)할 수 있을 정도의 보증금(保證金)을 예치(預置)하도록 함으로써 피고인의 구속과 동일한 효과를 얻는 제도이다. 이러한 보석제도는 국민의 신체의 자유를 최대한 보장하려는 헌법정신을 구현하고 무죄추정의 권리에서 유래하는 불구속재판(不拘束裁判)의 원칙을 최대한 실현시키기 위해 마련된 장치이다.294)

보석청구는 공소제기 후 재판의 확정 전까지 심급(審級)을 불문하고 할 수 있다. 바로 이 점에 있어서 공소제기 전에 청구하는 구속적부심(拘束適否審)과 다르다.

보석의 청구권자는 피고인·변호인·법정대리인·배우자·직계존속·형제자매와 호주이다(형사소송법 제94조). 보석은 보석청구권자(保釋請求權者)에 의하는 외에 법원(法院)의 직권(職權)에 의해서도 할 수 있다(형사소송법 제96조 전단). 법원이 보석에 관한 결정을 함에는 검사의 의견을 물어야 한다. 그러나 검사의 의견은 법원의 보석에 관한 결정을 기속(羈屬)하지 않는다.295) 보석의 청구를 받은 법원은 지체 없이 심문기일을 정하여 구속된 피고인을 심문하여야 한다. 보석청구권자의 청구가 있으면 법원은 원칙적으로 보석을 허가하여야 하지만, 예외적으로 보석이 불허되는 경우가 있다. ① 피고인이 사형, 무기 또는 장기 10년이 넘는 징역이나 금고에 해당하는 죄를 범한 때(형사소송법 제95조 제1호), ② 피고인이 누범(累犯)에 해당하거나 상습범(常習犯)인 죄를 범한 때(형사소송법 제95조 제2호), ③ 피고인이 죄증을 인멸하거나 인멸할 염려가 있다고 믿을 만한 충분한 이유가 있는 때(형사소송법 제95조 제3호), ④ 피고인이 도망하거나 도망할 염려가 있다고 믿을 만한 충분한 이유가 있는 때(형사소송법 제95조 제4호), ⑤ 피고인의 주거가 분명하지 아니한 때(형사소송법 제95조 제5호), ⑥ 피해자 등의 보호에 필요한 때(형사소송법 제95조 제6호)이다.

보석의 청구에 대하여 법원은 검사의 의견제출일 또는 3일의 의견제출기간296) 종료일로부터 7일 이내에 보석의 허가 여부를 결정하여

---

294) 신동운, 『형사소송법』, 675면.

295) 신동운, 『형사소송법』, 678면.

야 한다. 법원이 보석을 허가하지 아니한 결정을 하는 때에는 법원은 결정이유에 보석불허사유를 규정한 형사소송법 제95조 각 호 중 어느 사유에 해당하는지를 명시하여야 한다.

⑤ 공소제기(公訴提起)

검사는 수사결과 범죄의 객관적 혐의가 인정되고 유죄의 판결을 받을 수 있다고 판단할 때에는 공소를 제기한다. 공소(公訴)란 법원에 대하여 특정한 형사사건의 심판을 요구하는 검사의 법률행위(法律行爲)적 소송행위(訴訟行爲)를 말한다. 공소를 다른 말로 기소(起訴)라고 한다. 검사의 공소제기는 수사(搜査)의 종결(終決)을 의미하는 동시에 법원의 심판이 개시된다. 즉, 검사의 공소에 의하여 범죄수사는 종결되고 사건은 공판절차에 이행된다. 우리나라의 경우 공소제기는 국가기관 중에서 검사만이 공소를 제기하고 수행할 권한을 가지고 있다. 이를 검사의 기소독점주의(起訴獨占主義)라고 한다. 기소독점주의란 국가소추주의를 전제로 국가기관 중에서도 검사만이 공소를 제기하고 수행하는 권한을 갖는 것을 말한다. 형사소송법 제246조는 기소독점주의를 선언한 규정이다.

검사는 수사결과 공소를 제기함에 충분한 혐의가 있다고 인정되고 소송조건(訴訟條件)297)을 갖춘 때에는 반드시 공소를 제기하여야 하는가에 대해 우리나라는 재량(載量)에 의한 불기소처분을 인정하는

---

296) 보석청구자로부터 보석청구가 있으면 법원은 검사의 의견청취를 하는데, 검사는 법원으로부터 보석에 관한 의견요청이 있을 때에는 의견서와 소송서류 및 증거물을 3일 이내에 법원에 제출하여야 한다. 검사가 3일 이내에 의견을 표명하지 아니한 경우에는 보석허가에 대해 동의한 것으로 간주한다(형사소송법 제97조 제1항 단서).

297) 형사소송법상 실체적(實體的) 심판을 하기 위한 조건. 즉, 범죄의 유무를 심판하는 데 있어서 구비되어야 할 전제조건이다.

기소편의주의(起訴便宜主義)298)를 채택하고 있다(형사소송법 제247
조). 우리나라 형사소송법 제247조에 의해 공소제기의 요건을 구비하
여 기소할 수 있는 형사사건에 대하여 검사의 재량으로 불기소처분
을 하는 것을 기소유예(起訴猶豫)라고 하는데, 기소유예는 ① 범인의
연령·성행·지능과 환경, ② 피해자에 대한 관계, ③ 범행의 동기·
수단과 결과, ④ 범행 후의 정황에 따라 공소를 제기하지 않을 수 있
다. 여기서 기소유예를 하였다고 하여 범죄가 없다는 것은 아니고 죄
는 인정되지만, 앞에서 열거된 사유를 참작하여 기소를 하여 전과자
를 만드는 것보다는 다시 한번 성실한 삶의 기회를 주기 위하여 감사
가 기소를 하지 않고 용서해 주는 것이기 때문에 무혐의(無嫌疑) 처분
(處分)과 구별된다.

검사가 피의자를 징역형이나 금고형에 처하기보다 벌금형에 처함
이 상당하다고 생각되는 경우에는 법원에 대하여 벌금형에 처해 달
라는 뜻의 약식명령(略式命令)을 청구할 수 있다. 이를 약식기소(略式
起訴)라고 한다. 따라서 구속된 사람에 대하여 검사가 약식기소를 하
는 경우에는 석방을 하여야 한다. 이 경우 판사는 공판절차를 거치지
않고 수사기록만으로 재판하게 된다.299) 그러나 판사는 약식절차에
의하는 것이 불가능 또는 부적당하다고 생각하는 경우에는 정식재판
(定式裁判)에 회부하여 공판(公判)을 열어 재판을 할 수도 있다. 피고

---

298) 기소편의주의와 대립되는 제도가 기소법정주의이다. 기소법정주위는 범죄의 객관적 혐의가 인정되고 소
송조건이 구비되어 있는 경우에는 반드시 공소를 제기할 것을 요구하는 입법주의로서 독일이 채택하고
있다.

299) 약식절차는 검사가 제출한 자료를 기초로 서면심리에 의하여 형을 선고하는 재판절차이므로 헌법이 보
장하는 공정한 재판과 피고인의 신속한 공개재판을 받을 권리를 침해하는 것은 아닌가 하는 문제제기가
있으나 피고인에게 정식재판청구권을 유지시키고 있기 때문에 헌법에 위배되는 것이 아니다(이재상, 『형
사소송법』, 733면 이하 참조).

인이나 검사는 판사의 약식명령에 불복이 있으면 7일 내에 정식재판을 청구할 수 있다(형사소송법 제451조). 약식명령에 의하여 과할 수 있는 형은 벌금(罰金)·과료(科料)·몰수(沒收)에 한한다. 약식명령은 정식재판의 청구기간을 경과하거나 그 청구의 취하(取下) 또는 청구기각(請求棄却)의 결정(決定)이 확정된 때에는 확정판결과 동일한 효력이 있다(형사소송법 제457조).

⑥ 공판절차(公判節次)

공판절차란 공소가 제기되어 사건이 법원에 계속된 이후 그 소송절차가 종결될 때까지의 모든 절차, 즉 법원이 피고사건에 대하여 심리(審理)·재판(裁判)하고 또 당사자가 변론(辯論)을 행하는 절차단계를 말한다. 공판절차는 공판기일(公判期日)에 양 당사자의 공격과 방어를 중심으로 전개되므로 여기에는 당사자주의(當事者主義)가 지배되고, 구조에 있어서는 소송의 형태를 취하게 된다. 공판절차에서 법률관계의 공정을 유지하기 위해서 여러 가지 기본원칙이 필요하게 된다.

첫 번째로 공개주의(公開主義)가 있다.[300] 공개주의란 일반 국민에게 심리의 방청을 허용하는 주의를 말한다. 다만 사건의 내용이 국가의 안전보장(安全保障) 또는 안녕질서(安寧秩序)를 방해하거나 선량한 풍속을 해할 염려가 있는 때에는 심리를 공개하지 않을 수 있다. 또한 성폭력범죄에 대한 심리는 그 피해자의 사생활을 보호하기 위하여 결정으로써 공개하지 않을 수 있다(성폭력범죄의 처벌 등에 관한 특례법 제27조 제1항). 그리고 소년보호사건에 대한 심리는 원칙적으

---

[300] 공개주의는 재판의 방청을 일체 허용하지 않는 밀행주의나 일정한 소송관계인에게만 방청을 허용하는 당사자공개주의와 대립되는 개념이다.

로 공개하지 아니한다(소년법 제24조 제2항).

두 번째로 구두변론주의(口頭辯論主義)가 있다. 구두변론주의란 법원이 당사자의 구두에 의한 공격·방어를 근거로 하여 심리·재판하는 주의를 말한다. 구두변론주의는 피고인의 공정한 재판을 받을 권리를 실현하기 위하여 요구되는 원칙으로 판결은 법률에 다른 규정이 없으면 구두변론에 의거하여야 한다(형사소송법 제37조 제1항). 구두변론주의는 구두주의(口頭主義)와 변론주의(辯論主義)로 나뉘는데, 구두주의란 구두에 의하여 제공된 소송자료에 의하여 재판을 행하는 주의를 말한다. 그리고 변론주의란 당사자의 변론, 즉 주장과 입증에 의하여 재판하는 주의를 말한다.

세 번째로 직접심리주의(直接審理主義)가 있다. 직접심리주의란 법원이 공판기일에 직접적으로 심리, 조사한 증거만을 실체판단의 기초로 삼을 수 있다는 원칙을 말한다. 즉, 법원이 공판정에서 직접 조사한 원본증거만을 재판의 기초로 삼아야 한다는 원칙이다. 직접심리주의는 법관으로 하여금 정확한 심증을 형성하게 하고 피고인에게 증거에 관하여 직접적인 의견진술의 기회를 부여함으로써 실체적 진실발견과 공정한 재판을 달성하는 데 기여한다.

네 번째로 집중심리주의(集中審理主義)가 있다. 법원이 공판기일에 하나의 사건을 집중적으로 심리하고 1회의 심리로 종결할 수 없는 사건에 대해서는 가능한 한 시간적 간격을 두지 않고 계속적으로 심리할 것을 요구하는 원칙을 말한다. 301) 형사소송법 제267조의 2는 "공

---

301) 집중심리주의의 가장 대표적 사례로서 최근 한명숙 전 국무총리의 '5만 달러 뇌물수수' 혐의 재판으로서 서울중앙지법 형사합의27부는 3월 8일 첫 공판부터 4월 9일 1심 선고까지 한 달간 15차례의 공판(현장검증 포함)을 여는 등 '집중심리' 절차에 따라 재판했다.

판기일의 심리는 집중되어야 한다"고 규정하여 집중심리주의가 공판
절차의 기본원칙임을 규정하고 있다. 이러한 집중심리주의는 신속한
재판을 도모할 수 있을 뿐만 아니라, 피고사건의 심리가 부분적으로
진행되어 발생되는 폐해를 없애는 것에도 기여한다.[302]

가) 공판기일전절차(公判期日前節次)

공판기일전절차란 공판기일에서의 심리를 준비하기 위하여 수소
법원(受訴法院)[303]에 의하여 행해지는 절차를 말한다. 공판절차의 중
점은 공판기일의 심리에 있다. 공판준비절차는 바로 공판기일의 심리
를 신속하고 능률적으로 하기 위한 준비절차이다.[304] 이러한 공판기
일전절차에는 공소장부본(公訴狀副本)의 송달(형사소송법 제266조),
피고인의 의견서제출(형사소송법 제266조의 2), 공판기일의 지정·변
경(형사소송법 제267조 제1항, 제270조), 피고인의 소환(형사소송법
제267조 제2항), 증거개시절차(형사소송법 제266조의 3 이하), 공판기
일의 집중심리를 위하여 법이 마련된 일정한 형식의 준비절차(형사
소송법 제266조의 5 이하)가 있다.

나) 공판정(公判廷)의 구성

공판준비절차가 끝나면 공판기일의 심리에 들어가게 된다. 공판기
일에는 공판정에서 심리한다(형사소송법 제275조 제1항). 공판정이란
공판기일의 절차가 행해지는 장소(場所)로서 일정한 시설을 갖춘 법

---

302) 신동운, 『형사소송법』, 545면 이하 참조.

303) 수소법원이란 어떤 사건에 관한 판결절차가 과거에 계속(係屬)되었었거나, 현재 계속하고 있거나, 장차
  계속할 법원을 말한다.

304) 이재상, 『형사소송법』, 398면.

원청사 내의 장소를 가리킨다. 공판정을 법정(法廷)이라고 표현하기도 한다. 공판정은 판사와 검사, 법원사무관 등이 출석하여 개정한다. 검사의 좌석과 피고인 및 변호인의 좌석은 대등하며, 법대의 좌우측에 마주 보고 위치하고, 증인의 좌석은 법대의 정면에 위치한다. 다만, 피고인신문을 하는 때에는 피고인은 증인석에 좌석한다(형사소송법 제275조 제2항, 제3항). 검사의 출석은 공판개정의 요건이기 때문에 검사의 출석이 없는 때에는 개정하지 못한다. 그러나 변호인은 당사자가 아니기 때문에 변호인의 출석은 필요적 변호사건[305]과 국선변호사건(國選辯護事件)을 제외하고는 개정할 수 있다. 피고인의 경우 공판기일에 출석하지 아니한 때에는 특별한 규정이 없으면 개정하지 못한다(형사소송법 제276조). 다만, 다음과 같은 경우 피고인의 출석 없이 피고사건에 대한 심판을 진행할 수 있다. 첫 번째로 의사무능력자 및 법인에 대한 피고사건, 두 번째로 경미사건[306] 및 유리한 사건[307]의 피고인불출석, 세 번째로 피고인의 퇴정(退廷) 및 재판장의 퇴정명령, 네 번째로 피고인의 소재불명 및 출석요구 불응[308], 다섯 번째로 항소심절차에서 피고인이 공판기일에 출정하지 아니한 때에는 다시 공판기일을 정하여야 한다. 그러나 피고인이 정당한 사유 없이 다시 정한 기일에 출정하지 아니한 때에는 피고인(被告人)의 진술(陳述) 없이 판결(判決)할 수 있다(형사소송법 제365조 제1항, 제2항).

---

305) 필요적 변호사건이란 법정형(法定刑)이 사형·무기 또는 단기(短期) 3년 이상의 징역·금고에 해당하는 사건을 심리하는 때에는 변호인 없이 개정하지 못하는 것을 말한다(형사소송법 제282조 본문).

306) 경미사건이란 100만 원 이하의 벌금 또는 과료에 해당하는 사건에 관하여 피고인의 출석을 요하지 아니한다.

307) 피고인에게 유리한 사건이란 공소기각 또는 면소의 재판을 할 것이 명백한 사건에 관하여는 피고인의 출석을 요하지 아니한다.

308) 구속된 피고인이 정당한 이유 없이 출석을 거부하고, 교도관리에 의한 인치가 불가능하거나 현저히 곤란한 경우 피고인의 출석 없이 공판절차를 진행할 수 있다(형사소송법 제277조의 2 제1항).

여섯 번째로 상고심(上告審)의 경우 피고인의 소환을 요하지 아니한다(형사소송법 제389조의 2). 상고심은 원칙적으로 법률심(法律審)이며 변호인이 아니면 피고인을 위하여 변론하지 못하기 때문이다(형사소송법 제387조).

다) 공판기일(公判期日)의 절차(節次)

공판준비절차가 끝나면 수소법원은 지정된 공판기일을 열어 피고사건에 대한 실체심리(實體審理)를 행하게 된다. 공판기일의 절차란 제1심의 공판절차로 모두절차(冒頭節次)와 사실심리절차(事實審理節次) 및 판결선고절차(判決宣告節次)로 나눌 수 있다.

첫 번째로 모두절차는 인정신문(認定訊問)을 하기 전에 피고인에게 진술거부권(陳述拒否權)을 고지(告知)하고(형사소송법 제283조의 2), 인정신문, 검사의 모두진술(冒頭陳述), 피고인의 모두진술의 순서로 진행된다. 현행법은 피고인의 방어권을 강화하기 위하여 인정신문을 하기 전에 피고인에게 진술거부권을 고지하도록 하고 있다. 따라서 피고인은 인정신문에 대하여도 진술거부권을 행사할 수 있다.[309] 인정신문이란 재판장이 피고인의 성명·연령·본적·주거와 직업을 물어서 피고인임에 틀림없음을 확인하여 공판기일에 실질적인 심리에 들어가기 전에 피고인으로 출석한 자가 공소장에 기재된 피고인과 동일인(同一人)인가를 확인하는 절차를 말한다(형사소송법 제284조). 검사의 모두진술이란 검사가 공소장에 의하여 공소사실·죄명 및 적용법조를 낭독하는 것을 말한다. 다만, 재판장은 필요하다고 인

---

309) 이은모, 『형사소송법』, 437면.

정하는 때에는 검사에게 공소의 요지를 진술하게 할 수 있다(형사소송법 제285조). 피고인의 모두진술이란 피고인에게 이익이 되는 사실을 진술할 기회를 말한다(형사소송법 제286조).

두 번째로 사실심리절차는 피고인신문(被告人訊問)과 증거조사 및 소송관계인의 의사진술(辯論)로 된다. 공판기일의 절차에 있어서 가장 중요한 부분이며, 핵심이다. 피고인신문이란 피고인에 대하여 공소사실과 그 정상에 관한 필요한 사항을 신문하는 절차이다. 증거조사란 법원이 피고사건의 사실인정과 형의 양정에 관한 심증을 얻기 위하여 인증(人證)·서증(書證)·물증(物證) 등 각종의 증거방법을 조사하여 그 내용을 감지하는 소송행위를 말한다. 증거조사가 끝나면 당사자의 의견진술이 행해진다. 이것을 최종변론이라 한다. 최종변론은 검사의 의견진술과 피고인과 변호인의 최후진술의 순서로 진행된다.

세 번째로 판결의 선고는 공판절차의 최종단계이다. 판결은 공판정에서 재판서에 의하여 선고한다(형사소송법 제42조). 판결의 선고는 재판장이 하며, 주문(主文)을 낭독하고 이유의 요지를 설명하여야 한다(형사소송법 제43조). 판결의 선고에 의하여 당해 심급의 공판절차는 종결되고, 상소기간(上訴期間)이 진행된다. 재판의 종류는 크게 재판의 기능에 의한 분류와 재판 형식에 의한 분류 그리고 재판 내용에 의한 분류로 나눈다. 우선 재판의 기능에 의한 분류는 종국재판(終局裁判)과 종국 전 재판으로 나누는데 종국재판이란 소송을 그 심급에서 종결시키는 재판을 말한다. 유죄·무죄의 재판과 관할위반·공소기각·면소(免訴)의 재판이 여기에 해당한다. 그리고 종국 전의 재판이란 종국재판에 이르기까지의 절차에 관한 재판을 종국 전의 재판이라 하며, 결정(決定)과 명령(命令)이 여기에 해당한다. 그리고 재판 형식에 의한 분류는 판결(判決)과 결정 그리고 명령이 있다. 판결은 종국재판의 원칙적 형식이며 가장 중요한 형식이다. 결정은 종국 전의 원칙적 형식이며, 절차에 관한 재판은 원칙적으로 결정에 의한다. 예를 들면, 보석허가결정, 증거신청에 대한 결정 등이 있다. 명령은 법원이 아니라 재판장·수명법관(受命法官)310)·수탁판사(受託判事)311)로서 법관이 하는 재판을 말한다. 마지막으로 재판의 내용에 의한 분류는 실체재판(實體裁判)과 형식재판(形式裁判)이 있다. 실체재판이란 사건의 실체를 판단하는 재판을 말한다. 이를 본안재판(本案裁判)이라고 하는데, 유죄판결과 무죄판결이 여기에 해당한다. 그리고 형식재판이란 사건의 실체에 관하여 심리하지 않고 절차적·형식적 법률관계를 판단하는 재판으로 종국 전의 판결은 모두 형식재판이며, 종국재판 중 관할위반·공소기각·면소의 재판은 형식재판에 해당한다.

⑦ 상소(上訴)

상소란 미확정의 재판에 대하여 상급법원(上級法院)에 구제를 구하는 불복신청제도(不服申請制度)를 말한다. 상소는 재판에 대한 불복신청이라는 점에서 불기소처분에 대한 항고(抗告)나 재정신청(裁定申請)312)과 같은 검사의 처분에 대한 불복신청과 구별되며, 미확정의

---

310) 수명법관이란 일정한 사항을 처리하는 합의부의 구성원인 법관을 말한다. 수명법관의 선임은 재판장이 정한다(민사소송법 제129조 1항). 수명법관의 임무는 예컨대 민사소송법상의 화해의 권고(제135조)·증거조사(제284조), 형사소송법상의 증인심문(제167조)·공판준비(제273조 제2항), 피고인의 소환·구속(제74조·제75조), 압수·수색(제114조·제136조), 증거조사(제167조·제175조), 관할구역 외에서의 집무(제3조) 등이다.

311) 수탁판사란 법원 간의 공조(共助)로서, 소송이 계속(係屬)되어 있는 수소법원(受訴法院)의 촉탁을 받아 일정사항(증거조사·구속·압수·수색, 화해의 권고 등)을 처리하는 수탁법원의 판사를 말한다.

312) 재정신청이란 고소나 고발이 있는 특정범죄사건을 검사가 불기소 처분하였을 때, 고등법원이 고소인 또는 고발인의 재정신청(裁定申請)에 의하여 그 사건을 관할지방법원의 심판에 부하는 결정을 하면 그 사건에 대하여 공소가 제기된 것으로 보는 절차를 말한다(형사소송법 제260조~제265조).

재판에 대한 불복신청이라는 점에서 확정판결에 대한 비상구제절차(非常救濟節次)인 재심(再審) 또는 비상상고(非常上告)와 구별된다.

상소는 항소(抗訴)·상고(上告)·항고(抗告)가 있다. 항소는 제1심 판결에 대한 상소이다. 제1심 법원의 판결에 대하여 불복이 있으면 지방법원단독판사 선고한 것은 지방법원본원합의부(地方法院本院合議部)에 지방법원합의부(地方法院合議部)가 선고(宣告)한 것은 고등법원(高等法院)에 항소할 수 있다(형사소송법 제357조). 상고는 제2심 판결에 대한 상소이다. 제2심 판결에 대하여 불복이 있으면 대법원(大法院)에 상고할 수 있다(형사소송법 제371조). 항고는 법원의 결정에 대한 상소이다. 즉, 항소와 상고는 수소법원(受訴法院)의 판결에 대한 상소방법으로 피고사건의 종국재판에 대한 것임에 반하여 항고는 수소법원이 판결에 이르는 과정에서 문제되는 절차상의 사항에 관하여 행한 종국 전의 재판 및 결정의 형식으로 행하는 각종의 종국재판을 불복대상으로 한다. 따라서 항고는 법원의 결정에 대하여 불복이 있으면 형사소송법에 특별한 규정이 있는 경우를 제외하고는 항고를 할 수 있다(형사소송법 제402조).

부 록

民法 용어 정리

1) **민법**
사인 간의 생활관계(재산, 가족)를 규율하는 일반사법을 말한다.

2) **공법**
국가, 기타의 공공단체 상호 간의 관계 또는 이들과 개인과의 관계를 규율하는 법을 말한다.

3) **사법**
개인 상호 간의 관계를 규율하는 법을 말한다.

4) **법원**
법의 존재형식 또는 법의 연원, 재판의 기준이 되는 법을 말한다.

5) **관습법**
사회에서 자연적으로 발생한 관행이 일반적으로 인정된 법적 확신에 의하여 법규범으로 승격된 것으로 법원의 판결로 확인된 것을 말한다.

6) **사실인 관습**
사회에서 일반적으로 발생한 관행이 법적 확신을 구비하지 못한 것을 말한다.

7) **조리**
사물의 본성, 본질적 법칙, 사람의 이성에 기해 생각되는 규범을 말한다.

8) **문리해석**
문언의 의미를 법문의 가능한 의미의 범위 내에서 일반적인 언어의 관행에 따라 탐구하는 것을 말한다.

9) **목적론적 해석**
법규범의 실천적 목적이나 법질서의 최고 가치에 따라 규범적 의미를 탐구하는 것을 말한다.

10) **사적 자치의 원칙**
자기의 일은 자기결정에 의하여, 자기책임으로, 자기 지배한다는 원칙을 말한다.

11) 법률행위 자유의 원칙

법률행위에 대하여 체결의 자유, 상대방 선택의 자유, 내용결정의 자유, 방식의 자유는 법률행위를 하는 자가 자유로이 결정할 수 있다는 원칙을 말한다.

12) 소유권절대의 원칙

소유자는 그의 소유물을 자유로이 사용, 수익, 처분할 수 있다는 원칙을 말한다.

13) 과실책임의 원칙

불법행위나 채무불이행 시에 개인은 자기의 행위에 대해서만 책임질 뿐이고 타인의 행위에 대해서는 책임을 지지 않으며, 나아가 자기의 행위에 대해서도 고의, 과실이 있는 때에 한하여 책임을 진다는 원칙을 말한다.

14) 민법의 해석

재판규범으로서의 민법의 의미, 내용을 명확히 밝히는 작업을 말한다.

15) 준용

기존의 법규와 유사한 사항을 규정할 때에 법률을 간결하게 할 목적으로 그 문언을 중복해서 표현하는 것이 아니라 그 기존의 법규를 수정을 가하여 적용시키는 것을 말한다.

16) 선의, 악의

선의는 어떤 사실을 알지 못하는 것이고, 악의는 어떤 사실을 알고 있는 것을 말한다.

17) 추정, 간주

입증의 곤란을 구제하기 위한 제도로서 추정은 불명확한 사실을 일단 존재하는 것으로 정하여 법률효과를 발생시키되, 추후 반증이 있을 때에는 그 효과를 발생시키지 않는 제도를 말하며 간주는 추후 반증만으로는 발생된 효과를 전복시키지 못하는 것을 말한다.

18) 대항하지 못 한다

주로 선의의 제3자를 보호하여 거래의 안전을 꾀하고자 하는 경우에 사용되는 용어로서 당사자 간에 발생한 법률관계를 제3자에 대하여 주장하지 못한다는 것을 말한다.

19) 법률불소급의 원칙

법률은 그 효력이 생긴 때로부터 그 이후에 발생한 사실에 대해서만 적용된다는 원칙을 말한다.

20) 신의성실의 원칙

법률관계에 참여한 모든 자는 상대방의 정당한 이익을 고려하여 행위할 의무를 부담한다는 원칙을 말한다.

21) 사정변경의 원칙

법률행위 특히 계약이 체결된 후에, 계약의 기초가 된 사정이 그 후 당사자 쌍방이 예견할 수 없고 또 당사자의 책임에도 돌아갈 수 없는 사유로 인하여 변경되고, 그 결과 당초의 계약내용으로 당사자를 구속하는 것이 신의, 형평의 관념상 가혹하게 된 경우에 그 계약의 변경 또는 해제가 인정되어야 한다는 원칙을 말한다.

22) 권리의 남용
외형상으로는 적법한 권리의 행사인 것처럼 보이나 구체적인 경우에 실질적으로 검토해 볼 때, 권리 본래의 사회적 목적을 벗어난 것이어서 정당한 권리의 행사로서 시인할 수 없는 것을 말한다.

23) 정당방위
타인의 불법행위에 대하여 자기 또는 제3자의 이익을 방위하기 위하여 부득이 타인(제3자 포함)에게 가해행위를 한 경우, 위법성이 조각되어 불법행위책임을 지지 않는 것을 말한다.

24) 긴급피난
급박한 위난을 피하기 위하여 부득이 타인에게 가해행위를 한 경우, 위법성이 조각되어 불법행위책임을 지지 않는 것을 말한다.

25) 자력구제
권리자의 권리가 침해된 경우, 권리자 스스로가 자기의 청구권을 실현하는 것을 말한다.

26) 권리능력
권리 또는 의무의 주체가 될 수 있는 추상적, 잠재적인 법률상의 지위 또는 자격을 말한다.

27) 태아
모체 내에 있는 것으로서 장차 자연인으로 출생할 것을 기대할 수 있는 것을 말한다.

28) 동시사망의 추정
2인 이상이 동일한 위난으로 사망한 경우에 동시에 사망한 것으로 추정하는 것을 말한다.

29) 인정사망
사체는 발견되지 않았지만 사망한 것이 확실시되는 경우에 그것을 조사한 관공서가 지체 없이 사망지의 시, 읍, 면의 장에게 사망의 보고를 하고, 이 보고에 의하여 호적부에 사망의 기재가 되는 것을 말한다.

30) 의사능력
의사표시를 하는 자가 이성적으로 의사를 결정할 수 있는 능력을 말한다.

31) 책임능력
불법행위에서의 판단능력을 말한다.

32) 행위능력
단독으로 유효한 법률행위를 할 수 있는 지위 또는 자격을 말한다.

33) 미성년자
성년(만 20세)에 달하지 않은 자를 말한다.

34) 한정치산자

심신이 박약하거나 재산의 낭비로 자기나 가족의 생활을 궁박하게 할 염려가 있는 자로서, 가정법원에 의하여 한정치산의 선고를 받은 자를 말한다. 여기서 심신박약이란 불완전한 판단능력을 말한다.

35) 금치산자

심신상실 상태에 있는 자로서 가정법원에 의하여 금치산의 선고를 받은 자를 말한다.

36) 주소

생활의 근거가 되는 곳을 말한다.

37) 거소

사람과 장소와의 밀접도가 주소만 못한 곳을 말한다.

38) 가주소

당사자가 거래관계 등에 관하여 선정한 장소를 말한다.

39) 부재자

종래의 주소나 거소를 떠나서 당분간 돌아올 가망이 없는 자로서, 그의 재산이 관리되지 못하고 방치되는 상태에 있는 자를 말한다.

40) 실종선고

부재자의 생사불명의 상태가 일정기간(5년 또는 1년) 계속된 경우에 가정법원의 선고에 의하여 사망으로 간주하는 제도를 말한다.

41) 법인

법률에 의하여 권리능력이 인정된 사단 또는 재단을 말한다.

42) 사단법인

일정한 목적을 위하여 바쳐진 사람의 단체, 즉 사단을 그 실체로 하는 법인을 말한다.

43) 재단법인

일정한 목적을 위하여 바쳐진 재산, 즉 재단을 그 실체로 하는 법인을 말한다.

44) 법인격부인의 법리

법인의 독립성 그 자체는 인정하되, 다만 부당한 목적에 관계된 특정한 사안에 한하여 그 독립된 법인격을 일시 부정하여 법인과 그 실체를 이루는 개인 또는 다른 법인과를 동일시하는 이론을 말한다.

45) 이사

대외적으로는 법인을 대표하고 대내적으로는 법인의 업무를 집행하는 상설적 필요기관을 말한다.

46) 사원총회

사단법인에만 있는 기관으로서, 사원으로 구성되는 최고의사결정기관이며 또한 필수기관을 말한다.

47) 법인등기

법인은 명확한 외형을 가지는 자연인에 비해 그 존재나 내용을 일반 제3자가 알기 어려우므로 거래의 안전을 위하여 법인의 조직이나 내용을 공시하는 것을 말한다.

48) 법인의 소멸

일정한 절차(해산 및 청산)를 거쳐 법인이 권리능력을 상실하는 것을 말한다.

49) 법인의 청산

해산한 법인이 잔무를 처리하고 재산을 정리하여 완전히 소멸할 때까지의 절차를 말한다.

50) 권리능력 없는 사단

단체의 실질은 사단임에도 불구하고 법인격을 취득하지 못한 것을 말한다.

51) 권리능력 없는 재단

실체는 재단이면서도 법인격을 취득하지 못한 것을 말한다.

52) 권리의 객체

권리에 의해 보호되는 이익(권리의 내용 또는 목적) 또는 권리가 발생하기 위하여 필요한 일정한 대상을 말한다.

53) 물건

유체물 및 전기, 기타 관리할 수 있는 자연력을 말한다.

54) 부동산

토지와 그 정착물(건물, 수목, 미분리 과실, 농작물, 교량, 터널, 담장, 제방 등)을 말한다.

55) 동산

부동산 이외의 물건을 말한다.

56) 종물

물건의 소유자가 그 물건(주물)의 상용에 공하기 위하여 자기 소유인 다른 물건을 이에 부속하게 한때에, 그 다른 물건을 말한다.

57) 원물

그것으로부터 수익(과실)을 생기게 하는 물건을 말한다.

58) 천연과실

물건의 용법에 의하여 수취하는 출산물을 말한다.

59) 법정과실

물건의 사용대가로 받는 금전 기타의 물건을 말한다.

60) 법률관계

사람의 사회생활 관계 가운데에서 법에 의해 규율되는 생활관계를 말한다.

61) 권리

일정한 이익을 향수하게 하기 위하여 법이 인정한 힘을 말한다.

62) 권한

타인을 위하여, 그에 대하여 일정한 법률효과를 발생하게 하는 행위를 할 수 있는 법률상의 자격을 말한다.

63) 권능

권리의 내용을 구성하는 개개의 법률상의 힘을 말한다.

64) 권원

법률상 또는 사실상의 행위를 하는 것을 정당화시키는 원인을 말한다.

65) 의무

의무자의 의사와는 관계없이 반드시 따라야 하는 것으로 법에 의해 강요되는 것을 말한다.

66) 지배권

타인의 협력을 필요로 하지 않고 일정한 객체를 직접 지배할 수 있는 권리를 말한다.

67) 물권

권리자가 특정의 물건을 직접 지배하여 이익을 얻는 배타적인 권리를 말한다.

68) 청구권

채권의 본질적 내용을 이루는 것으로서 특정인이 다른 특정인에 대하여 일정한 행위를 요구할 수 있는 권리를 말한다.

69) 채권

특정인(채권자)이 타인(채무자)에 대하여 일정한 행위(급부)를 요구할 수 있는 권리를 말한다.

70) 인격권

인격적 이익의 향수를 내용으로 하는 권리를 말한다.

71) 사원권

단체의 구성원으로서 가지는 권리를 말한다.

72) 형성권

권리자의 일방적인 의사표시에 의하여 법률관계의 형성, 변경, 소멸 등을 생기게 하는 권리를 말한다.

73) 항변권

타인의 청구권의 행사를 저지할 수 있는 효력을 갖는 권리를 말한다.

74) 기대권

권리발생요건 중의 일부만이 발생하고 있을 뿐이기는 하지만 남은 요건이 실현되면 장차 권리를 취득할 수 있는 경우에 현재의 그러한 기대상태를 권리로서 보호한 것을 말한다.

75) 권리의 경합

하나의 생활사실이 수 개의 법규가 정하는 요건을 충족하여, 그 결과 수 개의 권리가 생기는 경우를 말한다.

76) 법규의 경합

하나의 생활사실이 수 개의 법규가 정하는 요건을 충족하지만 그중의 한 법규가 다른 법규를 배제하는 것을 말한다.

77) 원시취득

타인의 권리에 기초함이 없이 원시적으로 권리를 취득하는 것을 말한다.

78) 승계취득

타인의 권리에 기초하여 권리를 취득하는 것을 말한다.

79) 이전적 승계

전주에게 속하고 있던 권리가 그 동일성을 유지하면서 종주에게 이전하는 것을 말한다.

80) 특정승계

개개의 권리가 개개의 취득원인에 의하여 취득되는 것을 말한다.

81) 포괄승계

하나의 취득원인에 의하여 다수의 권리가 일괄적으로 취득되는 것을 말한다.

82) 설정적 승계

소유권이 가지는 사용, 수익, 처분의 권능 중 일부를 제한받는 것을 말한다.

83) 권리의 변경

권리가 그 내용의 동일성을 잃지 않으면서 그 주체, 내용, 작용에 변경을 받는 것을 말한다.

84) 법률요건

법률효과를 발생하게 하는 원인으로서 필요하고도 충분한 사실의 총체를 말한다.

85) 법률사실

법률요건을 이루는 개개의 사실을 말한다.

86) 용태

사람의 정신작용에 기하는 법률사실을 말한다.

87) 적법행위

법률이 가치 있는 것으로서 허용하는 행위를 말한다.

88) 법률행위

의사표시를 불가결의 요소로 하는 법률요건을 말한다.

89) 준법률행위

법률행위와 불법행위를 제외한 나머지 인간의 모든 행위를 말한다.

90) 의사의 통지

각종의 최고와 같이 자기의 의사를 타인에게 통지하는 행위로서 법이 일정한 법률효과를 부여하는 것을 말한다.

91) 관념의 통지

법률관계의 당사자 일방이 상대방에

대하여 과거 또는 현재의 사실을 알리는 것을 말한다.

92) 감정의 표시
표시된 의식내용이 용서와 같은 것을 말한다.

93) 사실행위
그 행위에 의하여 표시되는 의식의 내용이 무엇이냐를 묻지 않고서, 다만 행위가 행하여져 있다는 것 또는 그 행위에 의하여 생긴 결과만이 법률에 의하여 법률상 의미가 있는 것으로 인정되는 행위를 말한다.

94) 단독행위
한 개의 의사표시만으로 성립하는 법률행위를 말한다.

95) 계약
두 개의 대립되는 의사표시(청약과 승락)의 합치에 의하여 성립하는 법률행위를 말한다.

96) 합동행위
방향을 같이하는 두 개의 의사표시의 합치에 의하여 성립하는 법률행위를 말한다.

97) 요식행위
일정한 방식(서면, 공증, 신고 등)에 따라 행해져야 그 효력이 인정되는 법률행위를 말한다.

98) 사후행위
행위자의 사망으로 그 효력이 생기는 법률행위를 말한다.

99) 물권행위
물권변동(발생, 변경, 소멸)을 목적으로 하는 법률행위로서 장차 이행의 문제를 남기지 않는 것을 말한다.

100) 채권행위
채권의 발생을 목적으로 하는 법률행위로서 장차 이로 발생한 채권, 채무에 관하여 이행의 문제를 남기는 것을 말한다.

101) 준물권행위
물권 이외의 권리의 발생, 변경, 소멸을 직접 가져오게 하고 후에 이행의 문제를 남기지 않는 것을 말한다.

102) 신탁법상의 신탁
어떤 자가 법률행위에 의하여 상대방에게 재산권을 이전하는 동시에, 재산권을 일정한 목적에 따라서 자기 또는 제3자를 위하여 관리, 처분케 하는 법률행위를 말한다.

103) 민법상의 신탁행위
신탁자가 수탁자에게 일정한 경제상의 목적을 달성하기 위하여 권리를 이전하면서, 수탁자는 신탁자에 대하여 그 목적의 범위 내에서 권리를 행사하여야 하는 구속을 받는 법률행위를 말한다.

104) 원시적 불능

법률행위의 성립 당시에 이미 그 법률행위의 내용이 실현 불가능하게 된 경우를 말한다.

105) 후발적 불능

법률행위가 성립한 뒤에 그 법률행위의 내용이 실현 불가능하게 된 경우를 말한다.

106) 전부불능

법률행위의 내용의 전부가 불능인 경우를 말한다.

107) 일부불능

법률행위의 내용의 일부가 불능인 경우를 말한다.

108) 강행규정

법령 중 선량한 풍속, 기타 사회질서에 관계있는 규정을 말한다.

109) 임의규정

법령 중 선량한 풍속 기타 사회질서와 관계없는 규정으로서, 사적 자치가 허용되어 당사자의 의사로 그 적용을 배제할 수 있는 규정을 말한다.

110) 효력규정

그 규정에 위반하는 행위의 사법상의 효과가 부정되는 규정을 말한다.

111) 단속규정

그 규정에 위반하여도 벌칙의 적용이 있을 뿐 행위 자체의 사법상의 효과에는 영향이 없는 규정을 말한다.

112) 탈법행위

강행법규의 조문에 직접 정면으로는 위반하지 않는 형식을 갖추었으나, 실질적으로는 그 법규가 금지하고 있는 내용을 실현하는 행위를 말한다.

113) 의사표시

일정한 법률효과를 발생시키고자 하는 내적의사를 외부에 나타내는 행위를 말한다.

114) 의사와 표시의 불일치

내심적 효과의사와 표시상의 효과의사가 일치하지 않는 것을 말한다.

115) 비진의표시

표의자가 의사와 표시가 일치하지 않는다는 것, 즉 진의 아님을 알면서 하는 의사표시를 말한다.

116) 허위표시

상대방과 통정하여 하는 진의 아닌 허위의 의사표시를 말한다.

117) 착오

표시의 내용과 내심의 의사가 일치하지 않는 것을 표의자 자신이 알지 못하는 것을 말한다.

118) 하자 있는 의사표시

타인의 위법한 간섭(사기, 강박)으로

말미암아 방해된 상태에서 자유롭지 못하게 행하여진 의사표시를 말한다.

119) 사기에 의한 의사표시
표의자가 타인의 기망행위로 인해 착오에 빠지고, 그러한 상태에서 한 의사표시를 말한다.

120) 강박에 의한 의사표시
표의자가 타인의 강박행위로 인해 공포심을 가지게 되고 그 해학을 피하기 위하여 마음 없이 행한 진의 아닌 의사표시를 말한다.

121) 의사표시의 수령능력
수령한 의사표시를 요지할 수 있는 능력을 말한다.

122) 공시송달
표의자가 과실 없이 상대방을 모르거나 또는 상대방의 주소를 알지 못하는 경우에 민사소송법의 규정에 의하여 의사표시를 한 것으로 간주하는 것을 말한다.

123) 대리
타인(대리인)이 본인의 이름으로 법률행위(의사표시)를 하거나 또는 의사표시를 수령함으로써 그 법률효과가 직접 본인에 관하여 생기는 제도를 말한다.

124) 임의대리
본인의 의사에 의해 대리권이 주어지는 대리를 말한다.

125) 법정대리
본인의 의사와는 상관없이 법률의 규정에 의하여 일정한 자에게 주어지는 대리를 말한다.

126) 대리권(한)
타인(대리인)이 본인의 이름으로 의사표시를 하거나 또는 의사표시를 받음으로써 직접 본인에게 법률효과를 귀속시킬 수 있는, 법률상의 지위 또는 자격을 말한다.

127) 현명주의
대리인이 대리행위를 할 때 본인을 위하여 한다는 의사를 표시하는 것을 말한다.

128) 복대리인
대리인이 그의 권한 내의 행위를 하기 위하여, 대리인의 권한으로, 즉 그의 이름으로 선임한 본인의 대리인을 말한다.

129) 복임권
대리인이 복대리인을 선임할 수 있는 권한을 말한다.

130) 무권대리
대리권 없이 행한 대리행위를 말한다.

131) 표현대리
대리인에게 대리권이 없음에도 불구

하고 마치 그것이 있는 것과 같은 외관이 있고 또한 그러한 외관의 발생에 관하여 본인이 어느 정도 원인을 주고 있는 경우에 그 무권대리 행위에 대해 본인으로 하여금 책임을 지게 함으로써 선의, 무과실의 제3자를 보호하려는 것을 말한다.

132) 법률행위의 무효
법률행위가 성립한 당초부터 법률상 당연히 그 효력이 발생되지 않는 것으로 확정되어 있는 것을 말한다.

133) 무효행위의 전환
어떤 법률행위가 무효이기는 하지만 그것이 다른 법률행위로서 요건을 갖추고 양자의 법률효과가 사회, 경제적 목적에 있어서 유사한 것이며 당사자도 구체적 사정에 비추어 그 다른 법률행위로서의 법률효과를 원하였을 것이라고 인정하는 때에는 그 다른 법률행위가 행해진 것으로 인정하는 것을 말한다.

134) 무효행위의 추인
어떤 법률행위가 무효인 경우에 그 무효의 원인이 없어진 것을 전제로 하여 그 추인한 때로부터 새로운 법률행위로 보는 것을 말한다.

134) 법률행위의 취소
일단 유효하게 성립된 법률행위에 무능력 또는 의사표시에 결함이 있는 경우, 취소권자가 그 법률행위를 취소할 수 있는 것으로 하고, 이 경우 그 취소를 하게 되면 소급해서 무효로 처리되는 것을 말한다.

135) 법률행위의 철회
아직 법률행위의 효력이 발생하지 않은 것에 대하여 그 효력을 장래를 향하여 저지시키는 것을 말한다.

136) 법률행위(계약)의 해제
유효하게 성립된 계약에 있어서 당사자 일방의 채무불이행이 있는 경우, 그의 상대방이 일방적으로 계약을 소급적으로 소멸시키는 것을 말한다.

137) 법정추인
취소할 수 있는 행위에 대해 일반적으로 추인이라고 인정할 수 있는 일정한 사실이 존재할 때 취소권자의 추인 의사를 묻지 않고 법률상 당연히 추인이 있었던 것으로 간주하는 것을 말한다.

138) 조건
법률행위의 효력의 발생 또는 소멸을 장래 발생할 것인가의 여부가 불확실한 사실에 의존케 하는 법률행위의 부관을 말한다.

139) 기한
법률행위의 효력의 발생, 소멸 또는 채무의 이행을 장래에 발생하는 것이 확실한 사실에 의존케 하는 법률행위의 부관을 말한다.

140) 기한의 이익

기한이 도래하지 않음으로써 당사자
가 받는 이익을 말한다.

141) 기간

어느 시점에서 어느 시점까지 계속된
시간의 구분을 말한다.

142) 시효

일정한 사실상태가 일정한 기간 동안
계속된 경우에, 그 사실상태가 진실
한 권리관계에 합치하느냐 여부를 묻
지 않고서 법률상 일정한 효과를 주
는 것을 말한다.

143) 취득시효

시효로서 권리의 취득을 일어나게 하
는 것을 말한다.

144) 소멸시효

시효로서 권리의 소멸을 일어나게 하
는 것을 말한다.

145) 제척기간

일정한 권리에 대하여 법률이 예정하
는 존속기간을 말한다.

146) 소멸시효의 중단

소멸시효가 진행하는 도중에 권리의
불행사라는 소멸시효의 기초가 되는
사실을 깨뜨리는 사정이 발생한 경우
에, 이미 진행한 시효기간의 효력을
상실케 하는 것을 말한다.

147) 소멸시효의 정지

소멸시효가 완성할 무렵에 이르러 권
리자가 시효를 중단시키는 것이 불가
능하거나 또는 곤란한 사정이 있는
경우에, 그 사정이 소멸한 후 일정한
기간이 경과하는 시점까지 시효의 완
성을 연기하는 것을 말한다.

148) 일물일권주의

하나의 물건에 대하여는 동종의 물권
은 하나만 성립될 수 있고, 하나의
물건의 일부에 대해서는 물권이 성립
될 수 없다는 원칙을 말한다.

149) 물권법정주의

물권에 있어서 그 종류와 내용은 법
률에 정해진 것에만 한정되고 임의로
창설할 수 없다는 원칙을 말한다.

150) 물권적 청구권

물권이 제3자에 의해 침해되거나 또
는 침해될 염려가 있는 경우에 물권
자가 제3자에 대해 그 침해의 제거
또는 예방을 청구할 수 있는 권리를
말한다.

151) 물권의 변동

물권의 발생, 변경, 소멸을 말한다.

152) 공시의 원칙

물권이 배타적인 성격상 물권의 존재
를 제3자에게 알려주기 위하여 물권
의 변동이 있을 때마다 그것이 공시
되어야 한다는 원칙을 말한다.

153) 공신의 원칙

물권관계와 합치되지 않는 공시가 있는 경우에, 거래의 안전을 위하여 진정한 권리자보다 등기 또는 점유를 신뢰한 자를 보호하여야 한다는 원칙을 말한다.

154) 등기

등기 공무원이라는 국가기관이 법정절차에 따라 등기부라는 공적장부에 부동산에 관한 일정한 권리관계를 기재하는 것을 말한다.

155) 종국등기

물권변동의 효력을 발생케 하는 등기를 말한다.

156) 기입등기

새로운 등기원인에 의하여 등기용지에 새로운 사항을 기입하는 등기를 말한다.

157) 경정등기

등기공무원의 착오로 인하여 등기의 불일치 또는 탈루가 생긴 경우에 지방법원장의 허가를 얻어 이를 시정하는 등기를 말한다.

158) 변경등기

등기와 실체관계 간의 후발적 불일치를 시정하기 위하여 행해지는 등기를 말한다.

159) 말소등기

등기된 권리나 객체가 원시적으로 존재하지 않거나 또는 후발적으로 존재하지 않게 된 경우에 이미 행하여진 등기를 말소하는 방법으로 말소하고 그 취지를 기재하는 등기를 말한다.

160) 멸실등기

부동산이 멸실된 경우에 표제부의 기재를 말소하고 그 등기용지를 폐쇄하는 방법으로 행하여지는 등기를 말한다.

161) 회복등기

등기가 부당하게 말소되거나 멸실된 경우에 이를 부활하는 등기를 말한다.

162) 예비등기

물권변동의 효력을 직접 발생하게 하는 것이 아니고 간접적으로 이에 대비하는 등기를 말한다.

163) 가등기

부동산물권 및 그에 준하는 권리의 설정, 이전, 변경, 소멸의 청구권을 보전하기 위하여 미리 예비로 하는 등기를 말한다.

164) 예고등기

등기원인의 무효 또는 취소로 인한 등기의 말소 또는 회복의 소가 제기된 경우에 수소법원의 직권으로서 등기소에 촉탁하여 행하여지는 등기를 말한다.

165) 등기청구권

등기의무자가 등기신청에 협력하지

않는 경우에 등기권리자가 등기의무자에게 그 협력을 청구할 수 있는 권리를 말한다.

166) 입목
입목에 관한 법률에 의하여 소유권보존등기를 한 수목의 집단을 말한다.

167) 명인방법
소유자가 누구라고 하는 것을 외부에서 인식하는 데 적합한 방법의 총칭을 말한다.

168) 인도
점유의 이전을 말한다.

169) 현실의 인도
물건에 대한 사실상의 지배를 옮기는 것을 말한다.

170) 간이인도
양수인이 될 자가 이미 동산을 점유하고 있는 경우에 점유의 이전에 관한 합의만으로서 인도를 받은 것으로 하는 것을 말한다.

171) 점유개정
자신의 소유 동산을 매각하고 그 동산을 일정기간 빌리는 형식으로 점유하는 경우에 그 시점에서 매수인에게 소유권 이전을 위한 인도가 있었던 것으로 보는 것을 말한다.

172) 목적물인도청구권의 양도
매도인이 타인에게 맡겨둔 동산을 그대로 맡겨 둔 채로 매수인에게 양도하는 것을 말한다.

173) 선의취득
권리외관을 신뢰하고 거래한 자를 보호하기 위한 제도로서 평온, 공연하게 동산을 양수한 자가 선의이며 과실 없이 그 동산을 점유한 경우에 양도인이 정당한 소유자가 아닌 때에도 즉시 그 동산의 소유권을 취득하는 것을 말한다.

174) 포기
물권을 소멸시킬 것을 목적으로 하는 물권적 단독행위를 말한다.

175) 혼동
양립시킬 만한 가치가 없는 법률상의 지위가 동일인에게 귀속하는 것을 말한다.

176) 점유
물건에 대한 사실상의 지배를 말한다.

177) 점유권
점유라는 사실을 법률요건으로 하여 생기는 권리를 말한다.

178) 직접점유
물건을 직접으로 지배하거나 또는 점유보조자를 통해서 물건을 점유하는 것을 말한다.

179) 점유보조자
가사상 또는 영업상 기타 유사한 관

계에 의하여 타인의 지시를 받아 물
건에 대한 사실상의 지배를 하는 자
를 말한다.

180) 간접점유
자신의 물건을 지상권, 전세권, 질권,
사용대차, 임대차, 임치, 기타의 관계
로 인해 타인으로 하여금 물건을 점
유하게 하는 것을 말한다.

181) 자주점유
소유의 의사를 가지고 하는 점유를
말한다.

182) 타주점유
소유의 의사를 가지지 않고 하는 자
주점유 이외의 점유를 말한다.

183) 하자 있는 점유
악의, 과실, 강폭, 은비, 불계속 등의
사정이 있는 점유를 말한다.

184) 하자 없는 점유
선의, 무과실, 평온, 공연, 계속 등의
사정이 있는 점유를 말한다.

185) 점유보호청구권
본권(점유권)의 유, 무와는 관계없이
점유 그 자체를 보호하기 위한 일종
의 물권적 청구권으로서 점유에 대한
침해가 있을 경우에 발생하는 청구권
을 말한다.

186) 점유물반환청구권
점유자가 점유를 침탈당한 때에 그
물건의 반환 및 손해의 배상을 청구
할 수 있는 권리를 말한다.

187) 점유물방해예방청구권
점유자가 점유의 방해를 받을 염려가
있는 때에 그 방해의 예방 또는 손해
배상의 담보를 청구할 수 있는 권리
를 말한다.

188) 점유물방해제거청구권
점유자가 점유의 방해를 받은 때에
그 방해의 제거 및 손해의 배상을 청
구할 수 있는 권리를 말한다.

189) 준점유
물건이 아닌 재산권을 사실상 행사하
는 경우를 말한다.

190) 소유권
소유자가 법률의 범위 내에서 그 소
유물을 배타적으로 사용, 수익, 처분
할 수 있는 권리를 말한다.

191) 구분소유권
건물의 일부가 경제적으로 독립한 건
물과 동일한 효용을 가지고, 또한 사
회관념상 독립한 건물로 다루어지는
경우에 그 위에 독립한 소유권을 말
한다.

192) 상린관계
인접하는 부동산 소유자 상호 간의
이용을 조절하기 위한 그들 사이의
권리관계를 말한다.

193) 취득시효

물건 또는 권리를 점유하는 사실상태가 일정한 기간 동안 계속되는 경우에, 그것이 진실한 권리관계와 일치하는가의 여부를 묻지 않고 권리취득의 효과가 생기도록 하는 시효제도를 말한다.

194) 무주물선점

현재 소유자가 없는 물건을 소유의 의사로 점유한 자가 그 소유권을 취득하는 것을 말한다.

195) 유실물습득

점유자의 의사에 기하지 않고서 그의 점유를 떠난 물건으로서 도품이 아닌 것을 습득하는 것을 말한다.

196) 매장물발견

토지 또는 그 밖의 물건 속에 매장되어 그 소유권이 누구에게 속하는지를 판별할 수 없는 물건을 발견하는 것을 말한다.

197) 첨부

소유자가 각기 다른 두 개의 이상의 물건이 결합하여 사회관념상 분리하는 것이 불가능하게 된 때, 물건에 노력이 결합하여 사회관념상 그 분리가 불가능하게 된 때, 이의 복구를 허용하지 않고서 그것을 어느 한 사람의 소유로 귀속시키고자 하는 것을 말한다.

198) 부합

소유자를 각각 달리하는 수 개의 물건이 결합하여 1개의 물건으로 되는 것을 말한다.

199) 혼화

소유자를 각각 달리하는 수 개의 물건이 혼합이나 융화에 의하여 원물을 식별할 수 없게 되는 것을 말한다.

200) 가공

타인의 동산에 노력을 가하여 새로운 물건을 만들어 내는 것을 말한다.

201) 소유물반환청구권

목적물의 점유를 상실한 소유자가, 그 목적물을 점유함으로써 소유자의 점유를 방해하고 있는 자에 대하여 그 반환을 청구할 수 있는 권리를 말한다.

202) 소유물방해예방청구권

방해될 염려가 있는 소유권의 보유자가 장차 소유권을 방해하는 행위를 할 염려가 있는 자에 대하여 방해의 예방 또는 손해배상의 담보를 청구할 수 있는 권리를 말한다.

203) 소유물방해제거청구권

소유권의 내용의 실현이 점유의 상실 이외의 방법으로 방해되고 있는 자가 현재 방해하는 사정을 지배하고 있는 자에게 그 방해의 제거를 청구할 수 있는 권리를 말한다.

204) 공유

물건이 지분에 의하여 수인의 소유로 되는 공동소유를 말한다.

205) 지분

각 공유자가 목적물에 대하여 가지는 소유의 비율을 말한다.

206) 합유

법률의 규정 또는 계약에 의하여 수인이 조합체로서 물건을 소유하는 공동소유를 말한다.

207) 총유

법인이 아닌 사단의 사원이 집합체로서 물건을 소유하는 공동소유를 말한다.

208) 준공동소유

수인이 공동으로 소유권 이외의 재산권을 소유하는 것을 말한다.

209) 명의신탁

신탁자가 소유권을 보유하여 이를 관리, 수익하면서 공부상의 소유명의만을 수탁자로 하여 두는 것을 말한다.

210) 지상권

타인의 토지에 건물 기타 공작물이나 수목을 소유하기 위하여 그 토지를 사용할 수 있는 물권을 말한다.

211) 구분지상권

토지의 상하 중 일정한 범위를 지정하여 그 범위에서만 지상권의 효력이 미치도록 하여 그 이외의 토지 부분을 이용할 수 있는 지상권을 말한다.

212) 법정지상권

토지와 그 지상건물이 동일 소유자에게 속하고 있던 당시에 토지 또는 건물의 어느 하나에만 제한물권을 설정된 뒤, 토지와 건물이 소유자를 달리하게 된 때에 건물소유자를 위하여 법률상 당연히 지상권이 설정되는 것으로 보는 것을 말한다.

213) 관습상의 법정지상권

동일인에게 속하였던 토지와 건물 중 어느 일방의 매매, 기타 일정한 원인에 의하여 각각 소유자를 달리하게 된 때에 그 건물을 철거한다는 특약이 없으면 건물소유자가 당연히 취득하게 되는 지상권을 말한다.

214) 분묘기지권

타인의 토지에 분묘를 설치한 자가 그 분묘에 대하여 가지는 지상권에 유사한 일종의 물권을 말한다.

215) 지역권

일정한 토지의 이용가치를 증가시키기 위하여 다른 토지에 지배를 미치는 권리를 말한다.

216) 요역지

지역권에 있어서 편익을 받는 토지를 말한다.

217) 승역지
지역권에 있어서 편익을 제공하는 토지를 말한다.

218) 전세권
전세금을 지급하고 타인의 부동산을 점유하여 그 부동산의 용도에 좇아 사용, 수익하면서 그 부동산 전부에 대하여 후순위권리자, 기타 채권자보다 전세금에 관하여 우선 변제권이 인정되는 특수한 용익물권을 말한다.

219) 우선변제권
담보물에 대한 경매 시 자기의 권리 순위에 따라 그 배당에 참가하여 변제를 받을 수 있는 권능을 말한다.

220) 전전세
전세권자의 전세권을 기초로 하여 그 전세권을 목적으로 하는 전세권을 다시 설정하는 것을 말한다.

221) 담보
채권의 일반적 효력으로 만족하지 않고 그것을 더 보강해서 채권의 실현을 확보하려는 수단을 말한다.

222) 유치권
타인의 물건 또는 유가증권을 점유한 자가 그 물건이나 유가증권에 관하여 생긴 채권을 가지는 경우에, 그 채권을 변제받을 때까지 그 물건이나 유가증권을 유치할 수 있는 권리를 말한다.

223) 유치
목적물의 점유를 계속함으로써 그 인도를 거절하는 것을 말한다.

224) 간이변제충당권
유치권자가 경매에 의하지 않고 일정한 요건 아래 유치물로서 직접 채권의 변제에 충당하는 것을 말한다.

225) 질권
채무자가 그 채권의 담보로 채무자 또는 제3자(물상보증인)가 제공한 동산 또는 재산권을 점유하고, 변제가 없을 때에 그 동산 또는 재산권으로부터 우선변제를 받을 수 있는 권리를 말한다.

226) 물상보증인
제3자가 채무자를 위하여 자신의 동산을 담보로 제공하는 때에 그 제3자를 말한다.

227) 유질계약
질권설정자가 채무변제기 전의 계약으로, 질권자에게 변제에 갈음하여 질물의 소유권을 취득하게 하거나, 기타 법률이 정한 방법에 의하지 않고서 질물을 처분할 수 있도록 약정하는 것을 말한다.

228) 권리질권
재산권을 질권의 목적으로 하는 질권을 말한다.

229) 저당권

채무자 또는 제3자가 점유를 이전하지 아니하고, 채권자는 채무의 담보로 제공한 부동산에 대하여 다른 채권보다 우선변제를 받는 담보물권을 말한다.

230) 유저당계약

당사자가 저당권의 설정 이외에, 그 설정계약에서 또는 변제기 도래 전의 특약으로, 채무자가 변제기에 변제하지 않을 경우에 저당물로써 직접 변제에 충당하거나 또는 민사소송법사의 경매가 아닌 임의의 방법으로 저당물을 처분하거나 환가하기로 약정하는 것을 말한다.

231) 근저당

계속적인 거래관계로부터 발생하는 불특정 다수의 채권을 장래의 결산기에 일정한 한도액까지 담보하기 위하여 설정하는 담보권을 말한다.

232) 포괄근저당

기본계약이 없이 당사자 사이에서 발생하는 현재와 장래의 모든 채권을 일정한 한도액까지 담보하기 위하여 설정하는 담보권을 말한다.

233) 공동저당

동일한 채권의 담보로서 수 개의 부동산 위에 설정된 저당권을 말한다.

234) 가등기담보

채권담보를 위하여 채권자와 채무자 (또는 제3자) 사이에서 채무자(또는 제3자) 소유의 부동산을 목적물로 하는 대물변제예약 또는 매매예약을 하고 동시에 채무자의 채무불이행이 있는 경우에 발생하게 될 장래의 소유권이전청구권을 보전하기 위하여 가등기를 하는 변칙담보를 말한다.

235) 양도담보

채권담보의 목적으로 물건의 소유권 (기타의 재산권)을 채무자가 채권자에게 이전하고, 채무자의 채무불이행이 있는 때에는 채권자가 그 목적물로부터 우선변제를 받고 채무의 이행이 있는 때에는 목적물을 채무자에게 반환하는 변칙담보를 말한다.

236) 매도담보

신용의 수수를 매매의 형식에 의하여 하고 신용을 준 자는 대금의 반환을 청구할 권리를 가지지 않으며, 다만 신용을 받은 자가 신용을 반환하여 목적물을 회수할 수 있는 변칙담보를 말한다.

237) 채권

특정인(채권자)이 타인(채무자)에 대하여 일정한 행위(급부)를 요구할 수 있는 권리를 말한다.

238) 채무

채권에 상응하여 채권자에게 일정한 행위(급부)를 부담하는 것을 말한다.

239) 자연채무

채무자가 임의로 급부하지 않는 경우에도 채권자가 그 이행을 소로써 구하지 못하는 채무를 말한다.

240) 특정물채권

특정물의 인도를 목적으로 하는 채권을 말한다.

241) 선관주의의무

평균적, 추상적 채무자가 그의 직업, 지위 등에 비추어 거래상 그 경우에 일반적, 객관적으로 요구되는 정도의 주의를 말한다.

242) 종류채권

일정한 종류에 속하는 물건을 인도할 것을 목적으로 하는 채권을 말한다.

243) 제한종류채권

종류채권에 있어서 그 종류를 특별한 범위로 제한한 것을 말한다.

244) 종류채권의 특정

종류채권의 이행단계에서 그 정해진 종류에 속하는 물건 중에서 이행할 물건을 구체적으로 선정하는 것을 말한다.

245) 지참채무

채무자가 목적물을 채권자의 주소에 가지고 가서 이행하여야 하는 채무를 말한다.

246) 추심채무

채권자가 채무자의 주소에 와서 목적물을 추심하여 변제를 받아야 하는 채무를 말한다.

247) 송부채무

채권자 또는 채무자의 주소 이외의 제3자에 목적물을 송부하여야 하는 채무를 말한다.

248) 금전채무

일정액의 금전의 인도를 목적으로 하는 채권을 말한다.

249) 이자채권

이자의 지급을 목적으로 하는 채권을 말한다.

250) 이자

금전 기타 대체물의 사용 대가로 원본액과 사용기간에 비례하여 지급되는 금전 기타의 대체물을 말한다.

251) 선이자

미리 계산해서 원본액에서 공제되는 이자를 말한다.

252) 복리

변제기가 도래한 이자를 원본에 산입하여 이를 원본의 일부로 하여 그에 대한 이자를 다시 붙이는 것을 말한다.

253) 선택채권

수 개의 급부 가운데에서 선택에 의

하여 결정되는 한 개의 급부를 목적
으로 하는 채권을 말한다.

254) 임의채권
채권의 목적이 본래 한 개의 급부에
특정하고 있으나, 채권자 또는 채무
자가 확정된 다른 급부로써 본래의
급부에 갈음할 수 있는 권리를 가지
는 채권을 말한다.

255) 채무불이행
이행지체, 이행불능, 불완전이행 등과
같이 채무자가 채무를 이행해야 함에
도 불구하고 그 이행을 하지 않는 것
을 말한다.

256) 이행지체
채무자가 이행기에 이행을 할 수 있
는데도 그 이행을 하지 않는 경우를
말한다.

257) 이행불능
채권관계가 성립한 후에 채무자의 귀
책사유로 그 이행이 불가능하게 된
경우를 말한다.

258) 불완전이행
채무자가 채무를 이행하기는 하였지
만 그 이행이 채무의 내용에 좇지 않
은 것을 말한다.

259) 채무명의
일정한 사법상의 이행의무의 존재를
증명하고 법률이 강제집행에 의하여

실현할 수 있는 집행력을 인정한 공
정증서를 말한다.

260) 손해배상
채무자의 귀책사유로 채무불이행이
있고 그로 인해 채권자에게 손해가
발생한 경우에 채무자가 그 손해를
배상하는 것을 말한다.

261) 손해
법익에 관하여 입은 모든 불이익으로
서, 채무의 이행이 있었더라면 채권
자가 받았을 이익과 불이행으로 채권
자가 현재 받고 있는 이익의 차액을
말한다.

262) 이행이익의 손해
채권이 유효하여 채무가 제대로 이행
되었을 경우에 채권자가 받게 될 이
익에 대한 손해를 말한다.

263) 신뢰이익의 손해
채권이 무효인데도 유효하다고 믿었
기 때문에 입은 손해를 말한다.

264) 손익상계
채무불이행으로 인하여 채권자에게
손해가 발생하는 것과 동시에 이익도
있는 경우에, 배상액을 정함에 있어
서 그 손해액으로부터 이익을 공제하
는 것을 말한다.

265) 손해배상액의 예정
채권자와 채무자가 장래의 채무불이

행에 대비하여 그로 인한 손해배상액
을 미리 약정하는 것을 말한다.

266) 채권자대위권
채권자가 자기의 채권을 보전하기 위
하여 자기의 이름으로 채무자의 권리
를 행사할 수 있는 권리를 말한다.

267) 채권자취소권
채무자가 채권자를 해함을 알고 제3
자와 재산권을 목적으로 한 법률행위
를 한 경우, 채권자가 자기의 이름으
로 제3자에 대하여 그 법률행위를 취
소하고 일탈된 재산의 원상회복을 소
송으로 구할 수 있는 채권자의 권리
를 말한다.

268) 다수채권관계
1개의 가분급부에 관하여 채권자 또
는 채무자가 다수 있는 경우에, 특별
한 의사표시가 없으면 각 채권자 또
는 채무자가 균등한 비율로 채권을
갖고 채무를 지는 것을 말한다.

269) 불가분채권관계
1개의 불가분급부에 관하여 수인의
채권자가 각각 채권을 가지거나 또는
수인의 채무자가 각각 채무를 지는
것을 말한다.

270) 연대채무
채권자가 수인의 채무자 중 그 어느
채무자에 대하여, 또는 동시나 순차
적으로 모든 채무자에 대하여 채무의

전부나 일부의 이행을 청구할 수 있
는 채무를 말한다.

271) 부진정연대채무
수인의 채무자가 채무 전부를 각자
이행할 의무가 있고 그중 1인의 이행
으로 다른 채무자도 의무를 면하게
되는 점에서 연대 채무와 동일하지만,
각 채무자 간에 채무를 공동으로 부
담하고자 하는 주관적 공동관계가 없
는 연대채무를 말한다.

272) 보증채무
채권자와 보증인 사이에 체결된 보증
계약에 의하여 성립하는 채무로서 주
채무자가 그 채무를 이행하지 않는
경우에 보증인이 이를 이행하여야 하
는 채무를 말한다.

273) 연대보증
보증인이 보증계약에서 주 채무자와
연대하여 채무를 부담하기로 한 보증
채무를 말한다.

274) 공동보증
동일한 주 채무에 대하여 수인이 보
증채무를 부담하는 것을 말한다.

275) 계속적 보증
계속적인 계약관계에서 생기는 불확
정한 채무를 보증하는 것을 말한다.

276) 손해담보계약
주 채무의 존재를 전제로 하지 않고

그와 독립하여 채권자에게 발생한 손해를 전보할 목적으로 하는 계약을 말한다.

277) 채권양도

채권의 동일성을 유지하면서 계약에 의하여 채권을 이전하는 것을 말한다.

278) 지명채권

채권자가 특정되어 있고 그 채권의 성립, 양도를 위하여 증서의 작성, 교부를 필요로 하지 않는 채권을 말한다.

279) 증권적 채권

유가증권의 일종으로서 채권이 증권으로 화체되어 채권의 성립, 존속, 행사, 양도 등 모든 것이 그 증권에 의하여 행하여지는 채권을 말한다.

280) 지시채권

특정인 또는 그가 지시하는 자에게 변제하여야 하는 증권적 채권을 말한다.

281) 무기명채권

특정의 채권자의 이름을 기재하지 않고 그 증권의 정당한 소지인에게 변제하여야 하는 증권적 채권을 말한다.

282) 면책증권

채무자가 증서의 소지인에게 선의로 변제하면 소지인이 정당한 권리자가 아닌 경우에도 면책되는 효력을 가지는 증서를 말한다.

283) 채무인수

채무의 동일성을 유지하면서 제3자가 계약에 의하여 채무를 인수하는 것을 말한다.

284) 병존적 채무인수

종래의 채무자는 채무를 면하지 않고 제3자가 그 채무관계에 가입함으로써 종래의 채무자와 더불어 새로이 동일 내용의 채무를 부담하는 계약을 말한다.

285) 이행인수

인수인이 채무자에 대하여 그 채무를 이행할 것을 약정하는 채무자와 인수인 사이의 계약을 말한다.

286) 계약인수

계약당사자로서의 지위의 승계를 목적으로 하는 계약을 말한다.

287) 채권의 소멸

채권이 객관적으로 존재하지 않게 되는 것을 말한다.

288) 변제

채무의 내용인 급부가 실현됨으로써 채권이 만족을 얻게 되는 것을 말한다.

289) 변제의 제공

채권의 변제에 있어서 채권자의 협력이 있어야 하는 경우에 채무자가 채권자의 협력만 있으면 되는 단계까지 이행하는 것을 말한다.

290) 변제의 충당

채무자가 동일한 채권자에 대하여 같은 종류를 목적으로 한 수 개의 채무를 부담한 경우, 변제의 제공이 그 채무 전부를 소멸하게 하지 못하는 경우에 그 급부를 가지고 어느 채무의 변제에 충당할 것인가를 정하는 것을 말한다.

291) 대위변제

제3자 또는 공동채무자 등이 채무자를 위하여 변제를 함으로써 구상권을 취득한 경우에, 변제자가 그 구상권의 범위 내에서 채권자의 채권 및 그 담보에 관한 권리를 행사할 수 있는 제도를 말한다.

292) 대물변제

채무자가 채권자의 승낙을 얻어 채무자가 부담하고 있는 본래의 급부에 갈음하여 다른 급부를 현실적으로 행함으로써 채권을 소멸시키는 것을 말한다.

293) 대물변제의 예약

현실적인 대물급부 없이 단지 그 약속만을 하는 것을 말한다.

294) 공탁

변제자가 채권자를 위하여 변제의 목적을 공탁하여 그 채무를 면하는 제도를 말한다.

295) 상계

채무자가 채권자에 대하여 자기도 또한 동종의 채권을 갖는 경우에 채무자의 상계의 의사표시만으로 그 채권과 채무를 대등액으로 소멸시키는 것을 말한다.

296) 경개

당사자가 채무의 중요한 부분을 변경함으로써 신채무를 성립시키는 동시에 구채무를 소멸시키는 계약을 말한다.

297) 계약

일정한 법률효과의 발생을 목적으로 하는 당사자의 합의를 말한다.

298) 약관

그 명칭이나 형태 또는 범위를 불문하고 계약의 일방 당사자가 다수의 상대방과 계약을 체결하기 위하여 일정한 형식에 의하여 미리 마련한 계약의 내용이 되는 것을 말한다.

299) 청약

이에 응하는 승낙과 결합하여 일정한 계약을 성립시킬 것을 목적으로 하는 일방적, 확정적 의사표시를 말한다.

300) 승낙

청약의 상대방이 청약에 의하여 계약을 성립시킬 목적으로 청약자에 대하여 행하는 의사표시를 말한다.

301) 계약의 경쟁체결

계약의 내용에 관하여 다수인으로 하여금 서로 경쟁하게 하여 그 가운데에서 가장 유리한 내용을 표시하는 자를 골라 이를 상대방으로 하여 계약을 체결시키는 방법을 말한다.

302) 경매
계약의 경쟁체결 중 각 경쟁자가 다른 경쟁자의 표시내용을 알 수 있는 경우를 말한다.

303) 입찰
계약의 경쟁체결 중 각 경쟁자가 다른 경쟁자의 표시내용을 알 수 없는 경우를 말한다.

304) 교차청약
당사자들이 같은 내용을 가지는 계약의 청약을 서로 행한 경우를 말한다.

305) 동시이행의 항변권
쌍무계약의 당사자 일방이 상대방이 그 채무이행을 제공할 때까지 자기의 채무이행을 거절할 수 있는 항변권을 말한다.

306) 위험부담
쌍무계약의 당사자 일방의 채무가 당사자 쌍방의 책임 없는 사유로 후발적 불능이 되어 소멸한 경우에 그에 대응하는 상대방의 채무도 소멸하는가의 문제를 말한다.

307) 위험
채권의 목적이 양 당사자의 책임 없는 사유로 이행할 수 없게 된 경우의 그로 인한 불이익을 말한다.

308) 제3자를 위한 계약
계약으로부터 생기는 급부청구권을 계약당사자가 아닌 제3자에게 취득케 하는 것을 내용으로 하는 계약을 말한다.

309) 계약의 해제
계약이 성립한 후에 당사자 일방의 채무불이행으로 계약의 목적을 달성할 수 없는 경우에 그 상대방의 의사표시에 의하여 그 계약을 처음부터 있지 않았던 것과 같은 상태로 복귀시키는 것을 말한다.

310) 해제권
형성권으로서 일방적인 의사표시에 의하여 계약을 소급적으로 소멸시킬 수 있는 권리를 말한다.

311) 계약의 해지
계속적 계약관계에서 그 효력을 장래를 향하여 소멸시키는 계약당사자의 일방적 의사표시를 말한다.

312) 증여
당사자 일방(증여자)이 무상으로 재산을 상대방(수증자)에게 수여하는 의사표시를 하고 상대방이 이를 승낙함으로써 그 효력이 생기는 무상, 낙성, 편무, 불요식의 계약을 말한다.

313) 조건부증여
수증자가 증여를 받는 동시에 일정한

부담, 즉 일정한 급부를 하여야 할 채무를 부담하는 것을 부관으로 하는 증여를 말한다.

314) 매매

당사자 일방이 재산권을 상대방에게 이전할 것을 약정하고 상대방이 대금을 지급할 것을 약정함으로써 성립하는 낙성, 쌍무, 불요식의 전형적인 유상계약을 말한다.

315) 매매의 예약

당사자 사이에 장래 매매계약을 체결하는 채무를 발생케 하는 계약을 말한다.

316) 예약완결권

매매의 일방예약에 의하여 예약권리자가 상대방에 대하여 매매완결의 의사표시를 할 수 있는 권리를 말한다.

317) 담보책임

매매의 목적인 재산권에 하자가 있어서 이로 말미암아 그 재산권의 전부 또는 일부를 이전할 수 없거나 또는 그 재산권의 객체인 물건에 하자가 있는 것을 급부한 경우 매도인이 지는 일정한 책임을 말한다.

318) 환매

매도인이 매매계약과 동시에 특약으로 환매권을 유보한 경우에 그 환매권을 일정한 기간 내에 행사하여 매매의 목적물을 다시 사는 것을 말한다.

319) 할부매매

상품의 인도를 미리 받고 대금은 일정기간 동안에 분할하여 지급할 특약이 붙은 매매를 말한다.

320) 교환

당사자 쌍방이 금전 이외의 재산권을 서로 이전할 것을 약정함으로써 성립하는 낙성, 쌍무, 유상, 불요식의 계약을 말한다.

321) 소비대차

당사자 일방(대주)이 금전 기타 대체물의 소유권을 상대방에게 이전할 것을 약정하고 상대방(차주)은 그와 같은 종류, 품질 및 수량으로 반환할 것을 약정함으로써 성립하는 계약을 말한다.

322) 사용대차

당사자 일방이 상대방에게 무상으로 사용, 수익하게 하기 위하여 목적물을 인도할 것을 약정하고 상대방은 이를 사용, 수익한 후 그 물건을 반환할 것을 약정함으로써 성립하는 낙성, 무상, 편무계약을 말한다.

323) 임대차

당사자 일방(임대인)이 상대방에게 목적물을 사용, 수익하게 할 것을 약정하고 상대방(임차인)이 이에 대하여 차임을 지급할 것을 약정함으로써 성립하는 낙성, 유상, 쌍무, 불요식의 계약을 말한다.

324) 임차권의 양도
임차권을 그 동일성을 유지하면서 이전하는 계약을 말한다.

325) 전대
임차인이 그 임차물을 다시 제3자로 하여금 사용, 수익하게 하는 계약을 말한다.

226) 고용
근로자가 노무를 제공할 것을 약정하고 이에 대하여 사용자가 보수를 지급할 것을 약정함으로써 성립하는 낙성, 쌍무, 유상, 불요식의 계약을 말한다.

327) 도급
당사자 일방(수급인)이 어떤 일을 완성할 것을 약정하고 상대방(도급인)이 그 일의 결과에 대하여 보수를 지급할 것을 약정함으로써 성립하는 낙성, 유상, 쌍무, 불요식의 계약을 말한다.

328) 하도급
수급인이 도급인으로부터 맡은 일을 자기가 스스로 완성시키지 않고 제3자에게 그 일을 맡겨서 완성시키는 것을 말한다.

329) 현상광고
광고자가 어느 행위를 한 자에게 일정한 보수를 지급할 의사를 광고에 의하여 표시하고 이에 응한 자가 그 광고에 정한 행위를 완료함으로써 성립하는 계약을 말한다.

330) 위임
위임인의 위탁에 의하여 수임인이 위임사무를 처리해 주는 것을 내용으로 하는 계약을 말한다.

331) 임치
임치인이 수치인에게 금전, 유가증권, 물건의 보관을 위탁하는 것을 내용으로 하는 계약을 말한다.

332) 조합
2인 이상의 특정인이 서로 출자하여 공동사업을 경영할 목적으로 결합한 단체를 말한다.

333) 종신정기금계약
정기금채무자가 자기, 상대방 또는 제3자의 종신(사망)까지 정기로 금전 기타의 물건을 상대방 또는 제3자에게 지급할 것을 약정함으로써 성립하는 계약을 말한다.

334) 화해
당사자가 서로 양보하여 당사자 사이의 분쟁을 종료시킬 것을 약정함으로써 성립하는 계약을 말한다.

335) 사무관리
관리자가 법률상 또는 계약상의 의무 없이 타인을 위하여 그의 사무를 처리해 줌으로써 생기는 관리자와 본인

사이의 법정채권관계를 말한다.

336) 부당이득

법률상 원인 없이 타인의 재산이나
노무로 인하여 얻은 이득을 말한다.

337) 불법행위

고의 또는 과실로 타인에게 손해를
주는 위법행위를 말한다.

刑法 용어 정리

1) 형법
범죄를 구성요건으로 형벌 및 보안처분을 그 법률효과로 삼는 법규범의 총체를 말한다.

2) 형법의 보호적 기능
일정한 범죄에 의하여 침해될 사회질서의 기본가치(법익, 사회윤리적 행위가치)를 보호하는 기능을 말한다.

3) 형법의 보충성의 원칙
형법은 법익보호가 다른 수단에 의하여 불가능한 경우의 최후의 수단이 되어야 한다는 원칙을 말한다.

4) 비범죄화이론
형벌의 기능을 사회존립에 불가결한 사회적 기능의 보호에 제한해야 한다는 이론을 말한다.

5) 형법의 보장적 기능
형법이 국가 형벌권의 한계를 명백히 하여 자의적 형벌로부터 국민의 자유와 권리를 보장하는 기능을 말한다.

6) 형법의 사회방위적 기능
형법이 범죄로부터 사회를 방위 보존하고 사회의 안녕질서를 유지하기 위한 기능을 말한다.

7) 형법의 규제적 기능
일정한 범죄에 대하여 일정한 형벌을 과할 것을 예고함으로써 당해 범죄에 대한 국가의 규범적 평가를 밝히는 기능을 말한다.

8) 죄형법정주의
어떤 행위가 범죄로 되고 그 범죄에 대하여 어떤 처벌을 할 것인가는 미리 성문의 법률에 규정되어 있어야 한다는 원칙을 말한다.

9) 관습형법금지의 원칙
범죄와 형벌은 성문의 법률에 규정되어야 하고 관습법에 의하여 가벌성을 인정하거나 형을 가중하여서는 안 된다는 원칙을 말한다.

10) 형법불소급(소급효금지의 원칙)의 원칙

형벌법규는 그 시행 이후에 이루어진 행위에 대해서만 적용되고 시행 이전의 행위에까지 소급하여 적용할 수 없다는 원칙을 말한다.

11) 명확성의 원칙

형법은 범죄의 구성요건과 그 법적결과를 일반인이 사전에 알 수 있도록 명확히 규정해야 한다는 원칙을 말한다.

12) 절대적 부정기형금지의 원칙

범인에게 선고할 형은 정기형이고 부정기형은 금지한다는 원칙을 말한다.

13) 유추해석금지의 원칙

법률에 규정이 없는 사항에 대하여 그것과 유사한 성질을 가지는 사항에 관한 법률을 적용하려는 것을 금지하는 원칙을 말한다.

14) 적정성의 원칙

범죄와 형벌을 규정하는 법률의 내용은 기본적 인권을 실질적으로 보장할 수 있도록 적정해야 한다는 원칙을 말한다.

15) 한시법

형벌법규의 형식적인 규정을 중시하여 일정한 유효기간을 명시하여 제정된 법률을 말한다.

16) 백지형법

형벌의 전제가 되는 구성요건의 전부 또는 일부가 같은 법률 중의 다른 법조나 다른 법률 명령 또는 행정처분에 위임되어 있어서 그 자체에 보충될 공백을 가진 형벌법규를 말한다.

17) 속지주의

자국의 영역 안에서 발생한 모든 범죄에 대하여 범죄인의 국적을 불문하고 자국형법을 적용한다는 원칙을 말한다.

18) 속인주의

자국민의 범죄에 대하여는 범죄지의 여하를 불문하고 자국형법을 적용하다는 원칙을 말한다.

19) 보호주의

자국 또는 자국민의 이익을 침해하는 범죄에 대하여는 범죄인의 국적과 범죄지의 여하를 불문하고 자국형법을 적용한다는 원칙을 말한다.

20) 세계주의

범죄지, 범죄인의 국적 불문하고 문명국가에서의 공통적으로 인정되는 세계적 법익을 침해하는 행위에 대하여 자국형법을 적용한다는 원칙을 말한다.

21) 형벌이론

범죄에 대하여 형벌을 과하는 목적 내지 근거, 즉 형벌의 본질을 어떻게 이해할 것인가에 관한 응보형주의와 목적형주의의 대립된 주장을 말한다.

22) 응보형주의

형벌의 본질을 범죄에 대한 정당한 응보라고 이해하는 사상으로 후기 고전학파에 의하여 주장된 이론을 말한다.

23) 목적형주의

형벌의 본질을 장래의 범죄를 예방하여 범죄로부터 사회를 방위하려는 목적을 위한 수단으로 이해하려는 사상을 말한다.

24) 일반예방주의

범죄예방의 대상을 사회일반인에게 두고 형벌에 의하여 사회일반인을 위혁, 경계함으로써 범죄를 범하지 못하도록 하여 범죄예방의 효과를 얻으려는 사상을 말한다.

25) 심리강제설

일반국민에게 범죄를 행함으로써 얻어지는 쾌락보다 범죄에 대하여 과해지는 불쾌의 고통이 더 크다는 것을 알게 하는 심리적 강제에 의하여 범죄예방의 목적을 달성하려는 견해를 말한다.

26) 특별예방주의

범죄예방의 대상을 범죄인 그 자체에 두고 형벌은 범죄인이 다시 범죄를 범하지 않도록 예방함을 그 목적으로 하는 사상을 말한다.

27) 범죄이론

범죄의 본질을 파악함에 있어서 범죄 평가의 중점을 어디에다 두어 고찰할 것인가 관한 객관주의와 주관주의의 대립을 말한다.

28) 범죄

사회적 유해성을 지닌 행위 또는 문화규범에 반한 행위라고 할 수 있지만 좁은 의미로는 법적으로 보호되는 생활이익 또는 가치라고 하는 법익을 침해 또는 위협하는 반사회적 행위를 말한다.

29) 구성요건해당성

구체적 사실이 범죄의 구성요건에 해당하는 성질을 말한다.

30) 위법성

구성요건에 해당하는 행위가 법률상 허용되지 않는 성질을 말한다.

31) 책임성

해당 행위를 한 행위자에 대한 비난가능성을 말한다.

32) 객관적 처벌조건

범죄의 성부와 관계없이 형벌권의 발생을 좌우하는 외부적 객관적 사유를 말한다.

33) 인적 처벌조건

이미 성립한 범죄에 관하여 행위자의 특별한 신분관계 또는 태도로 인하여 형벌권의 발동이 저지되는 인적 사정을 말한다.

34) 인적 처벌조각사유

범죄는 성립되나 행위 당시에 존재하는 특별한 신분관계로 인하여 가벌성이 배제되는 사유를 말한다.

35) 친고죄

공소제기를 위하여 피해자 기타 일정한 고소권자의 고소를 필요로 하는 범죄를 말한다.

36) 반의사불벌죄

피해자의 명시한 의사에 반해서는 소추할 수 없는 범죄를 말한다.

37) 실질범

결과범이라고도 하며 범죄가 성립하기 위해서는 행위 이외에 이에 기한 일정한 결과의 발생을 구성요건의 내용으로 하는 범죄를 말한다.

38) 형식범

거동범이라고도 하며 결과의 발생을 요하지 않고 법에 규정된 일정한 행위만 있으면 구성요건이 충족되는 범죄를 말한다.

39) 침해범

구성요건적 실행행위에 의하여 법익이 현실적으로 침해될 것을 요구하는 범죄를 말한다.

40) 위태범

위험범이라고도 하며 구성요건적 실행행위에 의하여 법익이 현실적으로 침해될 필요는 없고 단지 그 침해의 위험성만 있으면 성립되는 범죄를 말한다.

41) 즉시범

구성요건적 실행행위가 시간적 계속성을 필요로 하지 않고 실행행위에 의하여 일정한 법익의 침해 또는 침해의 위험성이 있으면 바로 완성되고 종료되는 범죄를 말한다.

42) 계속범

구성요건적 실행행위가 법익침해에 대하여 일정한 시간적 계속을 하는 범죄를 말한다.

43) 상태범

구성요건적 실행행위에 의하여 법익의 침해가 발생함으로써 기수가 되어 종료하지만 기수 이후에도 위법상태가 계속되는 범죄를 말한다.

44) 일반범

누구나 정범이 될 수 있는 범죄를 말한다.

45) 신분범

행위자의 특정한 신분이 범죄의 성부를 결정하는 구성요건요소로 되어 있거나 그 특정한 신분으로 인하여 법정형이 가중 또는 경감되는 범죄를 말한다.

46) 진정신분범

일정한 신분자만이 구성요건요소로서

의 행위주체가 될 수 있는 범죄를 말
한다.

47) 부진정신분범
신분이 없어도 범죄가 성립하나 행위
자의 신분이 형의 가중 또는 감경사
유로 되는 범죄를 말한다.

48) 자수범
정범 자신이 구성요건적 행위를 직접
실행하여야 하고 타인을 도구로써 이
용하는 간접정범의 형태로서는 실현
할 수 없는 범죄를 말한다.

49) 진정자수범
간접정범의 형태로는 범죄의 실행이
불가능한 범죄를 말한다.

50) 부진정자수범
간접정범이 될 수 있는 신분자는 간
접정범도 될 수 있으나 그 반대의 경
우에는 간접정범도 될 수 없는 범죄
를 말한다.

51) 목적범
범죄구성요건 중에 객관적 요소를 초
과하는 일정한 주관적 목적을 필요로
하는 범죄를 말한다.

52) 진정목적범
일정한 목적이 있어야 비로소 그 행
위의 불법성이 인정되는 목적범을 말
한다.

53) 부진정목적범
일정한 목적의 존재가 행위의 불법을
가중 또는 감경하는 데 영향을 주는
목적범을 말한다.

54) 경향범
행위자의 주관적인 행위경향이 구성
요건요소로 되어 있거나 범죄유형을
함께 규정하고 있는 범죄를 말한다.

55) 표현범
행위자의 내면적인 지식상태의 굴절,
모순과정을 표현해주는 범죄를 말한다.

56) 망각범
행위 시에 그 행위에 관한 의식이 없
음으로 인하여 결과가 발생한 경우의
범죄, 즉 인식 없는 과실에 의한 부
작위범을 말한다.

57) 행위
의사와 표현의 통일체로서 의사가 외
부적으로 표현된 상태, 즉 주관적 내
부적인 의사와 객관적 외부적인 표현
의 통일체를 말한다.

58) 전가규정
법인의 종업원의 행위에 대하여 법인
만이 책임을 지는 책임형식을 말한다.

59) 양벌규정
법인의 종업원의 행위에 대하여 행위
자와 법인의 양자를 처벌하는 책임형
식을 말한다.

60) 구성요건

형법상 금지 또는 요구되는 행위가 무엇인가를 추상적, 일반적으로 기술해 놓은 것으로 개개의 범죄를 규정하고 있는 형법규범(협의), 위법성 판단과 책임 비난에 선행하는 독자적인 범죄성립요건을 말한다.

61) 행위반가치

행위에 대한 부정적 가치판단을 말한다.

62) 결과반가치

결과에 대한 부정적 가치판단을 말한다.

63) 형법상 작위

금지규범에 반하는 것으로서 일정한 신체운동을 하는 적극적인 태도를 말한다.

64) 형법상 부작위

명령규범에 반하는 것으로서 일정한 신체운동을 하지 않는 소극적인 태도를 말한다.

65) 작위범

적극적으로 금지규범을 위반하는 경우로서 작위에 의하여 성립하는 범죄를 말한다.

66) 부작위범

소극적으로 명령규범을 위반하는 경우로서 법규범이 요구하는 일정한 작위를 이행하지 않음으로써 성립하는 범죄를 말한다.

67) 진정부작위범

형법의 규정이 부작위 자체를 범죄로서 규정한 것으로서, 행위에 대한 명령규범을 부작위로써 위반하는 범죄를 말한다.

68) 부진정부작위범

부작위에 의한 작위범으로서 결과방지의 의무 있는 보증인이 부작위로서 금지규범의 실질을 갖는 작위범의 구성요건을 실현하는 범죄를 말한다.

69) 부작위의 동가치성

작위적 범죄를 부작위의 형식으로 범하는 부진정부작위범은 부작위범의 일반적인 구성요건을 구비해야 할 뿐만 아니라 그 부작위가 작위에 의하여 실현된 것과 같이 평가될 수 있어야 한다는 것을 말한다.

70) 보증인적 지위

부작위범에 있어서 일정한 법익과 특수하고도 밀접한 관계를 맺고 있어서 그 법익이 침해되는 결과의 발생을 방지해야 할 행위자의 특별한 지위를 말한다.

71) 인과관계

발생된 결과를 행위자의 행위에 의한 것으로 귀속시키는 데 필요로 하는 행위와 결과 사이의 연관관계를 말한다.

72) 기본적 인과관계
행위와 구성요건적 결과 사이에 인과적 연관성이 있는 경우를 말한다.

73) 이중적(택일적) 인과관계
단독으로도 동일한 결과를 발생시키기에 충분한 여러 개의 조건들이 결합하여 결과를 발생시킨 경우를 말한다.

74) 가설적 인과관계
일정한 가설적 원인이 결과에 현실적으로 작용하지는 않았지만 현실적으로 작용한 원인이 없었더라면 그 결과와 같은 가정적 결과를 야기했을 고도의 개연성이 있는 경우를 말한다.

75) 추월적 인과관계
후의 조건이 기존의 조건을 추월하여 결과를 야기시킨 경우, 후의 조건과 발생된 결과 사이의 인과 관계를 말한다.

76) 경합적 인과관계
어느 행위에 의하더라도 결과가 동시에 발생하였을 것으로 생각되는 경우를 말한다.

77) 단절적 인과관계
제3의 독립행위가 개입하여 본래 진행 중인 제1의 원인행위를 단절시키고 그 효력이 나타나기 전에 결과를 발생시킨 경우를 말한다.

78) 중첩적(누적적) 인과관계
각기 독자적으로 결과를 발생시킬 수 없는 여러 조건들이 공동으로 작용함으로써 결과가 발생한 경우를 말한다.

79) 비유형적 인과관계
일정한 행위가 결과에 원인이 되지만 그 결과에 이르는 과정에 다른 원인이 기여하였거나 피해자의 잘못 또는 특이체질이 결합한 경우를 말한다.

80) 상당인과관계설
결과발생에 대한 여러 가지의 조건 중에서 일반적인 생활경험에 비추어 행위가 결과를 발생시키는 것이 상당하다고 인정될 때 그 행위와 결과 사이에 인과관계를 인정하려는 견해를 말한다.

81) 주관적 상당인과관계설
행위 당시 행위자가 인식하였거나 인식할 수 있었던 사정을 기초로 하여 상당성을 판단하려는 견해를 말한다.

82) 객관적 상당인과관계설
행위 당시 행위자가 인식하였던 사정뿐만 아니라 행위자가 인식할 수 없었던 사정이라도 행위 후에 행위자나 일반인이 인식할 수 있는 사정을 모두 기초로 하여 상당성을 판단하려는 견해를 말한다.

83) 절충적 상당인과관계설
행위 당시 일반인이 인식할 수 있었

던 사정과 행위자가 특별히 인식할
수 있었던 사정도 다 같이 기초로 하
여 일반인 특히 그중에서도 통찰력
있는 사람이 상당성이 있다고 판단하
는 경우에 인과관계를 인정하려는 견
해를 말한다.

84) 위험관계조건설

행위와 결과 사이에 사회적 위험성이
있으면 인과관계를 인정하려는 견해
를 말한다.

85) 중요설

인과관계가 존재하는지의 여부는 조
건설에 의하여 결정하지만 이는 형법
적으로 중요한 것이 아니므로 형법적
평가인 결과귀속에 있어서는 구체적
인 구성요건에 따라 결정해야 한다는
견해를 말한다.

86) 목적설

인과관계를 논하는 근본목적은 기수
범으로부터 미수범을 구별하여 그 책
임을 감경하는 데 있고 책임경감의
기준은 인과관계의 진행 중 우연이라
는 요소가 개입하여 경과가 발생하지
않았음을 확인함에 있고 인과관계론
은 어디까지나 우연이 무엇인가를 과
학적 입장에서 해명하는 것으로 우연
적인 경우를 미수로 필연적인 경우를
기수로 보는 견해를 말한다.

87) 합법칙(자연법칙)적 조건설

수정조건설이라고도 하며 인과관계의
문제는 조건설이 주장하는 절대적 제
약의 관계가 아니라 구성요건적 결과
가 이에 선행하는 행위에 시간적으로
뒤따르면서 그 행위와 일상 경험법칙
적으로 관련되어 있는 합법칙적인 관
련이 있는 경우에만 그 행위는 결과
에 대하여 인과관계가 있다는 견해를
말한다.

88) 객관적 귀속이론

인과관계가 존재한다고 하는 경우에
도 그 결과를 행위자의 행위에 객관
적으로 귀속시킬 수 있는가를 확정하
려는 이론을 말한다.

89) 지배가능성의 이론(회피가능성의 이론)

위험창출이 있더라도 구성요건적 결
과의 발생이 지배할 수 없는 것일 때
에는 그 결과를 행위자에게 객관적으
로 귀속시킬 수 없다고 보는 것으로,
행위자가 회피할 수 있었음에도 불구
하고 회피하지 아니한 결과를 행위자
에게 귀속시킬 수 있다는 견해를 말
한다.

90) 위험증대의 이론

사람의 행위에 의하여 발생한 결과는
그 행위가 법률상 허용될 수 없는 위
험을 발생시키고 또 그 위험이 구성
요건적 결과로 실현된 때에 객관적으
로 귀속할 수 있다고 보는 것으로,
보호법익에 대하여 법적으로 허용될
수 없는 위험을 야기하거나 위험을

증가시킨 때에만 그 위험으로 인한 결과를 객관적으로 귀속시킬 수 있고, 이에 반하여 법익에 대한 위험을 야기하지 않거나 허용되는 위험만을 야기한 때에는 결과귀속을 인정할 수 없다는 견해를 말한다.

91) 구성요건적 착오
구성요건적 고의와 구성요건적 사실이 일치하지 않는 경우, 즉 인식사실과 발생사실이 불일치한 경우를 말한다.

92) 고의
자기의 행위가 불법구성요건을 실현함을 인식하고 허용하는 행위자의 심적 태도를 말한다.

93) 인과관계의 착오
행위자가 인식한 범죄사실과 현실로 발생한 범죄 사실은 법적으로 일치하지만 행위자가 예견하지 못한 인과관계의 경로를 거쳐서 결과가 발생한 경우를 말한다.

94) 안락사
죽음에 임박한 환자의 고통을 덜어주기 위해서 환자의 생명을 단축시켜 사망하게 하는 것을 말한다.

95) 정당방위
자기 또는 타인의 법익에 대한 현재의 부당한 침해를 방위하기 위한 상당한 이유가 있는 행위를 말한다.

96) 침해
법익에 대한 실해 또는 위험을 야기시키는 인간의 행위를 말한다.

97) 부당
형법상의 불법뿐만 아니라 전체 법질서에 반하는 실질적 위법을 말한다.

98) 긴급구조
타인의 법익을 방어하기 위한 정당방위를 말한다.

99) 과잉방위
초과방위라고도 하며, 현재의 부당한 침해에 대한 방위가 상당성의 정도를 초과한 경우를 말한다.

100) 오상방위
정당방위의 객관적 상황이 존재하지 않음에도 불구하고 이것이 있는 것으로 오신하고 방위에 나아간 경우를 말한다.

101) 오상과잉방위
현재의 부당한 침해가 없음에도 불구하고 이것이 존재한다고 오인하고 상당성을 넘는 방위행위를 한 경우를 말한다.

102) 과잉오상방위
방위행위의 과잉에 대하여 행위자의 착오가 존재하는 경우를 말한다.

103) 긴급피난
자기 또는 타인의 법익에 대한 현재

의 위난을 피하기 위한 상당한 이유가 있는 행위를 말한다.

104) 위난

법익침해가 예측되는 상태를 말한다.

105) 보충성의 원칙

긴급피난은 피난행위가 위난에 빠져 있는 법익을 보호하기 위한 유일한 수단이어야 한다는 것을 말한다.

106) 균형성의 원칙

긴급피난에 의한 보호이익은 침해이익보다 우월적 관계에 있어야 한다는 것을 말한다.

107) 적합성의 원칙

피난행위는 사회윤리나 법정신(법절차)에 비추어 위난을 피하기 위한 적합한 수단이어야 한다는 것을 말한다.

108) 과잉피난

피난행위가 상당성을 결한 경우로서 긴급피난이 아닌 행위를 말한다.

109) 오상피난

긴급피난의 객관적 상황을 오신(자기 또는 타인의 현재의 위난의 존재)하여 피난행위를 한 경우로 긴급피난이 아닌 행위를 말한다.

110) 의무의 충돌

의무자에게 둘 이상의 작위의무가 존재하지만 그중 하나의 의무만을 이행할 수 있고 다른 의무를 이행할 수 없게 되어 그 결과 구성요건을 실현하는 경우를 말한다.

111) 자구행위

보통 권리자가 자력에 의하여 침해된 권리를 구제 또는 실현하는 일체의 행위를 말한다.

112) 과잉자구행위

자구행위가 상당성을 초과한 경우로서 자구행위가 아닌 행위를 말한다.

113) 오상자구행위

보전할 청구권 또는 청구권보전을 위한 긴급 상황이 존재하지 아니함에도 불구하고 그것이 존재한다고 오인하여 자구행위로 나온 경우를 말한다.

114) 피해자의 승낙

법익주체가 타인에게 자기의 법익에 대한 침해를 허용하는 것을 말한다.

115) 양해

피해자의 동의가 구성요건해당성 자체를 조각하는 경우를 말한다.

116) 추정적 승낙

현실적으로 피해자의 승낙이 없었다 할지라도 모든 사정을 객관적으로 판단하면 승낙이 기대되는 경우를 말한다.

117) 도의적 책임론

자유의사를 가진 행위자가 그의 자유

로운 의사결정에 따라서 위법행위를
했기 때문에 가하여지는 윤리적 도의
적 비난이 책임이라고 보는 견해를
말한다.

118) 사회적 책임론
범죄는 어디까지나 소질과 환경에 의
하여 필연적으로 결정된 행위자의 사
회적 위험성이 있는 성격의 소산이므
로 책임의 근거를 사회적으로 위험한
행위자의 반사회적 성격에 있다고 보
는 견해를 말한다.

119) 인격적 책임론
인간의 구체적인 행위와 그 행위의
배후에 잠재되어 있는 행위자의 인격
형성 내지 생활결정에 책임의 근거가
있다는 견해를 말한다.

120) 원인에 있어서 자유로운 행위
행위자가 고의 또는 과실로 자기를
심신장애의 상태에 빠지게 한 후 그
러한 상태에서 범죄를 실행하는 경우
를 말한다.

121) 기대가능성
행위 시의 구체적인 사정에 비추어
행위자에게 그 범죄행위를 하지 않고
적법행위를 할 것을 기대할 수 있는
가능성을 말한다.

122) 예비
범죄 실행을 위한 준비행위로써 아직
실행착수에 이르지 아니한 행위를 말
한다.

123) 예비죄
예비행위가 범죄로써 처벌되는 경우
를 말한다.

124) 미수범
범죄의 실행에 착수하여 행위를 종료
하지 못하였거나 결과가 발생하지 않
은 때에 성립하는 범죄를 말한다.

125) 중지미수
범죄의 실행에 착수한 자가 범죄가
완성되기 전에 자기의 의사로써 이를
중지하거나 결과의 발생을 방지한 경
우를 말한다.

126) 불능미수
결과발생이 사실상 불가능하지만 위
험성으로 인하여 미수범으로 처벌되
는 경우를 말한다.

127) 살인죄
고의로 사람은 살해함으로써 그 생명
을 침해하는 것을 내용으로 하는 범
죄를 말한다.

128) 보통살인죄
사람을 살해함으로써 성립하는 범죄
를 말한다.

129) 살해
고의로 사람의 생명을 자연적인 사기
에 앞서서 단절시키는 것을 말한다.

130) 존속살해죄
자기 또는 배우자의 직계존속을 살해

함으로써 성립하는 범죄를 말한다.

131) 직계존속
혈통이 조상으로부터 자손에 직통하는 친계에 있어서 특정인을 기준으로 그 자에 선행하는 세대에 있는 자를 말한다.

132) 배우자
부부의 일방에서 타방을 가리키는 것을 말한다.

133) 영아살해죄
직계존속이 치욕을 은폐하기 위하거나 양육할 수 없음을 예상하거나 특히 참작할 만한 동기로 인하여 분만 중 또는 분만 직후의 영아를 살해함으로써 성립하는 범죄를 말한다.

134) 촉탁, 승낙에 의한 살인죄
사람의 촉탁 또는 승낙을 받아 그를 살해함으로써 성립하는 범죄를 말한다.

135) 촉탁
이미 죽음을 결의한 피해자의 요구에 의하여 살해를 결의하는 것을 말한다.

136) 승낙
살해를 결의한 자가 피해자로부터 살해에 대한 동의를 받는 것을 말한다.

137) 자살교사, 방조죄
사람을 교사 또는 방조하여 자살하게 함으로써 성립하는 범죄를 말한다.

138) 자살교사
자살의사가 없는 자에게 자살을 결의하게 하는 것을 말한다.

139) 자살방조
이미 자살을 결의하고 있는 자에게 도움을 주어 그 자살을 용이하게 하는 것을 말한다.

140) 위계, 위력에 의한 살인죄
위계 또는 위력으로써 사람의 촉탁 또는 승낙을 받아 그를 살해하거나 자살을 결의시켜 자살하게 함으로써 성립하는 범죄를 말한다.

141) 위계
목적 또는 수단을 상대방에게 알리지 아니하고 그의 부지나 착오를 이용하여 목적을 달성하는 것을 말한다.

142) 위력
사람의 의사를 제압할 수 있는 유형적, 무형적 힘을 말한다.

143) 상해와 폭행의 죄
사람의 신체에 대한 침해를 내용으로 하는 범죄를 말한다.

144) 상해죄
사람의 신체를 상해함으로써 성립하는 범죄를 말한다.

145) 상해
시체의 육체적, 정신적 병적 상태의

야기와 증가(생리적 기능훼손)를 말
한다.

146) 중상해죄, 존속중상해죄
사람이나 자기 또는 배우자의 직계존
속의 신체를 상해하여 생명에 대한
위험을 발생하게 하거나 불구 또는
불치나 난치의 질병에 이르게 함으로
써 성립하는 범죄를 말한다.

147) 폭행죄
사람의 신체에 대하여 폭행을 가함으
로써 성립하는 범죄를 말한다.

148) 폭행
사람의 신체에 대한 유형력의 행사를
말한다.

149) 특수폭행죄
단체 또는 다중의 위력을 보이거나
위험한 물건을 휴대하여 사람의 신체
에 대하여 폭행을 가함으로써 성립하
는 범죄를 말한다.

150) 단체
공동의 목적을 가진 다수인의 계속적,
조직적 결합체를 말한다.

151) 다중
단체를 이루지 못한 다수인의 단순한
집합을 말한다.

152) 위험한 물건
제조목적을 불문하고 그 물건의 객관

적 성질, 사용방법에 따라서는 사람
을 살상할 수 있는 것을 말한다.

153) 흉기
원래 사람의 살상이나 손괴의 목적으
로 제작되고 그 목적달성에 적합한
것을 말한다.

154) 휴대
몸에 지니는 것을 말한다.

155) 상습상해, 폭행죄
상습으로 상해죄, 존속상해죄, 중상해
죄, 존속중상해죄, 폭행죄, 존속폭행
죄, 특수폭행죄를 범함으로써 성립하
는 범죄를 말한다.

156) 상습
일정한 행위를 반복하여 행하는 습벽
을 말한다.

157) 과실사상의 죄
과실로 인하여 사람을 사망에 이르게
하거나 사람의 신체를 상해하는 것을
내용으로 하는 범죄를 말한다.

158) 과실상해죄
과실로 인하여 사람의 신체를 상해함
으로써 성립하는 범죄를 말한다.

159) 업무상 과실, 중과실치사죄
업무상 과실 또는 중대한 과실로 인
하여 사람을 사상에 이르게 함으로써
성립하는 범죄를 말한다.

160) 업무

사람의 사회생활상의 지위에 기하여 계속, 반복하여 행하는 사무를 말한다.

161) 과실

업무상 요구되는 주의의무를 태만히 하는 것을 말한다.

162) 낙태

태아를 자연적인 분만기에 앞서서 인위적으로 모체 밖으로 배출하거나 태아를 모체 내에서 살해하는 것을 내용으로 하는 범죄를 말한다.

163) 자기낙태죄

부녀가 약물 기타의 방법으로 낙태함으로써 성립하는 범죄를 말한다.

164) 낙태

자연적인 분만기에 앞서서 태아를 인위적으로 모체 밖으로 배출시키는 것을 말한다.

165) 동의낙태죄

부녀의 촉탁 또는 승낙을 받아 낙태하게 함으로써 성립하는 범죄를 말한다.

166) 업무상 동의낙태죄

의사, 한의사, 조산원, 약제사 또는 약종상이 부녀의 촉탁 또는 승낙을 받아 낙태하게 함으로써 성립하는 범죄를 말한다.

167) 유기의 죄

노유, 질병 기타 사유로 인하여 부조를 요하는 자를 보호할 의무 있는 자가 유기하는 것을 내용으로 하는 범죄를 말한다.

168) 유기죄

노유, 질병 기타 사유로 인하여 부조를 요하는 자를 보호할 법률상 또는 계약상 의무 있는 자가 유기함으로써 성립하는 범죄를 말한다.

169) 유기

요부조자를 보호 없는 상태에 둠으로써 그의 생명, 신체에 위험을 가져오는 행위를 말한다.

170) 학대죄, 존속학대죄

자기의 보호, 감독을 받는 자, 자기 또는 배우자의 직계존속을 학대함으로써 성립하는 범죄를 말한다.

171) 학대

육체적, 정신적으로 고통을 가하는 가혹한 대우를 말한다.

172) 아동혹사죄

자기의 보호, 감독을 받는 16세 미만의 자를 그 생명 또는 신체에 위험한 업무에 사용할 영업자 또는 그 종업원에게 인도하거나 인도받음으로써 성립하는 범죄를 말한다.

173) 협박과 강요

사람을 협박하거나 폭행 또는 협박으로 사람의 권리행사를 방해하는 것을 내용으로 하는 범죄를 말한다.

174) 협박죄
사람을 협박함으로써 성립하는 범죄
를 말한다.

175) 협박
해악을 고지하여 상대방에게 공포심
을 일으키게 하는 것을 말한다.

176) 경고
공포심을 일으키게 하기 위한 것이
아니라, 해악 발생에 대하여 상대방
의 경계를 촉구하는 충고를 말한다.

177) 강요죄
폭행 또는 협박으로 사람의 권리행사
를 방해함으로써 성립하는 범죄를 말
한다.

178) 체포와 감금의 죄
불법하게 사람을 체포, 감금하여 신
체적 활동의 자유를 침해하는 것을
내용으로 하는 범죄를 말한다.

179) 체포, 감금죄
사람을 체포 또는 감금함으로써 성립
하는 범죄를 말한다.

180) 체포
사람의 신체에 대하여 직접적, 현실
적인 구속을 가하여 신체활동의 자유
를 박탈하는 것을 말한다.

181) 감금
사람을 일정한 장소 밖으로 나가지
못하게 하여 장소적으로 신체활동의
자유를 제한하는 것을 말한다.

182) 약취와 유인의 죄
사람은 약취 또는 유인하여 자기 또
는 제3자의 실력적 지배하에 둠으로
써 개인의 자유를 침해하는 것을 내
용으로 하는 범죄를 말한다.

183) 약취
폭행 또는 협박으로 사람을 의사에
반하여 행동하게 하는 것을 말한다.

184) 유인
기망 또는 유혹으로 사람을 자신의
의사에 의하여 행동하게 하는 것을
말한다.

185) 인취
사람을 현재 보호받는 상태 내지 자
유로운 생활관계로부터 자기 또는 제
3자의 실력적 지배하에 옮기는 것을
말한다.

186) 기망
허위의 사실로써 상대방을 착오에 빠
뜨리는 것을 말한다.

187) 유혹
기망의 정도에 이르지 않는 감언으로
상대방을 현혹시켜 판단을 그르치게
하는 것을 말한다.

188) 부녀매매죄
추업에 사용할 목적으로 부녀를 매매

함으로써 성립하는 범죄를 말한다.

189) 정조에 관한 죄
개인의 성적 자유를 침해하는 것을 내용으로 하는 범죄를 말한다.

190) 강간죄
폭행 또는 협박으로 부녀를 강간함으로써 성립하는 범죄를 말한다.

191) 강간
폭행 또는 협박에 의하여 상대방의 반항을 곤란하게 하고 부녀를 간음하는 것을 말한다.

192) 강제추행죄
폭행 또는 협박으로 사람을 추행으로써 성립하는 범죄를 말한다.

193) 추행
객관적으로 일반인에게 성적 수치, 혐오의 감정을 느끼게 하는 일체의 행위를 말한다.

194) 준강간죄, 준강제추행죄
사람의 심신상실 또는 항거불능의 상태를 이용하여 간음 또는 추행을 함으로써 성립하는 범죄를 말한다.

195) 미성년자 의제강간, 강제추행죄
13세 미만의 부녀를 간음하거나 13세 미만의 사람에게 추행함으로써 성립하는 범죄를 말한다.

색 인

(ㄱ)

가사소송법(家事訴訟法)　238
가압류(假押留)　237
가정법원(家庭法院)　264
가집행(假執行)　281
가처분(假處分)　237
간주(看做)　190
감독의무(監督義務)　247
감정법학(感情法學)　167
감치(監置)　281
강제집행(强制執行)　237
강제처분권(强制處分權)　210
강행법(强行法)　137
개념법학(槪念法學)　67, 164
거주국(居住國)　159
검사(檢事)　294
검색(檢索)의 항변권(抗辯權)　222
게르만법　56
결정(決定)　237
경성 헌법(硬性憲法)　85
경제법(經濟法)　129
경찰권(警察權)　209
경찰하명(警察下命)　210
계몽사상(啓蒙思想)　62
계수법(繼受法)　133
계약의 자유(契約의 自由)　64
계약의 해지권(解止權)　221
계약자유의 원칙(契約自由의 原則)　123
고등법원(高等法院)　259
고용계약(雇傭契約)　128
고유법(固有法)　133
고의(故意)　185

공개주의(公開主義)　306
공공단체(公共團體)　125
공권(公權)　207
공권력(公權力)　273
공기업권(公企業權)　209
공무담임권(公務擔任權)　212
공무원연금법(公務員年金法)　129
공법　123
공법상(公法上)의 물권(物權)　211
공법상(公法上)의 의무(義務)　248
공법상의 특별권력관계(特別權力關係)　92
공서양속　111
공소권(公訴權)　296
공소기각　311
공소제기(公訴提起)　304
공익권(共益權)　219
공정거래법(公正去來法)　130
공판절차(公判節次)　302, 306
공포(公布)　86
과료(科料)　306
과세권(課稅權)　227
과실(過失)　185
과실책임주의(過失責任主義)　64
관습법(慣習法)　101
관할(管轄)　276
교조적(敎條的)　166
교통권(交通權)　214
교회법(敎會法)　58
교회법대전(敎會法大全)　58
구금(拘禁)　210, 299
구두변론주의(口頭辯論主義)　307
구속(拘束)　297
구속적부심(拘束適否審)　303

구인(拘引) 281, 299
국가권력(國家權力) 121
국가적 공의무(國家的 公義務) 248
국가적(國家的) 구제(救濟) 236
국가형벌권(國家刑罰權) 291
국내법(國內法) 119
국내법상(國內法上)의 공의무(公義務) 248
국내법우위설(國內法優位說) 121
국무요구권(國務要求權) 212
국민공권(國民公權) 211
국민적 공의무(國民的 公義務) 248
국민투표권(國民投票權) 212
국선변호인(國選辯護人) 296
국제기관(國際機關) 120
국제법(國際法) 119
국제법(國際法)상의 공권(公權) 213
국제법상(國際法上)의 공의무(公義務) 248
국제법우위설(國際法優位說) 121
국제사법(國際私法) 120
국제연합(國際聯合) 121
국제행정법(國際行政法) 120
국제형법(國際刑法) 120
국회법(國會法) 208
군사법원(軍事法院) 267
군정권(軍政權) 209
군형법 135
권능(權能) 201
권력(勸力) 201
권리 198
권리구제절차(權利救濟節次) 283
권리남용금지(權利濫用禁止) 230
권리남용금지의 원칙(權利濫用禁止의
    原則) 234
권리능력(權利能力) 204
권리상실(權利喪失) 232
권리행사(權利行使) 227
권원(權原) 202
권한(權限) 202
권한쟁의심판(權限爭議審判) 272
규범 22

규칙(規則) 92
근대자연법(近代自然法) 61
근로기준법(勤勞基準法) 129
금반언의 원칙(禁反言의 原則) 231
금전대차(金錢貸借) 150
급부(給付) 199
급부청구권(給付請求權) 199
기대권(期待權) 226
기득권(旣得權) 153
기득권존중(旣得權尊重)의 원칙 154
기성권(旣成權) 225
기소(起訴) 291
기소유예(起訴猶豫) 305
기소편의주의(起訴便宜主義) 304
기판력(旣判力) 282
기한부(期限附 權利) 226
긴급명령(緊急命令) 89
긴급체포(緊急逮捕) 298
긴급피난(緊急避難) 241

(ㄴ)

낙성계약(諾成契約) 59
노동법(勞動法) 128
노동쟁의조정법(勞動爭議調整法) 129
노동조합법(勞動組合法) 129
논리해석(論理解釋) 171

(ㄷ)

단결권(團結權) 213
단기소멸시효 137
단순부작위의무(單純不作爲義務) 246
단체교섭권(團體交涉權) 213
단체행동권(團體行動權) 213
담보물권(擔保物權) 218, 225
답변서제출의무(答辯書提出義務) 277
당사자(當事者) 137

당사자본인신문(當事者本人訊問) 280
당사자주의(當事者主義) 295
당위의 법칙 27
대리권(代理權) 202
대물적(代物的) 강제처분(强制處分)
　　210
대법원(大法院) 257
대인적(對人的) 강제처분(强制處分)
　　210
도덕 31
독립권(獨立權) 213
독점자본(獨占資本) 128
독촉절차(督促節次) 288
동거청구권(同居請求權) 216
동성동본혼(同姓同本婚) 152
동시이행의 항변권(同時履行의 抗辯權)
　　222
동의권(同意權) 221
등기(登記) 143
등기의무(登記義務) 247
떼오도시우스법전 54

(ㄹ)

로마법 51

(ㅁ)

만민법(萬民法) 52
매매계약(賣買契約) 183
면소(免訴) 311
명도(明渡) 144
명령(命令) 89, 237
명령권(命令權) 201
명예법(名譽法) 53
모두진술(冒頭陳述) 310
모법(母法) 133
모자보건법(母子保健法) 129

목적론적 해석(目的論的 解釋) 178
목적법학(目的法學) 165
몰수(沒收) 306
무권해석 170
무기평등의 원칙(武器平等의 原則) 296
무변론판결(無辯論判決) 278
무상(無償) 198
무체재산권(無體財産權) 217
문리해석(文理解釋) 171
물건(物件) 168, 217
물권(物權) 217
물권적 청구권(物權的請求權) 220
물론해석(勿論解釋) 174
물증(物證) 311
미성년자(未成年者) 29
민사재판(民事裁判) 273
민사조정법(民事調停法) 238

(ㅂ)

반대해석(反對解釋) 173
반사적 이익(反射的 利益) 203
반환채무(返還債務) 197
방어권(防禦權) 296
배타적(排他的) 권리(權利) 217
벌금(罰金) 306
법규(法規) 23
법령(法令) 23
법률(法律) 22, 86
법률관계란 197
법률불소급(法律不遡及) 132, 154
법률행위(法律行爲) 139
법무관(法務官) 53
법원(法院) 256
법원조직법(法院組織法) 208
법의 계승 60
법의 흠결문제(欠缺問題) 192
법인(法人) 246
법적 안정성(法的 安定性) 153

법적 확신(法的 確信)　101
법질서(法秩序)　23
법칙(法則)　26
법학　15
법학제요(法學提要)　55
법해석방법론(法解釋方法論)　69
변경(變更)　154
변론(辯論)　279
변론주의(辯論主義)　188
변론준비절차(辯論準備節次)　278
보석(保釋)　302
보정해석(補正解釋)　174
보증금(保證金)　302
보증인(保證人)의 최고(催告)　222
본국법(本國法)　157
부가형(附加刑)　38
부령(部令)　89
부서(副署)　87
부속법령(附屬法令)　168
부양청구권(扶養請求權)　216, 224
부작위범　107
부작위의무(不作爲義務)　246
부정경쟁방지법(不正競爭防止法)　130
부조(扶助)　29
불문법(不文法)　99, 132
불법행위(不法行爲)　204
비영리사단법인(非營利社團法人)　219
비재산권(非財産權)　217
비전속권(非專屬權)　224
비제정법(非制定法)　99
비준권(批准權)　95

（ㅅ）

12표법　51
사권(私權)　214
사단법인　202
사력구제(私力救濟)　236
사문화(死文化)　144

사법　123
사법상(私法上)의 의무(義務)　249
사법해석(司法解釋)　169
사실관계(事實關係)　184
사실인정(事實認定)　185
사실혼관계(事實婚關係)　152
사용(使用)　201
사원권(社員權)　219
사원의 결의권(決議權)　202
사적 자치의 원칙(私的 自治의 原則)
　　123, 126
사정변경(事情變更)　59
사회공공(社會公共)의 복리(福利)　235
사회권(社會權)　226
사회규범　19
사회법(社會法)　123
사회법상(社會法上)의 의무(義務)　249
사회보장법(社會保障法)　129
사회상규　107
사회통념　111
산업재해보상보험법(産業災害補償保險
　　法)　129
삼권분립론(三權分立論)　89
상고(上告)　282
상고심(上告審)　310
상대권(相對權)　224
상린관계(相隣關係)　101
상소(上訴)　282, 312
상속(相續)　205
상습범(常習犯)　303
상표권(商標權)　218
생존권(生存權)　128
서증(書證)　311
석방(釋放)　300
선거권(選擧權)　212
선례구속의 이론(先例拘束의 理論)　72
선의(善意)　170
성문법(成文法)　82, 132
세속법(世俗法)　59
소각하판결(訴却下判決)　281

소급(遡及)　153
소급효(遡及效)　132
소멸(消滅)　154
소멸시효　136
소비대차(消費貸借)　59
소송행위(訴訟行爲)　280
소수사원권(少數社員權)　219
소액사건심판절차(少額事件審判節次)
　　285
소원권(訴願權)　212
소유권(所有權)　201
소유권(所有權)의 절대제(絕代制)　64
소유권절대의 원칙(所有權絕對의 原則)
　　123
소의 취하(訴의 取下)　283
소장(訴狀)　277
소추(訴追)　153
소환(召喚)　210
속인주의(屬人主義)　158
속지주의(屬地主義)　158
손해배상책임(損害賠償責任)　39
손해배상청구권(損害賠償請求權)　204
송달(送達)　280
수명법관(受命法官)　312
수사(搜査)　297
수색(搜索)　210
수소법원(受訴法院)　313
수익(收益)　201
수인의무(受忍義務)　246
수탁판사(受託判事)　312
쉬카네의 금지　234
시기(時期)　179
시민법(市民法)　52
시민법대전(市民法大全)　55
시제법(時際法)　156
시·군법원(市·郡法院)　263
신법우선의 원칙(新法優先의 原則)　98
신분권(身分權)　216
신의성실(信義誠實)　36
신의성실(信義誠實)의 원칙(原則)　230

신칙법(新勅法)　55
신칙법휘찬(新勅法彙纂)　55
실용신안권(實用新案權)　218
실정법(實定法)　118
실체법(實體法)　130
실험주의법학(實驗主義法學)　77
실효성(實效性)　144
실효의 원칙(失效의 原則)　232
심문청구권(審問請求權)　300
심신상실자(心神喪失者)　204
쌍무계약(雙務契約)　233

(ㅇ)

압수(押收)　210
약식기소(略式起訴)　305
약식명령(略式命令)　305
양도(讓渡)　178
업무집행권(業務執行權)　219
연기적(延期的) 항변권(抗辯權)　222
연서(連署)　87
연성 헌법(軟性憲法)　85
연혁적 해석설(沿革的 解釋說)　171
연혁해석(沿革解釋)　174
영구법(永久法)　145
영구적(永久的) 항변권(抗辯權)　222
영미법(英美法)　72
영장실질심사제도(令狀實質審査制度)
　　299
용익물권(用益物權)　218
원고(原告)　275
원본채권(元本債權)　225
원시법(原始法)　49
위임명령(委任命令)　90
위헌법률심판(違憲法律審判)　270
위헌입법심사권(違憲立法審査權)　76
위헌정당해산심판(違憲政黨解散審判)
　　271
유권해석(有權解釋)　167

유스티니아누스법전　55
유증(遺贈)　205
유체물(有體物)　168
유추(類推)　175
유치권　175
의결권(議決權)　219
의무　198
의무(義務)　245
의사무능력자(意思無能力者)　205
의장권(意匠權)　218
의제(擬制)　190
이성법(理性法)　61
이익배당청구권(利益配當請求權)　219
이익법학(利益法學)　70
이자제한법(利子制限法)　150
이행권고제도(履行勸告制度)　287
인격권(人格權)　215
인낙(認諾)　283
인스티투치온체계　63
인정법(人定法)　145
인증(人證)　311
인지(印紙)　277
인지청구권(認知請求權)　224
일반 란트법　63
일반법(一般法)　134
일반사법경찰관리(一般司法警察官吏)　297
일신전속권(一身專屬權)　224
일신전속적(一身專屬的)　216
임의법(任意法)　137
임차권(賃借權)　203, 227
임차인(賃借人)　143
입법자 의사(立法者의 意思)　178
입법해석(立法解釋)　168

자법(子法)　133
자연력(自然力)　168
자연법(自然法)　118, 145
자연법론(自然法論)　62
자연법사상(自然法思想)　61
자연법칙(自然法則)　163
자연인(自然人)　246
자위권(自衛權)　213
자유권(自由權)　211
자유법론(自由法論)　166
자유심증주의(自由心證主義)　187
자유재량(自由裁量)　167
자익권(自益權)　219
자존권(自存權)　214
자치법규(自治法規)　93
작위의무(作爲義務)　246
잔여재산분배청구권(殘餘財産分配請求權)　219
재량(載量)　119
재산권(財産權)　216
재산상속권(財産相續權)　216
재정권(財政權)　208
재정하명(財政下命)　210
재판규범(裁判規範)　25
재판상(裁判上) 화해(和解)　238
재판상의 화해(裁判上의 和解)　283
재판제도(裁判制度)　236
재판청구권(裁判請求權)　212
재해구호법(災害救護法)　129
저당권(抵當權)　217
저작권(著作權)　178, 219
전문증거(轉聞證據)　188
절대권(絕對權)　223
절차법(節次法)　130
점유권(占有權)　217
정관(定款)　93
정당방위(正當防衛)　240
정부조직법(政府組織法)　135
정식재판(定式裁判)　305
제정법(制定法)　23

(ㅈ)

자력구제(自力救濟)　243
자백(自白)　280

제한물권(制限物權) 217
조건부 권리(條件附 權利) 226
조례(條例) 93
조리(條理) 111
조법(助法) 130
조세부과권(租稅賦課權) 209
조약(條約) 94
조약의 체결권(締結權) 95
조언학파(助言學派) 57
조정제도(調停制度) 236
조직규범(組織規範) 25
존속살인죄(尊屬殺人罪) 136
종국판결 282
종기(終期) 179
종된 권리(從된 權利) 225
죄형법정주의(罪刑法定主義) 106
주권(主權) 147
주된 권리(主된 權利) 225
주법(主法) 130
주석학파(注釋學派) 57
주택임대차보호법(住宅賃貸借保護法)
     151
주해학파(注解學派) 57
주형(主刑) 38
준사법기관(準司法機關) 294
준용(準用) 177
중재(仲裁) 238
증거조사(證據調査) 280
증명(證明) 187
증여(贈與) 199
지급명령(支給命令) 289
지방법원본원(地方法院本院) 261
지방법원지원(地方法院支院) 263
지방자치법(地方自治法) 135
지배권(支配權) 220
지상권(地上權) 203
지역권(地役權) 217
직계존속(直系尊屬) 136
직접심리주의(直接審理主義) 307
진술거부권(陳述拒否權) 310

진화적 해석설(進化的 解釋說) 171
질권(質權) 175
집중심리주의(集中審理主義) 307
집행력(執行力) 281
집행명령(執行命令) 90

(ㅊ)

참정권(參政權) 212
채권(債權) 217
채권자취소권(債權者取消權) 221
채무(債務) 249
채무이행지(債務履行地) 276
처분(處分) 201
철회(撤回) 170
청구권(請求權) 220
청구기각(請求棄却) 306
청구기각판결(請求棄却判決) 281
청구의 취하(取下) 306
청구의 포기(請求의 抛棄) 283
청구인용판결(請求引用判決) 281
청원권(請願權) 212
체계적 해석(體系的 解釋) 179
체포(逮捕) 210, 297
구속적부심사(拘束適否審査) 300
체포영장(逮捕令狀) 298
추인권(追認權) 221
추정(推定) 189
축소해석(縮小解釋) 173
취소권(取消權) 221
치외법권(治外法權) 159
치죄법전(治罪法典) 64
친권(親權) 205
친생부인권(親生否認權) 221

(ㅋ)

커먼로 73

커먼로시스템　72
커먼로재판소　74

(ㅌ)

타당성(妥當性)　144
탄핵소추(彈劾訴追)　271
탄핵심판(彈劾審判)　270
태아(胎兒)　204
특별법(特別法)　134
특별법우선의 원칙(特別法優先의 原則)
　98
특별사법경찰관리　297
특허권(特許權)　218
특허법원(特許法院)　260

(ㅍ)

판결(判決)　237, 281
판덱텐법학　67
판례법(判例法)　107
평등권(平等權)　213
프라그마티즘법학(實用主義法學)　76
피고(被告)　275
피고인(被告人)　295
필연(必然)의 법칙　27

(ㅎ)

하명권(下命權)　210
학리해석(學理解釋)　170
학설휘찬(學說彙纂)　54
한시법(限時法)　152
한정상속인(限定相續人)의 항변권(抗辯權)
　223
항고(抗告)　282
항변권(抗辯權)　222
항소(抗訴)　282

항소심　309
해답권(解答權)　113
해제권(解除權)　221
행위규범(行爲規範)　24, 163
행위시(行爲時)　154
행정법원(行政法院)　266
행정소송(行政訴訟)　169
행정심판(行政審判)　169
행정조직권(行政組織權)　208
행정조직법(行政組織法)　208
행정해석(行政解釋)　169
헌법(憲法)　84
헌법소원심판(憲法訴願審判)　272
헌법재판소(憲法裁判所)　255
협력부조권(協力扶助權)　216
형벌권(刑罰權)　209
형사재판(刑事裁判)　291
형성권(形成權)　221
형평법(衡平法)　74
형평법재판소(衡平法裁判所)　74
호의관계(好意關係)　198
혼인에 관한 특례법　152
혼인취소권(婚姻取消權)　221
화해(和解)　238
확장해석(擴張解釋)　172
희망권(希望權)　226

참고문헌

구병삭, 『신법학원론』, 박영사, 1999.
김홍규, 『민사소송법』, 삼영사, 2004.
김동석, 『법과 현대생활』, 일조각, 1999.
김대규, 『신법학원론』, 신양사, 1996.
김준호, 『민법강의』, 법문사, 2001.
김형배, 『민법학강의』, 신조사, 2000.
김세신, 『서양법제사』, 법문사, 1986.
백태승, 『민법총칙』, 법문사, 2009.
백형구, 『형사소송법강의』, 2001.
손주찬, 『신법학통론』, 박영사, 2005.
송상현, 『민사소송법』, 박영사, 2004.
신동운, 『형사소송법』, 법문사, 2005.
양수산 · 초완진, 『법학통론』, 세창출판사, 2006.
원영철, 『법과 생활』, 삼영사, 2000.
오호택, 『법학입문』, 동방문화사, 2009.
이태재, 『서양법제사』, 진솔, 1990.
이재상, 『형사소송법』, 박영사, 2006.
정동윤 · 유병현, 『민사소송법』, 법문사, 2006.
지원림, 『민법강의』, 홍문사, 2002.
최종고, 『서양법제사』, 박영사, 2003.
최평오, 『신민사소송법강의』, 문성, 2005.
최종고, 『법사상사』, 박영사, 1999.
허영, 『한국헌법론』, 박영사, 2007.
홍기문, 『민사소송법』, 대명출판사, 2005.

石川 明, 法學入門30講, 酒井書店, 2001.
山川一陽 · 船山泰範 · 清水幸雄 · 赤坂正浩 · 中村 惠, 法學入門, 弘文堂, 2002.
伊藤正己 編, 法學(第二版), 有信堂高文社, 1982.
碧海 純一 · 伊藤 正己 · 村上 淳一, 法學史, 東京大學出版會, 1983.
永田菊四郎, 新民法要義 第1卷 總則, 帝國判例法出版社, 1965.

오호철

청주대학교 법과대학 사법학과 졸업
동 대학원 법학과(석·박사 취득)
현) 신경대학교 법학과 교수

「유엔통일매매법과 우리 민법중 개정법률안상의 계약책임의 비교」
「일본의 성년후견제도의 개선 논의에 대한 동향」
「일본의 임의후견계약의 동향과 과제」
「일본 성년후견제도의 고찰」
「대리모에 관한 소고」
「일본의 성년후견제도상 의료행위의 동의」
「상가건물임대차보호법상 문제점과 개선방향에 관한 연구」
「건물 임대차법제에 관한 소고」
외 다수

新 법학입문

초 판 인 쇄 | 2012년 2월 28일
초 판 발 행 | 2012년 2월 28일

지 은 이 | 오호철
펴 낸 이 | 채종준
펴 낸 곳 | 한국학술정보㈜
주   소 | 경기도 파주시 문발동 파주출판문화정보산업단지 513-5
전   화 | 031) 908-3181(대표)
팩   스 | 031) 908-3189
홈 페 이 지 | http://ebook.kstudy.com
E - m a i l | 출판사업부 publish@kstudy.com
등   록 | 제일산-115호(2000. 6. 19)

ISBN   978-89-268-3014-7 93360 (Paper Book)
          978-89-268-3015-4 98360 (e-Book)